코로나19 바이러스
"친환경 99.9% 항균잉크 인쇄"
전격 도입

언제 끝날지 모를 코로나19 바이러스
99.9% 항균잉크(V-CLEAN99)를 도입하여 「안심도서」로
독자분들의 건강과 안전을 위해 노력하겠습니다.

본 도서는 항균잉크로 인쇄하였습니다.

항균잉크(V-CLEAN99)의 특징

◉ 바이러스, 박테리아, 곰팡이 등에 항균효과가 있는 산화아연을 적용

◉ 산화아연은 한국의 식약처와 미국의 FDA에서 식품첨가물로 인증받아 **강력한 항균력을** 구현하는 소재

◉ 황색포도상구균과 대장균에 대한 테스트를 완료하여 **99.9%의 강력한 항균효과** 확인

◉ 잉크 내 중금속, 잔류성 오염물질 등 **유해 물질 저감**

TEST REPORT

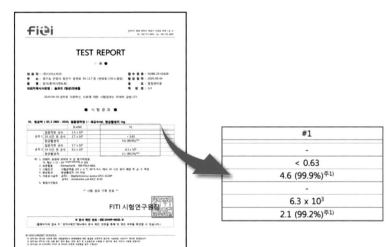

	#1
	-
	< 0.63
	4.6 (99.9%)[주1]
	-
	6.3×10^3
	2.1 (99.2%)[주1]

Clean Zone

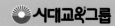
시대교육그룹

시 대 에 듀

독학사
3단계

— 경영학과 —

재무관리론

머리말

학위를 얻는 데 시간과 장소는 더 이상 제약이 되지 않는다. 대입 전형을 거치지 않아도 '학점은행제'를 통해 학사학위를 취득할 수 있기 때문이다. 그중 독학학위제도는 고등학교 졸업자이거나 이와 동등 이상의 학력을 가지고 있는 사람들에게 효율적인 학점인정 및 학사학위취득의 기회를 준다.

본 교재는 독학사 과목 중 경영학과 학위를 목표로 하는 분들을 위하여 집필된 도서로 1~2단계보다 심화된 경영학과 3단계 전공심화과정을 다루고 있다. 경영학과 2단계에서 경영정보론, 마케팅원론, 마케팅조사, 원가관리회계, 인적자원관리, 조직행동론, 회계원리 등을 공부하신 독자분들은 이제 3단계에서는 소비자행동론, 경영전략, 경영분석, 노사관계론, 재무관리론, 재무회계 등을 더 심도 있게 학습하게 될 것이다.

이 교재는 경영학과 3단계 시험에 응시하는 수험생들이 단기간에 효과적인 학습을 할 수 있도록 다음과 같이 구성하였다.

> **» 빨리보는 간단한 키워드(핵심요약집)**
> 핵심적인 이론만을 꼼꼼하게 정리하여 수록한 '빨리보는 간단한 키워드'로 전반적인 내용을 한눈에 파악할 수 있다. '빨 간키'는 시험장에서 마지막까지 개별이론의 내용을 정리하고 더 쉽게 기억하게 하는 용도로도 사용이 가능하다.
>
> **» 핵심이론**
> 독학학위제 주관처인 국가평생교육진흥원의 평가영역과 관련 내용을 Big data에 기반하여 면밀히 분석하여 시험에 꼭 나오는 '최신 핵심이론'을 구성하였다. 이론 내용에서 중요 내용은 다시 한번 굵은 글씨로 강조하여 학습하는데 핵심을 놓치지 않도록 하였다.
>
> **» OX 문제 및 실전예상문제**
> 핵심이론의 내용을 OX문제로 다시 한번 체크하고, '실전예상문제'를 통해 핵심이론의 내용을 문제로 풀어보면서 3단계 객관식과 주관식 문제를 충분히 연습할 수 있게 구성하였다. 특히, 한 문제당 배점이 10점에 달하는 '주관식 문제'는 실제 시험 경향에 맞춰 부분배점과 약술형 문제 등으로 구현하여 3단계 합격의 분수령인 주관식 문제에 대비할 수 있도록 하였다.
>
> **» 최종모의고사**
> 마지막으로 실력 점검을 할 수 있도록 실제 시험과 같은 문제 수와 기출동형 문제로 '최종모의고사(총 2회분)'를 수록하였다. 실제 시험을 보듯이 시간을 재면서 OCR 답안지로 풀어보고, 정답 및 해설을 통해 오답 내용과 본인의 약점을 최종 파악하여 실제 시험장에서는 실수하지 않도록 구성하였다.

재무관리론을 출간하면서 박사과정 재무전공으로 처음 대학원에서 수업을 들었던 기억이 났다. 그때 기억으로는 교수님들께서 참 쉽게 설명을 해주셨던 것 같아 책을 집필하는데 많은 도움이 됐다. 재무관리분야가 참으로 알아두어야 할 용어와 공식들이 많다. 따라서 학생들이 많이 어려워하는 분야가 재무관리이다. 이 책은 재무관리에 갓 입문한 학생들을 위해 최대한 쉽게 집필했다고 자부는 하지만 전적으로 평가는 독자들에게 맡기기로 했다. 참고문헌을 보며 공부해야할 내용이 많이 있었지만 그 중에서 정말 중요한 부분들만 선택해 집필을 해야 하니 어려움이 있었다. 이 책을 집필하고 나서 독자들이 알아야 할 내용들을 충분히 다루었다고 생각은 하나 부족한 면이 있을 수도 있다. 부족한 면이 있지만 독자들은 열심히 공부해주길 바란다. 이 책을 출간할 수 있도록 여러모로 도와주신 시대고시기획 직원여러분과 이 책을 쓰도록 그동안 지도해주신 지도 교수님께 진심으로 감사의 말씀을 드린다.

편저자 씀

독학학위제 소개

독학학위제란?

「독학에 의한 학위취득에 관한 법률」에 의거하여 국가에서 시행하는 시험에 합격한 사람에게 학사학위를 수여하는 제도

- ⊘ 고등학교 졸업 이상의 학력을 가진 사람이면 누구나 응시 가능

- ⊘ 대학교를 다니지 않아도 스스로 공부해서 학위취득 가능

- ⊘ 일과 학습의 병행이 가능하여 시간과 비용 최소화

- ⊘ 언제, 어디서나 학습이 가능한 평생학습시대의 자아실현을 위한 제도

- ⊘ 학위취득시험은 4개의 과정(교양, 전공기초, 전공심화, 학위취득 종합시험)으로 이루어져 있으며 각 과정별 시험을 모두 거쳐 학위취득 종합시험에 합격하면 학사학위취득

독학학위제 전공 분야 (11개 전공)

※ 유아교육학 및 정보통신학 전공 : 3, 4과정만 개설
※ 간호학 전공 : 4과정만 개설
※ 중어중문학, 수학, 농학 전공 : 폐지 전공으로 기존에 해당 전공 학적 보유자에 한하여 응시 가능

※ 시대에듀는 현재 4개 학과(심리학, 경영학, 컴퓨터과학, 간호학과) 개설 중

독학학위제 시험안내

과정별 응시자격

단계	과정	응시자격	과정(과목) 시험 면제 요건
1	교양	고등학교 졸업 이상 학력 소지자	• 대학(교)에서 각 학년 수료 및 일정 학점 취득 • 학점은행제 일정 학점 인정 • 국가기술자격법에 따른 자격 취득 • 교육부령에 따른 각종 시험 합격 • 면제지정기관 이수 등
2	전공기초		
3	전공심화		
4	학위취득	• 1~3과정 합격 및 면제 • 대학에서 동일 전공으로 3년 이상 수료 (3년제의 경우 졸업) 또는 105학점 이상 취득 • 학점은행제 동일 전공 105학점 이상 인정 (전공 16학점 포함) • 외국에서 15년 이상의 학교교육과정 수료	없음(반드시 응시)

응시 방법 및 응시료

• 접수 방법 : 온라인으로만 가능
• 제출 서류 : 응시자격 증빙 서류 등 자세한 내용은 홈페이지 참조
• 응시료 : 20,200원

독학학위제 시험 범위

• 시험과목별 평가 영역 범위에서 대학 전공자에게 요구되는 수준으로 출제
• 시험 범위 및 예시문항은 독학학위제 홈페이지(bdes.nile.or.kr) – 학습정보–과목별 평가영역에서 확인

문항 수 및 배점

과정	일반 과목			예외 과목		
	객관식	주관식	합계	객관식	주관식	합계
교양, 전공기초 (1~2과정)	40문항×2.5점 =100점	–	40문항 100점	25문항×4점 =100점	–	25문항 100점
전공심화, 학위취득 (3~4과정)	24문항×2.5점 =60점	4문항×10점 =40점	28문항 100점	15문항×4점 =60점	5문항×8점 =40점	20문항 100점

※ 2017년도부터 교양과정 인정시험 및 전공기초과정 인정시험은 객관식 문항으로만 출제

합격 기준

• 1∼3과정(교양, 전공기초, 전공심화) 시험

단계	과정	합격 기준	유의 사항
1	교양	매 과목 60점 이상 득점을 합격으로 하고, 과목 합격 인정(합격 여부만 결정)	5과목 합격
2	전공기초		6과목 이상 합격
3	전공심화		

• 4과정(학위취득) 시험 : 총점 합격제 또는 과목별 합격제 선택

구분	합격 기준	유의 사항
총점 합격제	• 총점(600점)의 60% 이상 득점(360점) • 과목 낙제 없음	• 6과목 모두 신규 응시 • 기존 합격 과목 불인정
과목별 합격제	• 매 과목 100점 만점으로 하여 전 과목(교양 2, 전공 4) 60점 이상 득점	• 기존 합격 과목 재응시 불가 • 기존 합격 과목 포함하여 총 6과목 초과하여 선택할 수 없음 • 1과목이라도 60점 미만 득점하면 불합격

시험 일정 및 경영학과 3단계 시험 시간표

※ 시험 일정 및 시험 시간표는 반드시 독학학위제 홈페이지(bdes.nile.or.kr)를 통해 확인하시기 바랍니다.

1단계	2단계	3단계	4단계
2∼3월 중	5월 중	8월 중	10월 중

• 경영학과 3단계 시험 과목 및 시험 시간표

구분(교시별)	시간	시험 과목명
1교시	09:00∼10:40 (100분)	• 재무관리론 • 경영전략
2교시	11:10∼12:50 (100분)	• 투자론 • 경영과학
중식	12:50∼13:40 (50분)	
3교시	14:00∼15:40 (100분)	• 재무회계 • 경영분석
4교시	16:10∼17:50 (100분)	• 노사관계론 • 소비자행동론

※ 입실시간: 08:30까지 완료. 합격기준: 6과목 이상 합격

※ 시대에듀에서 개설된 과목은 빨간색으로 표시

독학사 경영학과 시험
예시문제 I - 재무관리론

※ 본 예시문제는 국가평생교육진흥원에서 발표한 경영학과의 예시문제를 풀이한 것으로 참고용으로 활용하시길 바랍니다.

[객관식]

01 재무위험의 변화를 가져오는 요인에 해당하는 것은?

① 업종 변경
② 신제품 생산
③ 부채비율 변경
④ 생산설비의 자동화

> **해설** 업종변경과 신제품의 생산, 생산설비의 자동화는 경영상의 위험에 속한다. 부채비율은 대차대조표상의 항목이므로 재무위험의 변화에 속한다.

02 영업위험의 결정 요인은?

① 자본구조
② 재무비용의 구조
③ 재무정책
④ 영업비용의 구조

> **해설** 자본구조, 재무비용의 구조, 재무정책은 재무위험에 속한다. 영업비용의 구조가 영업위험에 속한다.

03 비체계적 위험의 결정 요인은?

① 인플레이션
② 경제정책
③ 경영진의 구성
④ 금융정책

> **해설** 비체계적 위험(기업고유의 위험)은 분산투자를 통해서 어느 정도는 위험을 줄일 수 있다. 따라서 경영진의 구성은 기업의 고유위험 즉, 비체계적 위험에 속한다. 인플레이션과 경제정책, 금융정책은 체계적 위험에 속한다.

04 베타계수에 관한 설명으로 틀린 것은?

① 시장포트폴리오의 베타계수는 1이다.

② 어떤 자산의 분산가능위험의 크기를 나타낸다.

③ 균형 하에서 기대수익률은 베타계수와 선형적 관계를 갖는다.

④ 시장포트폴리오 수익률변동에 대한 어떤 자산의 민감도를 나타낸다.

> **해설** 베타계수는 증권시장 또는 증권가격 전반에 영향을 미치는 요인에 의하여 발생하는 투자위험을 말한다. 경제상황, 시장상황, 금리변동 등 기업이 통제할 수 없는 위험만이 남게 되는데 이를 체계적 위험이라고 하며 체계적 위험의 측정치를 베타(β)라고 한다. 따라서 분산가능위험은 비체계적 위험(기업고유의 위험)을 나타내므로 베타계수와는 맞지 않다.

05 현금흐름을 측정할 때 지켜야 할 기본 원칙 중 증분기준에 대한 설명으로 틀린 것은?

① 매몰원가(sunk cost)는 제외해야 한다.

② 기회비용(opportunity cost)은 제외해야 한다.

③ 추가로 소요되는 순운전자본(net working capital)은 고려해야 한다.

④ 특정 투자안의 채택이 기업의 기존 생산라인이나 판매활동에 영향을 미친다면 이에 따른 영향을 현금흐름에 포함해야 한다.

> **해설** 증분현금흐름이란 기업의 투자활동으로 인하여 발생하는 현금의 유입 또는 유출의 순흐름을 말한다. 즉 투자안의 선택과 선택하지 않는 차이를 말한다. 그 중 하나가 기회비용으로 어떤 선택으로 인해 포기된 기회들 가운데 가장 큰 가치를 갖게 되는 기회를 말한다. 따라서 증분기준에 포함된다.

06 미래의 불확실한 순현금흐름을 확실한 순현금흐름으로 조정한 후 이를 무위험수익률로 할인하여 투자안의 경제성을 평가하는 방법은?

① 의사결정수법

② 확실성 등가법

③ 내부수익률법

④ 위험조정할인율법

> **해설** 현금흐름의 크기를 조정하는 것으로서 투자안의 기대현금흐름에 대한 확실성 등가를 구하고 위험이 전혀 따르지 않기 때문에 이 현금흐름의 확실성 등가를 무위험수익률로 할인하여 투자안의 순현재가치를 구한다. 확실성 등가란 불확실한 기대수익과 동일한 효용을 제공하는 확실한 수익을 의미하는데, 투자가치를 평가할 때 확실성 등가법은 많이 사용되지 않는다. 이는 합리적 기준에 의해 확실성 등가계수 구하기 어렵고, 위험에 대한 보상은 고려하지 않기 때문이다.

정답 01 ③ 02 ④ 03 ③ 04 ② 05 ② 06 ②

독학사 경영학과 시험 예시문제 Ⅱ - 재무관리론

07 주주와 경영자 간에 존재하는 이해상충의 원천이 <u>아닌</u> 것은?

① 단기업적주의
② 위험회피도의 차이
③ 과도한 배당금의 지급
④ 경영자의 사적소비의 추구

 주주와 경영자는 주식을 보유하고 있기 때문에 그에 따른 배당금을 지급받는다. 따라서 과도한 배당금의 지급은 이해상충으로 볼 수 없다. 반대로 채권자는 빌려준 원금에 따라 이자를 받기 때문에 배당금은 지급받지 않는다. 따라서 과도한 배당금의 지급 때문에 원금과 이자를 받지 못할 수 있기 때문에 주주와 채권자 간 이해상충의 원천이 된다.

[주관식]

01 토빈(Tobin)의 분리정리(separation theorem)에 대하여 설명하시오.

정답

토빈(Tobin)의 분리정리는 접점(시장)포트폴리오의 구성과 최적 포트폴리오의 선택이 독립적으로 이루어진다는 것을 의미한다. 토빈(Tobin)의 분리정리에 의하면 모든 투자자들이 자신의 위험에 대한 선호체계(무차별곡선)와 관계없이 시장포트폴리오를 구성 한 다음 자신의 무차별곡선에 따라 무위험자산과 시장포트폴리오에 대한 투자비율을 조정하여 최적 포트폴리오를 선택한다.

해설 토빈의 분리정리는 하나의 무위험자산과 다수의 유위험자산간의 선택을 하는 것을 분리할 수 있다는 것이다. 즉 위험자산 간의 최적조합과, 위험자산과 무위험자산 간의 최적조합은 서로 분리시켜 할 수 있다는 것이다. 여기서 위험자산 간의 최적조합이 바로 시장포트폴리오를 의미하는 것이다. 이것은 어느 투자자나 동일하게 적용된다. 투자자들 사이에서 차이나는 부분은 바로 이 시장포트폴리오(위험자산 간의 조합)와 무위험자산을 선택하는 것에 있어서 시장포트폴리오(위험자산 간의 조합)의 비중을 얼마나 둘지 말지에 따라 달라진다. 시장포트폴리오에 비중을 많이 둘수록 위험비율은 높아진다.

02 배당의 잔여이론(residual theory of dividend)에 대하여 설명하시오. (80자 이내)

 정답

순이익으로 신규투자요소자금을 충당하고 난 다음 잔여이익이 있을 때 배당을 지급하는 것이 주주에게 유리하다는 이론

해설 기업의 배당정책에 대한 의사결정 즉 순이익을 주주에게 배당을 하느냐, 아니면 기업내부에 유보하여 재투자를 하느냐에 대한 의사결정은 기업의 투자기회의 수익성에 따라 달라질 수 있는데, 기업의 배당정책을 투자결정과 자금조달결정의 부산물로 보는 이론을 배당의 잔여이론이라고 한다. 즉 외부금융이 허락되지 않은 상황에서 해당기업과 동일한 위험을 갖는 투자안의 수익률(즉 주주들의 요구수익률을 또는 자기자본비용)보다 기업의 재투자수익률이 높다면 주주들은 배당보다는 기업 내에 유보시키는 것을 선호하게 된다.

03 자기자본만으로 이루어진 어떤 회사의 기업가치가 100억 원이다. 만일 이 회사가 40억 원의 부채를 조달하여 자사주매입을 행하는 방식으로 자본구조를 변경할 경우, 이 회사의 기업가치를 평가하시오. (이 회사의 법인세율은 25%이며, MM이론이 타당하다고 가정한다.)

정답

110억 원

해설 MM의 수정명제의 따르면 부채 사용 시 자기자본비용은 증가하고 가중평균자본비용은 감소하여 기업가치는 증가하게 된다.
부채기업가치 = 무부채기업가치 + 이자비용의 법인세 절감액 = 100억 원 + (40억원 × 0.25) = 110억 원

이 책의
구성과 특징

빨리보는 간단한 키워드

시험 전에 보는 핵심/요약

제1장 재무관리의 개요

■ 재무관리의 정의

① 큰 의미에서 재무관리는 재무학(finance)이라고 함. 자금의 흐름을 살펴보면 이를 필요로 하는 수요자와 이를 수요자에게 제공해주는 공급자가 있음. 자금의 수요자 중 대표적인 경제주체가 국가와 기업으로, 기업의 재무의사결정과 재무환경 등을 다루는 연구분야를 기업재무론(corporate finance)이라고 함. 또한 재무학에서는 대표적인 자금 공급자의 대표적인 경제주체를 투자자라고 함, 투자자의 재무의사결정과 투자환경 등을 다루는 연구분야를 투자론이라고 부름

② 기업의 재무상태를 알고 싶다면 기업의 재무상태표(또는 대차대조표)를 이용하여 살펴볼 수 있음. 재무상태표는 일정시점에 현재 기업이 보유하고 있는 재무상태를 나타내는 회계보고서로, 즉 자산과 부채 그리고 자본의 구성을 보여주는 표임. 기업의 자산은 재무상태표 왼쪽(차변)에 위치하며 크게 유동자산과 비유동자산으로 구분됨. 유동자산은 고정자산에 대응되는 개념으로 1년 안에 현금화 할 수 있는 자산인데, 비유동자산은 부동산, 기계 등과 같이 기업이 단기간에 현금화 할 수 없이 장기간 보유하는

1 / 시험장에서 완벽한 마무리 YES!

빨리보는 간단한
키워드

'빨리보는 간단한 키워드(빨간키)'는
핵심요약집으로 시험 직전까지 해당 과목의
중요 핵심이론을 체크할 수 있도록 합니다.

제 1 장 재무관리의 개요

제 1 절 재무관리의 의의와 영역

1 재무관리의 정의

큰 의미에서 재무관리는 재무학(finance)이라고 한다. 재무학은 국가나 기업이 필요로 하는 자금 및 자본의 조달, 관리, 운용에 대해 연구하는 학문분야이다. 자금의 흐름을 살펴보면 이를 필요로 하는 수요자와 이를 수요자에게 제공해주는 공급자가 있다. 자금의 수요자 중 대표적인 경제주체는 국가와 기업이다. 기업의 재무의사결정과 재무환경 등을 다루는 연구분야를 기업재무론(corporate finance)이라고 한다. 또한 재무학에서는 대표적인 자금 공급자의 대표적인 경제주체를 투자자라고 일컫는데, 투자자의 재무의사결정과 투자환경 등을 다루는 연구분야를 투자론이라 부른다.
좁은 의미에서 재무관리는 기업 재무론을 의미한다. 자금의 수요자인 국가와 기업의 자금 및 현금흐름과 관련된 활동을 다루는 학문으로 자금의 조달, 배분 그리고 유동성 관리 등을 연구대상으로 하고 있다.

2 / 두꺼운 기본서는 NO!

핵심이론

평가영역을 바탕으로 꼼꼼하게 정리된
'핵심이론'을 통해 꼭 알아야 하는 이론을
명확히 이해할 수 있어요.

제1장
OX로 점검하자

※ 다음 지문의 내용이 맞으면 O, 틀리면 ×를 체크하시오. [1~22]

01 재무학은 국가나 기업이 필요로 하는 자금 및 자본의 조달, 관리, 운용에 대해 연구하는 학문분야이다. ( )

02 자금의 흐름을 살펴보면 이를 필요로 하는 수요자와 이를 수요자에게 판매해주는 판매자가 있다. ( )

03 기업의 재무의사결정과 재무환경 등을 다루는 연구분야를 투자론이라고 한다. ( )

04 재무상태표는 현재시점에 현재 기업이 보유하고 있는 재무상태를 나타내는 회계보고서로, 즉 자산과 부채 그리고 자본의 구성을 보여주는 표이다. ( )

05 기업의 자산은 재무상태표 오른쪽(대변)에 위치하며 크게 유동자산과 비유동자산으로 구분된다. ( )

06 유동자산과 비유동자산의 구분과 똑같이 유동부채와 비유동부채의 구분도 3년을 기준으로 한다. ( )

3 / 핵심이론을 OX문제로 check!

OX문제로 점검하자

핵심이론을 학습한 후 중요 내용을 OX문제로
꼭 점검해보세요.
실전예상문제를 풀어보는 전에 OX문제로
핵심 지문을 복습한다면 효율적으로 학습하는
데 도움이 될 것입니다.

4 객관식 문제와 주관식 문제 OK!
실전예상문제

독학사 3단계 시험에서는 어떤 문제가 나올까?
'핵심이론'에서 공부한 내용을 기억하며
'실전예상문제'를 풀어보면서 3단계 시험을
위한 문제를 연습해보세요. 특히, 3단계부터는
배점이 40점이나 부여된 주관식 문제(4문제)가
출제되므로 주관식 문제에 대한 감을 잡아보세요.

5 최종모의고사로 실전 감각 UP!
최종모의고사

'핵심이론'을 공부하고, 'OX문제'&'실전예상
문제'를 풀어보았다면 이제 남은 것은 실전
감각 기르기와 최종 점검입니다. '최종모의고사
(총 2회분)'를 실제 시험처럼 시간을 두고 OCR
답안지를 이용해서 풀어보고, 정답과 해설을
통해 복습한다면 좋은 결과가 있을 것입니다.

Contents

목 차

당신의 합격을
기원합니다!

study with me

빨리보는 간단한 키워드

재무관리론

제 1 장 재무관리의 개요

■ **재무관리의 정의**

① 큰 의미에서 재무관리는 재무학(finance)이라고 함. 자금의 흐름을 살펴보면 이를 필요로 하는 수요자와 이를 수요자에게 제공해주는 공급자가 있음. 자금의 수요자 중 대표적인 경제주체가 국가와 기업으로, 기업의 재무의사결정과 재무환경 등을 다루는 연구분야를 기업재무론(corporate finance)이라고 함. 또한 재무학에서는 대표적인 자금 공급자의 대표적인 경제주체를 투자자로 일컫는데, 투자자의 재무의사결정과 투자환경 등을 다루는 연구분야를 투자론이라고 부름

② 기업의 재무상태를 알고 싶다면 기업의 재무상태표(또는 대차대조표)를 이용하여 살펴볼 수 있음. 재무상태표는 일정시점에 현재 기업이 보유하고 있는 재무상태를 나타내는 회계보고서로, 즉 자산과 부채 그리고 자본의 구성을 보여주는 표임. 기업의 자산은 재무상태표 왼쪽(차변)에 위치하며 크게 유동자산과 비유동자산으로 구분됨. 유동자산은 고정자산에 대응되는 개념으로 1년 안에 현금화 할 수 있는 자산이며, 비유동자산은 부동산, 기계 등과 같이 기업이 단기간에 현금화 할 수 없는 장기간 보유하는 자산임

③ 자산을 구입하기 위해서는 자금 및 자본이 필요함. 필요자금에 대한 출처는 재무상태표 오른쪽(대변)에 나타나며, 조달된 자금은 크게 부채와 자기자본으로 구분됨. 부채는 타인자본이라고 하며, 기업이 짧은 기간 동안 사용하는 유동부채와 장기간 사용하는 비유동부채로 구분됨. 유동자산과 비유동자산의 구분과 똑같이 유동부채와 비유동부채의 구분도 1년을 기준으로 함. 유동부채는 1년 안에 갚아야 할 부채이며, 비유동부채는 1년 이내에 갚을 필요가 없는 부채임. 한편, 자기자본은 주식을 발행하여 조달한 자금과 과거의 기업활동에서 벌어들인 유보금이며, 특정한 기한 내에 갚아야 할 의무가 없는 자금임

■ 재무관리의 목표

① **투자결정** : 투자결정에 관한 문제임. 재무상태표의 왼쪽(차변)의 항목을 다루는 것으로 기업이 자산을 가장 합리적인 형태의 투자결정이며 즉 최적의 자산구성을 찾는 방법임. 특히 비유동자산 중 건물, 기계 등과 같은 유형자산이나, 지식재산권(특허, 상표권)과 R&D 투자 등과 같은 무형자산에 대한 투자는 장기간 기업가치에 영향을 끼치기 때문에 중요함. 이와 같이 장기간 영업활동을 함에 있어 이용하게 될 유·무형자산에 대한 투자분석을 자본예산이라 하며, 이는 재무관리에서 다루는 가장 중요한 과제 중 하나임

② **자금조달결정과정** : 자금조달의 방법을 결정하는 자본조달결정임. 이는 재무상태표의 오른쪽(대변)에 포함되는 것으로서 기업이 필요한 자금을 가장 합리적인 방법으로 조달하려는 최적자본구조를 찾는 형태임. 부채(타인자본)와 자기자본의 합리적인 비중을 결정하는 문제와 이익유보금을 통한 내부자금, 주식발행이나 차입을 통한 외부자금을 적절히 분배하여 필요자금을 조달하는 방법을 결정하는 것이 자본조달결정임

③ **유동성 관리** : 영업활동에 짧은 시간 소요되는 현금의 유입과 유출을 관리하는 유동성 관리임. 영업활동에서 소요되는 현금의 유입과 유출은 금액과 시간적인 면에서 상이할 수 있음. 재무상태표에서 유동자산과 유동부채의 차이인 순운전자본에 의해 현금의 유입과 유출을 조정할 수 있음. 장기적인 관점에서 투자결정과 자본조달결정이 재무관리의 핵심이라면 단기적 관점에서 재무관리의 핵심은 유동성 관리임

■ 기업의 형태와 주식회사 제도

① 주식회사의 설립은 복잡한 절차를 필요로 함. 회사의 설립을 위해서는 우선 회사의 이름과 수행할 사업의 내용, 발행할 주식의 수 그리고 이사회의 의결방법과 이사의 수 등 향후 기업경영의 기준이 될 내용을 규정한 정관을 마련하여야하며 경영자는 이에 기초하여 경영활동을 수행함

② 주식회사가 처음 설립되었을 당시에는 출자자들만이 기업의 소유권을 나타내는 주식을 보유하나, 기업의 규모가 커짐에 따라 자금이 더 필요하게 되면 기업은 새로운 주식을 발행하여 많은 수의 투자자들로부터 필요자금을 조달하게 됨

③ 이러한 과정을 거친 기업의 주식은 시장에서 공개적으로 거래되게 되는데 이런 기업을 공개기업이라고 함. 주식회사의 소유주는 주주이지만 회사는 주주와는 독립적인 법인체임. 주식회사는 독립적인 인격을 갖는 법인이므로 스스로 차입을 하거나 소송의 당사자가 될 수 있으며, 회사의 이익에 대해서는 일정비율의 세금을 납부할 의무를 짐

■ 기업가치의 극대화

① 기업의 미래수익이 많을수록 기업가치는 높아지며 미래수익이 적을수록 즉 위험이 클수록 기업가치는 낮아짐
② 기업의 기업가치는 내부자산을 얼마나 잘 사용하여 벌어들일 미래수익의 규모와 불확실성에 따라 결정됨
③ 기업의 가치를 재무상태표의 왼쪽(차변)에서 파악해 보면 기업가치(V)는 다음과 같은 함수로 표현될 수 있는데 이는 미래의 수익과 위험에 의해서 결정됨

$$V = f(수익, \ 위험)$$

④ 재무상태표의 오른쪽(대변)은 기업의 지분에 따른 소유 대상을 나타냄. 즉, 기업은 투자에 필요한 자금을 자기자본과 부채(타인자본)으로 조달함
⑤ 자기자본(주식)의 공급자를 주주라고 부르며 타인자본(부채)의 공급자를 채권자라 칭함. 따라서 기업의 소유에 대한 권리는 주주와 채권자가 동시에 소유하게 됨
⑥ 결국 기업가치는 주주의 몫과 채권자의 몫으로 나누어지며 다음과 같이 표현될 수 있음

$$V = Equity(주주) + Debt(채권자)$$

■ 주주가치의 극대화

① 재무관리의 목표는 기업가치를 극대화시켜 주주가치와 채권자의 가치를 높이는 것임. 그 중에서도 기존 자본과 투자로 인한 지분을 소유하고 있는 즉, 자기자본을 보유하고 있는 주주의 가치를 높이는 일임. 자기자본과 부채는 회계상 성격을 달리하기 때문에 채권자가 아닌 주주가 회사의 주인임을 뜻함
② 채권자는 반드시 약속된 기일에 빌려준 원금과 정해진 이자를 되돌려 받음. 회사는 성과의 여부와 상관없이 반드시 약속을 지켜야하며 주주에 우선하여 이러한 권리를 지급

받음. 회사의 성과가 향상해서 수익이 많이 생겼다면 채권자의 몫(원금 + 이자)을 먼저 지급하고 남은 수익에 대해서 주주들이 지급 받음. 반대로 성과가 좋지 않거나 청산할 경우에도 채권자의 몫부터 먼저 지급하고 남은 잔여분에 대해서 지급받음. 채권자의 장점은 회사가 성과가 좋지 않거나 청산할 경우에도 주주에 우선하여 권리를 행사할 수 있으나, 단점은 성과가 좋아도 정해진 몫(원금 + 이자)에 대해서만 지급받는 것임

③ 주주의 장점은 회사의 성과가 좋다면 수익을 많이 얻을 수 있지만, 단점은 성과가 좋지 않거나 부도가 날 경우 한 푼도 받지 못할 수 있다는 것임. 즉, 채권자의 몫은 기업 성과의 유무에 관계없이 일정하나 주주의 몫은 기업성과에 달려있다는 점임. 따라서 미래의 기업가치의 위험을 부담하는 주주를 기업의 주인으로 여겨지는 것이 타당함. 따라서 재무관리의 목표는 주주가치를 극대화시키는 것임

■ 금융시장

① 주식이나 채권과 같은 금융자산(financial asset) 혹은 증권이 발행, 거래되고 또 그 가격이 형성되는 시장을 금융시장 또는 증권시장이라고 함

② 직접금융은 최종적인 자금의 수요자(기업)가 금융기관을 개입시키지 않고 발행한 주식과 채권 등을 발행함으로써 자금의 공급자인 투자자(개인)가 매입함으로써 자금수요자가 투자자에게 직접 조달받는 방식을 직접금융이라고 함

■ 금융중개기관

① 금융자산의 가장 기본적인 거래는 자금의 수요자와 공급자가 직접 대면해 거래가격 및 거래조건을 정하고 자금과 그에 따른 정해진 조건을 교환하는 형태임

② 금융중개기관은 자금거래에서 중간자 역할을 전문적으로 수행함으로써 거래에 따른 규모의 경제효과를 얻을 수 있으며, 정보수집과 조건에 따른 비용을 절약할 수 있음

■ 증권

증권은 주식이나 채권 등 재산적인 가치가 있고 법적으로 증명된 증서로서 정의되며, 증권의 종류는 크게 4가지로 구분됨

① 지분의 소유권을 나타내는 자본증권
② 채권과 채무관계를 나타내는 부채증권
③ 자본증권과 채무증권을 혼합한 혼합증권
④ 여러 기초자산의 결합으로 기초자산의 수익률에 따라 수익형태가 결정되는 파생증권 등

■ 위험과 수익의 상충관계

① 투자자들은 미래현금흐름의 위험이 크면 클수록 그에 대한 대가로 더 많은 수익을 요구하게 된다고 가정할 수 있는데, 이를 '위험과 수익의 상충관계'라고 말함. 위험과 수익의 상충관계의 존재로 인해 높은 위험을 부담할수록 높은 수익률을, 낮은 위험을 부담할수록 낮은 수익률을 보상받게 되는 것임
② 투자자들은 불확실한 것보다 확실한 것을 더 좋아한다고 가정하는 것을 '재무관리의 제2원리'라고 하며, 제1원리와 함께 모든 재무관리의 기본토대가 됨

제 2 장 재무분석과 재무계획

■ 재무상태표의 구성

① 재무상태표 혹은 대차대조표는 특정 시점 기업이 현재 보유하고 있는 자산과 부채, 자본에 대한 정보를 구성하는 표를 말함. 재무상태표의 왼쪽(차변)은 자산의 형태를 말하며 오른쪽(대변)은 부채 및 자본의 형태를 나타냄
② 자산은 기업이 현재까지 보유하고 있는 자산을 말하며 부채 및 자본은 기업이 필요한 소요자금을 채권자와 주주로부터 조달한 자금임
③ 재무상태표 및 대차대조표는 다음과 같은 식으로 설명할 수 있음

> 자산 = 부채(타인자본) + 자본(자기자본)

④ 복식부기방법은 하나의 사건을 기록할 때, 차변과 대변에 각각 같은 금액적 효과를 갖도록 기록하기 때문에 항상 차변의 합계와 대변의 합계가 일치하는 대차평균의 원리가 성립함. 이때, 자산의 증가는 차변에, 부채와 자본의 증가는 대변에 기록함으로써 차변에는 자산의 잔액이, 대변에는 부채와 자본의 잔액이 적히며 그 금액은 항상 일치함

■ 자산

① 재무상태표 및 대차대조표의 왼쪽(차변)은 자산들이 구성하는데 현금, 매출채권, 재고자산, 유형자산, 무형자산 등으로 이루어져 있음. 이 구성에서 현금, 매출채권, 재고자산 등을 유동자산이라고 말하며 보통 1년 안에 현금화 할 수 있는 자산을 일컬음

② 부동산이나 기계 등과 같이 1년 안에 현금화 할 수 없는 자산들을 비유동자산이라고 말하며, 물리적 형태는 없으나 미래에 경영상 이윤을 창출할 수 있는 자산을 무형자산이라고 말하며 특허와 영업권 등이 대표적인 무형자산임. 건물, 기계, 설비와 같은 유형자산과 특허와 같은 무형자산은 매년 감가상각에 따라 금액이 줄어드는데 실제 현금이 지출되는 않음

③ 감가상각의 비용을 처리하는 식인 정액법과 정률법 등 여러 가지 식에 의해서 장부상의 비용으로 처리됨

■ 부채와 자기자본

① 기업이 일정 시점에 자본제공자인 채권자와 주주에게 자본을 조달 받음. 주주에게는 미래의 일정 기간에 걸쳐 약속된 금액을 반드시 상환해야 할 의무는 없지만 채권자에게는 반드시 자본조달의 대가로 약속된 금액을 일정 기간에 걸쳐 상환해야 할 의무가 있음

② 채권자가 주주의 권리에 우선하기 때문에 만약 기업이 청산을 할 경우 채권자의 몫을 먼저 상환해주고 후에 남은 기업가치에 대해서 주주의 몫을 할당 받음

> 자기자본 = 자산 − 부채

■ 기업가치와 사업가치

① 기업가치의 의미는 타인자본의 가치와 자기자본의 가치(시가총액)의 합으로 평가가 됨
② 사업가치는 만약 투자자가 해당 기업을 인수하려고 할 때의 가치로 평가가 됨
③ 시장에서 평가되는 기업가치[주주가치(시가총액) + 채권자가치]에서 현금을 차감해주면 시장가치가 됨

> 사업가치 = 주식의 시장가치 + 부채 − 현금

■ 순운전자본

순운전자본은 유동자산에서 유동부채를 차감한 금액으로 일상적인 영업활동에 필요한 자금을 말하며 단기자산의 여력이 얼마나 되는가를 나타내주는 지표임

> 순운전자본 = 유동자산 − 유동부채

■ 부채비율과 유동비율

① 부채비율은 기업이 보유하고 있는 자산 중 부채가 얼마 정도 차지하고 있는가를 나타내는 비율로서 기업의 재무구조상 타인자본의존도를 나타내는 지표임

> 부채비율 = 부채 / 자기자본

② 유동비율은 유동자산을 유동부채로 나눈 값으로 기업의 단기지급능력을 나타내는 비율임. 따라서 기업이 보유한 지급능력과 신용능력을 판단하기 위하여 많이 쓰임

> 유동비율 = 유동자산 / 유동부채

■ **주가순자산비율**

① 주가순자산비율(PBR)은 주가를 주당순자산가치(BPS)로 나눈 비율로서 주가와 1주당 순자산가치를 비교한 수치임. 주당순자산가치는 자기자본을 발행주식 수로 나누어 계산함

> 주가순자산비율(PBR) = 주가 / 주당순자산(BPS)

② 손익계산서 혹은 포괄손익계산서는 특정 기간 기업의 경영성과를 나타내주는 지표로서 손익계산서는 수익과 비용 그리고 이익을 보여주는, 즉 기업의 성장성을 나타내는 지표임

> 이익 = 수익 − 비용

■ **총자본이익률**

총자본이익률(ROI)은 순이익을 총자본으로 나눈 값으로 투하된 자본금 대비 순이익의 정도를 나타내는 지표임

> 총자본이익률 = 당기순이익 / 총자본

■ **이자보상비율**

이자보상비율은 기업의 채무상환능력을 나타내는 지표로 이자비용 대비 영업이익의 정도를 나타냄

> 이자보상비율 = 영업이익 / 이자비용(금융비용)

■ 매출채권회전율

① 매출채권회전율은 매출액을 매출채권으로 나눈 값으로 영업활동으로 인해 매출채권이 얼마만큼 현금화되어 매출액으로 이어졌는지의 회전 수를 나타낸 비율로 매출채권이 작으면 작을수록 현금화가 빠르게 회전한다는 의미이기 때문에 매출채권관리를 잘한 다고 볼 수 있음

> 매출채권회전율 = 매출액 / 매출채권

② 매출채권회전율과 관계되는 지표로서 매출채권회수기간이 있음. 매출채권회수기간은 판매와 동시에 매출채권으로 설정한 금액이 며칠 만에 회수되었는지의 정도를 나타내 주는 지표임

> 매출채권회수기간 = 365 / 매출채권회전율

■ 총자산회전율

총자본회전율이라고도 하며 총자산 대비 매출액의 정도를 나타낸 비율임

> 총자산회전율 = 매출액 / 총자산

■ 자기자본이익률

자기자본이익률(ROE)은 주주의 투자성과를 나타내주는 비율로 경영자가 기업에 투하된 자본을 활용하여 어느 정도의 이익을 올리고 있는가를 보여줌

> 자기자본이익률 = (순이익 / 자기자본) × 100

■ **주가수익배수**

주가수익배수(PER)는 주가를 주당순이익으로 나눈 값으로 1주당 순이익 대비 주가가 몇 배 형성이 되어 있는지를 나타내주는 지표임

주가수익배수(PER) = 주가 / 주당순이익

■ **레버리지의 정의**

① 안전성을 추구하는 저축과 달리, 투자에서는 종종 레버리지(leverage) 효과가 발생하게 됨

② 영어로 'leverage'란 지렛대를 의미함. 누구나 아는 바와 같이 지렛대를 이용하면 실제 힘보다 몇 배 무거운 물건을 움직일 수 있음

③ 금융에서는 실제 가격변동률보다 몇 배 많은 투자수익률이 발생하는 현상을 지렛대에 비유하여 레버리지로 표현함

■ **영업레버리지**

① 총 영업비용에서 영업고정비용이 차지하는 비중이 클수록 그 사업은 높은 영업레버리지를 가지고 있다고 말함

② 영업레버리지의 효과를 측정하는 척도를 영업레버리지도(DOL ; Degree of Operating Leverage)라고 하는데 이는 매출량 또는 매출액증가율에 대한 영업이익증가율로 나타냄

영업레버리지도(DOL) = 영업이익증가율 / 매출액증가율

■ 재무레버리지

① 재무레버리지란 자산을 획득하기 위해 조달한 자금 중 재무고정비를 수반하는 타인자본이 차지하는 비율을 말함

② 재무레버리지도(DFL ; Degree of Financial Leverage)는 영업이익의 변동에 따른 주당이익(EPS)에 미치는 영향을 분석한 것임

> 재무레버리지도(DFL) = 주당이익변동율 / 영업이익변동율

■ 결합레버리지도

매출액의 변화가 주당이익의 변화에 미치는 효과를 직접 측정하는 척도로써 결합레버리지도(DCL ; Degree of Combined Leverage)가 사용되는데 이는 영업레버리지 효과와 재무레버리지 효과를 결합하여 나타냄

> 결합레버리지도(DCL) = 주당이익변화율 / 매출액변화율

제 3 장 재무관리의 기초이론

■ **화폐의 시간가치**

① 서로 다른 시점에서 발생하는 현금흐름은 같은 금액이라도 발생되는 시점에 따라 서로 다른 가치를 갖게 되는데 이를 화폐의 시간가치(time value of money)라고 함

② 소비자들은 유동성 선호를 반영하여 화폐의 시간가치를 판단하는 기준으로 시장이자율을 사용하는데, 시장이자율은 다른 화폐의 가치를 비교하는 수단으로 사용됨

③ 시장이자율은 시차선호, 인플레이션, 재투자 기회, 미래의 불확실성으로 인한 위험 등을 고려하여 결정됨

■ **현재가치**

현가라고도 하며 미래의 특정기간에 발생할 현금흐름을 현재시점의 가치로 환산한 것을 현재가치(PV ; Present Value)라고 함

$$PV(\text{현재가치}) = \frac{CF_1}{(1+r)} + \frac{CF_2}{(1+r)^2} + \cdots + \frac{CF_n}{(1+r)^n}$$

■ **위험-수익의 상충관계**

① 투자자들은 미래의 불확실한 1원보다는 현재의 확실한 1원을 더 선호함

$$E(r_i) = r_f + \alpha_i \quad (\text{단, } \alpha_i > 0)$$

② 위험회피형 투자자들은 미래의 불확실성에 대한 위험부담을 요구하게 되는데 이를 위험프리미엄(risk premium)이라고 함

■ 순현가

① 투자안에 대한 의사결정을 내릴 때 투자안을 평가하는 여러 방법 중 가장 많이 쓰이는 것이 순현가법(NPV ; Net Present Value)임

② 순현가법은 투자안의 순현가를 계산하여 양(+)일 경우 투자안을 채택하고, 음(-)일 경우에는 기각함

$$NPV(\text{투자안}) = PV(\text{투자안}) - \text{투자비용}$$
$$= \frac{E(CF_1)}{(1+k)} + \frac{E(CF_2)}{(1+k)^2} + \cdots + \frac{E(CF_n)}{(1+k)^n} - \text{투자비용}$$

■ 할인율

① 현재가치(PV)를 계산할 때 미래현금흐름이 정해졌다면 할인현금흐름모형을 이용하여 현재가치를 계산하면 되지만 투자안에서 발생하는 현금흐름은 대부분이 불확실하기 때문에 기대현금흐름과 위험을 반영한 할인율을 사용함

② 위험이 같은 사업안에 대해 투자자들이 기대하는 수익률과 일치할 것이기 때문에 기대수익률(expected rate of return) 또는 요구수익률(required rate of return)이라고 부름

③ 할인율과 현재가치는 서로 반비례 관계이기 때문에 할인율이 높아질수록 현재가치는 감소하게 되며, 반대로 낮아질수록 현재가치는 증가함

④ 채권은 매매시점의 현재가치로 채권가격이 결정되기 때문에 이자율이 하락하면 채권가격은 상승하고 반대로 이자율이 상승하면 채권가격은 하락하는 역의 관계를 가짐

■ 내부수익률

내부수익률(IRR ; Internal Rate of Return)은 새로운 사업안(투자안)에 소요되는 유출금액의 현재가치가 그 사업안으로부터 기대되는 현금유입액의 현재 가치와 동일하게 만드는 할인율임

■ 채권의 분류

① 마지막 기에 채권의 이자와 원금(액면가)을 지급하기로 한 날을 만기일(maturity date)이라고 함. 우리나라 국·공채의 경우 통상 만기일이 1년~5년 정도였으나 최근에는 만기일이 30년이 넘는 국·공채도 발행되고 있음

② 국·공채 및 회사채 권면에 기재되어 있는 금액을 액면금액 혹은 액면가라고 부르며 미래에 지급해야할 이자를 계산하는 척도가 됨. 또한 채권의 액면가에 대한 연간 이자지급액의 비율을 나타내는 수익률을 표면이자율(coupon rate)라고 하며 연간 이지지급액을 채권의 액면가로 나눈 값임

③ 채권은 만기와 이자지급의 종류에 따라 세 가지로 구분됨
ㄱ 이자를 만기 전에 지급하지 않고 만기와 동시에 원금과 이자를 지급하는 무이표채권(zero coupon)
ㄴ 일정 기간에 따라 이자를 지급하는 이표채(coupon bond)
ㄷ 만기가 없이 영원히 이자만 상환 받는 영구채(perpetual bond)

■ 채권의 가격결정요인

약속된 금액을 상환받기로 한 투자자는 보유하고 있는 채권의 가격에 대해서 궁금해 함. 채권을 보유하면서 발생할 미래의 현금흐름을 현재가치로 평가하여 합한 값이 채권의 가격이 됨

$$PV = \frac{CF_1}{(1+r_1)} + \frac{CF_2}{(1+r_2)^2} + \frac{CF_T}{(1+r_T)^T} = \sum_{T=1}^{T} \frac{CF_t}{(1+r_t)^t}$$

■ 이자율의 기간구조

① 이자율의 기간구조는 흔히 수익률곡선(yield curve)으로 나타내는데 동일한 위험구조를 가진 채권들의 만기별 수익률을 나타낸 그래프임

② 수익률곡선은 3가지로 정의될 수 있음
ㄱ 장기이자율이 단기이자율보다 높으면 우상향곡선의 형태를 취함
ㄴ 장기이자율이 단기이자율과 같다면 수평곡선의 형태를 취함
ㄷ 장기이자율이 단기이자율보다 낮다면 우하향곡선의 형태를 취함

- 기대이론 : 처음 2가지 사실들을 설명하나 세 번째 사실은 설명하지 못함
- 분할시장이론 : 세 번째 사실을 설명하나 처음 2가지 사실들을 설명하지 못함
- 유동성 프리미엄 이론 : 3가지 사실 모두를 설명하기 위해 2가지 이론을 결합한 것임

■ 만기수익률의 정의

채권의 경우 만기가 정해져있고 상환 받을 이자와 원금을 알 수 있기 때문에 만기까지 보유한다면 얻을 수 있는 수익률을 알 수 있음. 이것을 채권의 만기수익률(YTM ; Yield-To-Maturity)이라고 하며 내부수익률(IRR)로써도 언급됨

$$NPV = PV(\text{채권의 현금흐름}) - \text{채권가격}$$
$$= \frac{C}{(1+y)} + \frac{C}{(1+y)^2} + \cdots + \frac{C+F}{(1+y)^T} - B_0$$

■ 듀레이션의 정의

듀레이션(duration)이란 투자자금의 평균회수기간을 말함. 일반적으로 듀레이션이란 채권에서 발생하는 현금 흐름의 가중평균만기로서 채권 가격의 이자율 변화에 대한 민감도를 측정하기 위한 척도로서 사용됨

$$D = \sum_{t=1}^{T} \left[\frac{PV(CF_t)}{P} \times t \right]$$

■ 배당평가모형

주식투자에서 발생하는 수익은 보유 기간마다의 배당과 주식을 처분했을 시의 매각차익금임. 투자자가 어느 특정 기업의 주식을 1년 정도 보유하다가 매각을 했을 시 주식의 가치 P_0는 다음과 같음

$$P_0 = \frac{D_1 + P_1}{1+k}$$

① 성장이 없는 경우

$$P_0 = \frac{D_1}{1+k} + \frac{D_1}{(1+k)^2} + \frac{D_1}{(1+k)^3} + \cdots + \frac{D_1}{(1+k)^\infty} = \frac{D_1}{K}$$

② 성장이 일정한 경우

$$P_0 = \frac{D_1}{1+k} + \frac{D_1(1+g)}{(1+k)^2} + \frac{D_1(1+g)^2}{(1+k)^3} + \cdots \frac{D_1}{K-g}$$

■ **할인율과 성장률의 추정**

① 성장이 없는 경우 : 성장이 없는 경우 배당금은 주당순이익(EPS)과 같아지며 주가는 $P_0 = EPS / k$가 됨. 결과적으로 할인율 k를 놓고 계산식을 정리하면 다음과 같음

$$k = \frac{EPS}{P_0} = \frac{1}{P_0/EPS} = \frac{1}{PER}$$

② 성장이 일정한 경우 : 배당의 성장이 일정한 경우 다음과 같은 식으로 정리할 수 있음

$$k = \frac{D_1}{P_0} + g$$

③ PER을 이용한 주식평가

$$\frac{P_0}{EPS} = PER = \frac{1-b}{K-g}$$

■ 수익과 수익률

① **단일기간 수익률** : 단일기간 동안의 투자에서 얻는 수익률을 단일기간 수익률이라고 하며 가장 기본이 되는 수익률의 형태임

$$\text{단일기간 수익률} = \frac{D_1 + P_1 - P_0}{P_0} = \frac{D_1}{P_0} + \frac{P_1 - P_0}{P_0}$$

② **보유기간 수익률** : 일정 시점에 여러 기간에 걸쳐 금융자산 및 실물자산에 투자하여 얻는 수익률을 보유기간 수익률이라고 하며 재투자가 가능하며 각 기간마다의 수익률은 다음과 같음

$$\text{보유기간 수익률} = (1 - r_1)(1 + r_2)...(1 + {}_{n-1}r_n) - 1$$

③ **산술평균수익률** : 여러 기간에 걸쳐 투자 시, 각 기간마다의 수익률을 단순하게 산술평균한 것임. 이를 식으로 표현하면 다음과 같음

$$\text{산술평균수익률} = ({}_0R_1 + {}_1R_2 + {}_2R_3 + {}_3R_4 + ... + {}_{n-1}R_n)/n$$

④ **기하평균수익률** : 기하평균수익률은 연평균복리수익률이라고도 하며 매 기간 동안의 수익률이 주어지면, 보유기간 동안 총 수익률을 계산하여 기하평균을 계산한 후 1을 뺀 값임

$$\text{기하평균수익률} = \left[(1 + {}_0R_1)(1 + {}_1R_2)...(1 + {}_{n-1}R_n) \right] - 1$$

⑤ **기대수익률** : 확률분포가 나오면 기댓값을 계산할 수 있음. 확률변수 X의 기댓값은 E(X)로 표시하며, 기댓값 E(X)은 여러 상태의 수익률을 그 확률로서 곱한 값임. 즉 미래에 발생 가능한 여러 수준의 확률을 가중치로 사용하여 평균으로 나타낸 지표임

$$E(X) = P_1 \times X_1 + P_2 \times X_2 + ... + P_s \times X_s = \sum P_j \times X_j$$

■ **분산**

분산은 변수의 흩어진 정도를 나타내는 지표이며 어떤 변수 x에 대해서 평균값을 중심으로 얼마나 떨어져있는가를 판단함. 확률변수 X의 분산은 σ^2_x 혹은 Var(X)로 표시하며 위험의 정도를 계산하기 위하여 사용됨

$$\sigma^2_x = Var(X) = E[X - E(X)]^2$$
$$= p_1 \times [x_1 - E(X)]^2 + p_2 [x_2 - E(X)]^2 + ... + p_s \times [x_s - E(X)]^2$$

■ **표준편차**

분산에 제곱을 하여 확률변수의 단위와 같도록 표준화한 값을 표준편차(standard deviation)라고 하며 다음과 같은 식으로 나타낼 수 있음

$$\sigma_x = \sqrt{Var(X)}$$

■ **공분산과 상관계수**

① 공분산(covariance)은 두 자산 사이의 수익률의 변동성이 서로 얼마만큼 관련이 있는지의 척도로서 사용이 됨. 공분산은 σ_{xy} 또는 Cov(X, Y)로 표시되며, 두 확률변수의 확률분포가 주어지면 각 확률변수의 실현값과 기댓값의 차이인 편차의 곱을 발생확률로 곱하여 모두 더함으로써 계산됨

$$\sigma_{xy} = Cov(X, Y) = E[\{X - E(X)\}\{Y - E(Y)\}]$$
$$= p_1 [x_1 - E(X)][y_1 - E(Y)] + ... + p_s [x_s - E(X)][y_s - E(Y)]$$

② 공분산을 표준화한 값인 상관계수(correlarion coefficient)를 사용함. 상관계수는 공분산을 표준편차로 나누어 두 확률변수가 얼마만큼 밀접하게 관련되어 움직이는지를 나타낸 것으로 −1에서 +1 사이의 값을 가짐

$$P_{xy} = Corr(X, Y) = \frac{Cov(X, Y)}{\sigma_x \sigma_y}$$

■ 평균-분산 무차별곡선

① 투자자의 효용함수가 수익대비 증가함수라면 기대효용은 평균(기대수익)이 커질수록 증가하고 분산(위험)이 커질수록 감소한다는 것을 알 수 있음

② 즉 투자자는 기대효용의 극대화를 위해선 같은 값이라면 높은 기대수익(평균)을 선호하고, 낮은 분산(위험)을 선호하게 됨

③ 기대효용을 가져다주는 기대수익과 위험의 조합은 많음. 위험의 측정지로 표준편차를 사용했을 시 기대효용이 같은 평균-표준편차의 조합을 연결한 선을 평균-분산 무차별곡선이라고 함

■ 지배원리

주식	기대수익률(%)	표준편차(%)
A	11	11
B	11	13
C	13	15
D	14	15

① 지배원리는 평균-분산 모형을 기준으로 위험회피형 투자자들의 선호도를 보여주는 투자안의 선택기준이라고 말할 수 있음

② A주식과 D주식 중 어느 주식이 더 좋다고 판단하기에는 투자자들의 위험선호도에 따라서 달라지게 됨. 위험을 선호하는 투자자들은 기대수익률이 높은 D주식을 선택하게 될 것이며, 반대로 위험회피 투자자들은 기대수익률이 낮더라고 안전한 A주식을 선호하게 될 것임

■ **포트폴리오의 기대수익률과 위험**

① 포트폴리오의 기대수익률

$$E(r_p) = E(w_1 r_1 + w_2 r_2) = w_1 E(r_1) + w_2 E(r_2)$$

② 포트폴리오 수익률의 분산

$$\sigma^2{}_p = Var(r_p) = Var(w_1 r_1 + w_2 r_2)$$

$$= w^2{}_1 \sigma^2{}_1 + w^2{}_2 \sigma^2{}_2 + 2 w_1 w_2 \sigma_{12}$$

③ 상관계수

$$\rho_{12} = \sigma_{12} / \sigma_1 \sigma_2$$

■ **체계적 위험과 비체계적 위험**

① 아무리 분산투자를 하여도 제거할 수 없는 위험을 체계적 위험, 시장위험, 분산불가능 위험이라고 함

② 경영진의 변동, 파업, 법적소송, 신사업 성패 등 어느 특정 기업만이 가질 수 있는 사건이나 상황의 변동 등에서 발생되는 위험을 비체계적 위험 또는 기업고유의 위험이라고 함. 이러한 위험은 분산투자를 통하여 제거할 수 있는 위험임

③ 처음 포트폴리오의 자산 수가 증가함에 따라 포트폴리오의 위험이 급격히 감소하다가 점차 서서히 감소함. 이는 무수한 분산투자로도 위험은 모두 사라지지 않으며 체계적 위험만 남음

■ **자본자산가격결정모형**

자본자산가격결정모형(CAPM)은 위험과 기대수익률 사이의 균형관계를 보여주는 가격결정이론으로서 마코위츠의 평균–분산 포트폴리오 이론의 가정에 몇 가지 가정을 추가하여 전개되고 있음

■ 자본시장선

시장포트폴리오와 무위험자산을 결합하여 구성된 자본배분선을 자본시장선(CML ; Capital Market Line)이라고 부름

$$E(r_p) = r_f + \left[\frac{(E(r_m) - r_f)}{\sigma_m} \right] \times \sigma_p$$

■ 증권시장선

① 증권시장선(SML ; Security Market Line)은 개별자산 또는 포트폴리오의 기대수익률을 도출해내는 모형으로, 체계적 위험의 지표인 베타에 비례하는 위험프리미엄을 측정하여 기대수익률을 이끌어 냄
② 베타가 1일 때 기대수익률은 시장기대수익률과 동일하고, 베타가 0일 때 기대수익률은 무위험수익률과 동일함
③ SML은 CML과 달리 위험프리미엄의 보상기준이 되는 위험이 총위험이 아닌 체계적 위험이며, 따라서 효율적 포트폴리오뿐만이 아닌 개별 주식과 비효율적 포트폴리오의 기대수익률도 측정 가능하다는 차이가 있음

■ 체계적 위험 : 베타

투자이론에서는 베타계수라고 하는데 증권시장 또는 증권가격 전반에 영향을 미치는 요인에 의하여 발생하는 투자위험을 말함

$$\text{베타}(\beta_i) = \frac{\sigma_{im}}{\sigma_m^2} = \frac{\rho_{im}\sigma_i}{\sigma_m}$$

■ **자본자산가격결정모형의 도출**

① 자본자산가격결정모형(CAPM)은 자본시장이 균형을 이룰 때 자본자산의 기대수익과 위험의 관계를 설명하는 모형임

② 증권시장이 경쟁적이라면 예상위험 프리미엄은 시장위험, 즉 베타계수에 따라 비례해서 변화한다고 설명함

$$E(r_1) = r_f + [E(r_m) - r_f] \times \beta_i$$

- r_f : 무위험이자율
- $E(r_m) - r_f$: 시장위험프라임
- β_i : 체계적 위험

제 4 장 **자본예산**

■ **현금흐름의 측정**

① 현금흐름의 측정은 자본예산결정과정의 투자안을 측정하는데 매우 중요함. 단기적인 현금흐름 측정뿐만 아니라 장기적인 현금흐름을 측정하는 데 있어 투자안의 현금의 유입과 유출을 측정하고 예측한다는 것은 매우 어려움

② 자본예산에서는 자기자본으로만 소요되는 자금을 조달하는 경우를 가정하여 투자안을 평가해봄. 또한 현금흐름을 투자시점에서 소요되는 현금흐름과 투자 이후 소요되는 현금흐름으로 나누어 분석함

③ 투자시점과 투자 후의 현금흐름을 살펴볼 때 다음과 같은 사항을 염두 해 두어야 함
　㉠ 투자안의 경제성 평가에 사용되는 것은 현금흐름임
　㉡ 현금흐름은 증분기준으로 측정해야 함

■ 현금흐름과 회계이익

> - 현금흐름 = 현금유입 - 현금유출
> - 회계이익 = 수익 - 비용

① 감가상각비는 기계, 설비 등 고정자산의 노후화를 연수에 따라 비용으로 처리하는 과정이기 때문에 실제 현금유출이 나타나는 것은 아님. 고정자산에 대한 현금유출은 투자시점에서 전액 현금유출이 되었기 때문에 사업 연수에 따라서 감가상각비를 현금유출로 계산했을 시 이중 계산됨

② 감가상각비와는 달리 타인자본에 대한 이자비용은 실제 현금지출이 발생함. 하지만 이자비용의 경우 할인율을 통하여 투자안에 반영이 되기 때문에 현금유출로 계산되진 않음. 따라서 이자비용이 없다고 가정하고 현금흐름을 측정함

③ 법인세비용은 사업을 영위하는데 있어서의 세금이기 때문에 현금유출임. 하지만 영업현금흐름으로 표기했을 시 손익계산서상의 법인세비용이 아니라 영업이익에 법인세율을 곱해서 표기함. 즉, 이자비용이 없다고 가정하고 법인세비용의 변동치를 책정하여 영업현금흐름을 계산해야 함

④ 기업의 영업현금흐름을 정의하면 다음과 같음

> 영업현금흐름 = 영업이익 × (1 - 법인세율) + 현금지출이 없는 비용 - 현금수입이 없는 비용

여기에서 현금수입이 없는 비용은 크지가 않으므로 무시하고 현금지출이 없는 비용은 고정자산과 관련된 비용으로, 즉 감가상각비가 대표적이므로 이 식을 다르게 표기할 수 있음

> 영업현금흐름 = 영업이익 × (1 - 법인세율) + 감가상각비

■ 투자안의 경제성 평가방법

① 기업이 투자하려는 투자안의 현금흐름이 측정되었다면 다음 단계는 투자안의 경제성 평가를 통하여 측정된 현금흐름이 적절한지의 평가가 필요함

② 투자안의 경제성 평가는 자본예산기법이라고 하며 적절한 평가를 하기 위해서는 다음과 같은 조건을 갖추고 있어야 함
    ㉠ 화폐의 시간가치 고려
    ㉡ 현금흐름 반영
    ㉢ 기업가치 극대화를 위한 투자안 선택

■ **투자안의 경제성 평가방법의 기법**

① **회수기간법** : 자본예산에서 투자안의 현금흐름에 따른 가치를 평가하는 기법 중 하나임. 이 평가방법은 투자에 소요되는 자금을 그 투자안의 현금흐름으로 회수하는 기간이 짧은 투자안을 선택하게 됨. 또한 단일 투자안의 투자의사결정은 기업이 미리 설정한 최장기간 회수기간보다 실제 투자안의 회수기간이 짧으면 선택하게 됨

② **회계적 이익률법** : 회계적 이익률법은 회계상의 자료를 그대로 사용할 수 있어 투자안 평가에 있어 간단하며 이해하기가 쉬움. 하지만 현금흐름이 아닌 회계이익을 분석대상으로 한다는 단점이 있음

$$\text{회계적 이익률} = \frac{\text{연평균 순이익}}{\text{연평균 투자액}}$$

③ **순현가법** : 자본예산기법의 하나로 투자금액을 투자로부터 산출되는 순현금흐름의 현재가치로부터 차감한 것이 순현가법이며 순현가가 0보다 크면 투자안을 선택하고 0보다 작으면 투자안을 기각하는 의사결정기준을 말함

$$NPV(\text{현금흐름}) = \left[\frac{CF_1}{(1+r)^1} + \frac{CF_2}{(1+r)^2} + \cdots + \frac{CF_n}{(1+r)^n}\right] - I_0$$
$$= \sum_{T=1}^{n} \frac{CF_t}{(1+r)^t} - I_0$$

- CF_t : t시점의 현금흐름
- I_0 : 최초의 투자액
- r : 할인율
- n : 투자안의 내용연수

④ 내부수익률법 : 내부수익률이란 어떤 사업에 대해 사업기간 동안의 현금수익흐름을 현재가치로 환산하여 합한 값이 투자지출과 같아지도록 할인하는 이자율을 말한다.

$$\left[\frac{CF_1}{(1+IRR)^1}+\frac{CF_2}{(1+IRR)^2}+\cdots+\frac{CF_n}{(1+IRR)^n}\right]-I_0=0$$

$$=\sum_{T=1}^{n}\frac{CF_t}{(1+IRR)^t}-I_0$$

■ 정액법

감가상각법 중 기업들이 가장 많이 사용하는 방법 중 하나로 감가상각비를 매년 동일하게 배분하는 것이 특징임

$$\text{매년의 감가상각비}=\frac{\text{취득원가}-\text{추정잔존가치}}{\text{추정내용연수}}$$

■ 정률법

정률법은 고정자산의 장부가액에 일정한 상각률을 곱하여 연도별 감가상각비를 계산하는 방법임

$$\text{감가상각률}=1-\sqrt{\frac{\text{잔존가치}}{\text{취득원가}}}$$

제 5 장 자본구조와 배당정책

■ **자본비용의 의의와 종류**

① 기업이 자본을 조달하여 사용하는 것과 관련해 부담해야 하는 비용을 의미함. 기업의 자본은 원천에 따라 타인자본과 자기자본으로 구분함

② 타인자본은 차입금이나 사채와 같이 기업 외부로부터 조달한 것을, 자기자본은 유상증자를 통해 주주로부터 조달한 것을 말함

③ 기업은 자본을 조달 받기 위하여 투자자에게 대가를 지불하는데 이것이 자본비용이며, 이자와 배당, 주가상승 등의 형태로 지불됨

■ **가중평균자본비용**

가중평균자본비용(WACC ; Weighted Average Cost of Capital)은 기업의 자본비용(부채, 우선주, 보통주, 유보이익 등)을 시장가치 기준에 따라 각각이 총자본 중에서 차지하는 가중치(자본구성비율)로 가중 평균한 것임. 일반적으로 기업의 자본비용은 가중평균자본비용을 의미함

$$WACC = \frac{E}{D+E} \times r_E + \frac{D}{D+E} \times r_D(1-t)$$

■ **우선주의 자본비용**

① 우선주의 자본비용의 경우 배당에 따라 비용구조가 설립됨

② 우선주 배당은 기업이 이익발생 시 보통주보다 먼저 배당을 지급하는 것이 원칙임

③ 보통주는 의결권이 있지만 우선주는 의결권이 없는 것이 단점임

④ 확정배당을 가지는 우선주의 경우 미래에 받게 될 확정배당액을 현재가치로 환산하면 다음과 같음

$$P = \frac{D_p}{1+k_p} + \frac{D_p}{(1+k_p)^2} + \cdots + \frac{D_p}{(1+k_p)^\infty} = \frac{D_p}{K_p}$$

- P_p : 우선주의 현재가격
- D_p : 주당우선주의 확정배당액
- K_p : 우선주의 자본비용

■ 배당평가모형을 이용한 자기자본비용의 계산

① 주식의 내재 가치를 영속적인 미래의 배당 흐름을 요구수익률로 할인하여 현재 가치로 나타낸 모형임

- $$S_0 = \frac{D}{1+k_s} + \frac{D}{(1+k_s)^2} + \cdots + \frac{D}{(1+k_s)^\infty} = \frac{D}{K_s}$$

- $$K_s = \frac{D}{S_0}$$

② 여기서 배당이 매년 g만큼의 비율로 성장하고, g가 자기자본비용 k_s보다 작다면 현재 주가는 다음과 같은 식으로 성립됨

$$S_0 = \frac{D_1}{K_s - g}$$

③ 이러한 모형을 항상성장배당모형이라고 함

$$K_s = \frac{D_1}{S_0} + g$$

■ **MM의 자본구조이론**

1958년 F. 모딜리아니와 M. H. 밀러에 의하여 발표된 기업금융에 관한 이론으로 기업이 투자계획을 함에 있어서 자기자본(주식)과 부채(사채·차입금) 등을 사용하여 외부에서 자금(자본)을 조달하게 되는데, 여기에는 각기 자본비용이 소요됨

① **제1명제** : 1958년 Modigliani와 Miller에 의해 발표된 것으로서 완전 자본시장 하에서는 기업가치가 자본구조에 의해 영향을 받지 않는다는 '자본구조 무관련 이론'임

$$VU = VL$$

② **제2명제** : MM의 제2명제는 기업이 부채를 사용할수록 자기자본비용(= 주주들의 요구수익률)이 증가한다는 것임

$$K_e = K_0 + \frac{D}{E}(K_0 - K_d)$$

- K_e : 자기자본비용
- K_0 : 무차입기업의 자본비용
- K_d : 차입금의 자본비용
- $\frac{D}{E}$: 부채비율

③ **제3명제** : 가중평균자본비용에 대한 명제로서, 새로운 투자안에 대한 거부율 즉, 최저 필수수익률은 투자에 소요되는 자금을 어떠한 방법으로 조달하느냐와는 관계없이 결정됨. 새로운 투자안에 대한 거부율은 그 투자안으로부터 벌어들여야 하는 최저 필수수익률이며, 이는 곧 가중평균자본비용임

④ MM의 수정 제1명제 : 차입을 하는 경우가 무차입의 경우에 비해 지급이자에 대한 세금 절감액 만큼 유리하고, 차입금 사용액이 많을수록 절세혜택이 늘어나 기업가치가 증가하므로 기업은 부채를 최대화함으로서 기업가치를 극대화 시킬 수 있다는 것임

$$V_L = V_U + T_C D$$

- V_L : 차입기업의 가치
- V_U : 무차입기업의 가치
- $T_C D$: 영구적으로 발생하는 절세금액의 현가

⑤ MM의 수정 제2명제 : MM의 수정 제2명제는 세금이 존재하는 경우, 자기자본의 요구수익률은 완전자본시장 가정 하에서의 MM 제2명제에서 보듯이 차입금이 증가함에 따라 상승하게 되지만 세금효과인 $(1-t)$ 비율만큼 적게 증가한다는 것임

$$r_E = r_0 + \frac{D}{E}(r_0 - r_d)(1 - T_c)$$

- r_E : 주주의 요구수익률
- r_0 : 무차입기업의 주주의 요구수익률
- r_d : 차입금리
- $\frac{D}{E}$: 부채비율
- T_c : 세율

■ 중간배당

상법상 중간배당은 연 1회 결산기를 정한 회사만 할 수 있으며, 중간 배당을 허용하는 취지의 정관규정이 필요(상법 제462조의3), 중간배당 규정을 정관에 반영하지 않고 중간배당을 실시할 경우 중간배당금은 업무 무관 가지급금이 될 수 있음

■ **현물배당**

① 회사는 정관으로 금전 외의 재산으로 배당을 할 수 있음을 정할 수 있음

② 현물배당을 결정한 회사는 아래 사항을 정할 수 있음

    ㉠ 주주가 배당하는 금전 외의 재산 대신 금전의 지급을 회사에 청구할 수 있도록 한 경우에 그 금액 및 청구할 수 있는 기간

    ㉡ 일정 수 미만의 주식을 보유한 주주에게 금전 외의 재산 대신 금전을 지급하기로 한 경우 그 일정 수 및 금액

■ **주식배당**

주총결의사항, 비상장법인은 이익배당총액의 50% 한도 내에서 정관에 규정된 수권주식 중에서 미발행된 여분이 있어 신주를 발행할 수 있는 조건이 성립될 경우에 한해 주식배당 가능함

① 주식배당을 위한 신주는 각 주주의 보유 지분비율에 비례해 균등하게 발행

② 회사가 이미 수종의 종류주식을 발행한 경우 그와 같은 종류주식 발행도 가능

③ 신주의 발생 시기는 주식배당을 결의한 주총 종료 후 지체 없이 즉시 발행

④ 주식배당은 시가가 아닌 액면가로 계산하여 지급

■ **배당수준의 지표**

① 배당수익률은 1주당 배당금을 주식가격으로 나눈 값임

$$배당수익률 = (주당배당금 / 주가) \times 100$$

② 배당성향은 당기순이익 중 현금으로 지급된 배당금 총액의 비율이며, 배당지급률 또는 사외분배율이라고도 함

$$배당성향 = (배당금 / 당기순이익) \times 100$$

■ 주식배당

① 회사가 주주들에게 배당을 실시함에 있어서 현금 대신 주식을 나누어 주는 것을 말함

② 주주의 입장에서 본다면 주금의 납입 없이 주식 수가 증가하므로 무상증자와 유사하지만 무상증자가 자본준비금이나 이익준비금과 같은 법정준비금을 자본 전입하는 것에 비하여 주식배당은 배당가능성이익, 즉 미처분 이익잉여금을 자본금으로 전환하는 방식이라는 점에서 차이가 있음

③ 이익잉여금은 감소하고 자본금은 증가하지만 자기자본에는 변동이 없게 됨

■ 주식분할

① 자본금의 증가 없이 주식액면을 낮추고 주식 수를 증가시키는 것을 말함

② 주식분할을 하여도 자본구성에는 전혀 변동이 없고, 다만 발행주식 수만 늘어날 뿐임

③ 주식분할은 무상증자와 마찬가지로 주식의 시가가 너무 높게 형성되어 유통성이 떨어진다고 판단될 때 하는 것으로 주식의 유통성을 높이고 자본조달을 손쉽게 할 수 있다는 장점이 있음

■ 자사주매입

① 회사가 자기 회사의 주식을 주식시장 등에서 사들이는 것을 뜻함

② 자사주 매입은 주식 유통 물량을 줄여주기 때문에 주가 상승 요인이 되고 자사주 매입 후 소각을 하면 배당처럼 주주에게 이익을 환원해 주는 효과가 있음

③ 자사주 매입은 투자활동으로 성장해야 하는 기업이 자기주식을 사는데 돈을 쓰는 것은 성장할 만한 사업영역을 못 찾고 있다는 의미로도 해석될 수 있기 때문에 주가에 대한 영향이 단기적이라는 시각도 있음

■ 순운전자본관리

① 유동자산에서 유동부채를 차감한 잔액으로 정의되는데 일상적인 영업활동에 필요한 자금으로서 단기부채를 지급하는 데 사용할 단기자산이며 단기 채권자를 보호하기 위한 자금이라고 할 수 있음

② 따라서 장기목적으로 투자되는 자산인 투자자산은 순운전자본에 속하지 않음. 순운전자본이 중요한 자금개념으로 여겨지는 원인은 다음과 같음

   ㉠ 기업의 단기 지급능력을 표시하는 자금 개념임

   ㉡ 기업의 영업활동을 표시하는 자금 개념임

   ㉢ 총재무자원에 의한 자금 개념은 비운전자본 거래가 없을 경우 순운전자본과 일치함

■ 현금전환사이클

① 현금전환사이클이란 회사가 제품 생산 및 서비스 제공을 위해 투입된 자원(resource)이 고객의 구매로 연결되어 현금으로 회수하는데 걸리는 시간을 말함

② 현금주기 또는 영업주기라고도 불리는 현금전환사이클을 계산하기 위해서는 재고 판매를 위해 필요한 시간, 매출채권 등을 회수하는데 필요한 시간을 알아야 함

> 현금전환사이클 = 영업사이클 – 외상매입금회전기간

■ 기업지배권의 문제

① 기업은 자본조달을 하기 위해서 여러 가지 방법을 통해 자본조달을 하지만 가장 대표적인 자본조달은 주식(보통주)과 채권을 통한 자금조달임

② 채권을 통한 자본조달의 경우는 은행이자와 마찬가지로 만기에 원금과 약속된 이자를 상환하면 부채에 대한 부분은 해결이 되기 때문에 사실상 기업지배권에 간섭을 받지 않음

③ 주식(보통주)의 경우에는 자금조달을 위해 주식을 발행하면 기존 주주들의 지분이 감소하여 다른 주주들에 의해 기업의 지배권을 간섭받기 쉬워짐

④ 전환사채(CB)나 상환전환우선주(RCPS)의 경우 발생한 시점에는 의결권이 없이 채권처럼 약속된 이자 및 배당을 받지만 일정 기간 후 이미 정해진 약속에 따라 보통주로 전환할 수 있는 권리를 가지고 있기 때문에 보통주로 전환한다면 기업지배권의 문제가 생길 수 있게 됨

제 6 장

재무관리의 특수과제

■ **기업지배구조**

① 기업이라는 경제활동의 단위를 둘러싼 여러 이해관계자들 간의 관계를 조정하는 메커니즘이라고 정의됨

② 경영자원의 조달과 운용 및 수익의 분배 등에 대한 의사결정과정과 이에 대한 감시기능의 총칭으로 정의됨

③ 기업가치의 극대화를 위해 기업의 이해관계자간 대리인 비용(agency cost)과 거래비용(transaction cost)을 최소화하는 메커니즘이라고 정의됨

④ 기업의 경영을 감시, 규율하는 것 또는 이를 행하는 기구를 뜻하기도 함

■ **합병의 형태**

① 합병이란 두 개 이상의 회사가 상법의 규정 따라 청산 절차를 거치지 않고 하나의 회사가 되는 것을 말함. 한 개 이상의 회사가 소멸되면서 소멸되는 회사의 모든 권리가 존속회사에 모두 인수되는 회사 간의 계약을 말함

② 수직적 합병은 같은 업종에서 생산 및 유통 상의 전후 관계에 있는 기업들 간에 이루어지는 합병을 말함. 예를 들어 자동차 제조업체가 부품업체를 인수하거나 유통업체를 인수하는 것을 의미함

③ 수평적 합병은 동일한 산업이나 동일단계의 사업을 영위하고 있는 기업들 간에 이루어지는 합병을 말함

④ 다각적 합병은 소속된 산업, 생산, 판매 면에서 상호 관련성이 없거나, 업종이 서로 다른 기업 간에 이루어지는 합병의 형태임

■ **취득**

취득은 한 인수기업이 피인수기업의 주식이나 자산을 매수하는 형태를 말함

■ **인수**

인수는 회사(또는 개인)가 다른 회사의 주식과 경영권을 함께 사들이는 것을 의미하며 합병(mergers)은 두 회사가 하나로 합쳐지는 것을 말함

■ **주식공개매수**

기업인수방법 중 하나인 주식공개매수는 회사의 경영권을 확보하거나 강화하기 위하여 불특정 다수인으로부터 주식을 장외에서 매수하는 형태임

■ **백지위임장투쟁**

백지위임장투쟁은 인수하고자 하는 기업의 통제권을 확보하는데 쓰이는 기술로 인수기업은 자신에게 유리한 경영진 후보 편을 들어 피인수기업의 주주들로 하여금 현재의 경영진들을 축출하라고 설득함

■ **차입매수**

차입매수(LBO ; Leveraged Buy Out)란 자금이 부족한 인수기업이 인수대상의 자산과 수익을 담보로 금융기관으로부터 자금을 차입하여 인수합병을 하는 것으로 LBO라고도 부름

■ **경영자매수**

경영자매수(MBO ; Management Buy Out)는 기업 구조조정 방법 중 하나이며 기업을 매각할 시 그 기업의 경영진 및 임직원이 기업의 전부 또는 일부를 인수하여 신설법인으로 독립하는 방식임

■ M&A 평가

① M&A를 평가할 시 여러 가지 방법이 있지만 그 중 M&A를 평가할 때 순현가(NPV)법을 사용하는 것이 바람직함

② 대상기업의 인수의 순현가가 양(+)이라면 M&A 인수대상이 될 수 있음. 인수기업과 피인수기업을 각각 A와 B로 나타내고 인수 후 합병기업을 AB라고 나타낼 때, 인수기업의 관점에서 M&A의 순현가는 다음과 같이 구해짐

> M&A의 순현가 = 인수 후의 기업가치 - 인수전의 기업가치
> = (AB회사의 가치 - 인수비용) - A 회사의 가치

③ 순현가는 투자 후에 현금흐름증가분의 현재가치로부터 투자비용을 뺀 것임

④ M&A의 경우 현금흐름증가분의 현재가치에 해당되는 개념을 시너지(synergy)라고 하는데, 이는 인수기업이 피인수기업을 인수한 후에 실현되는 가치와 인수 이전 두 회사의 가치를 합한 것과의 차이임

> 시너지 = 인수 후 기업(AB)의 가치 - 인수 전 두 기업(A + B)의 가치

⑤ M&A의 목적은 이러한 시너지가 실현되기 때문이라고 할 수 있음. 시너지가 음(-)이라면 두 기업이 합쳐질 수 없을 것임. 한편 피인수기업인 B회사가 제시하는 인수가격과 B회사의 가치의 차이를 M&A 프리미엄(premium)이라고 함

> M&A 프리미엄 = 인수가격 - 대상기업의(B)의 가치

⑥ 결론적으로 위의 세 식을 같이 정리하면 M&A의 순현가는 시너지와 M&A 프리미엄의 차이로 정의할 수 있음

> M&A의 순현가 = 시너지 - M&A 프리미엄

■ **독약조항**

적대적 M&A가 있을 경우 이사회 의결만으로 신주를 발행함. M&A를 시도하는 세력 이외의 모든 주주들에게 시가의 절반 이하 가격에 인수권을 부여함으로써 M&A를 저지하는 방어 장치를 독약조항(poison pill)이라고 함

■ **황금낙하산**

황금낙하산(golden parachute)이란 피인수기업 대상의 이사가 임기 전에 물러나게 될 경우 일반적인 퇴직금 외에 거액의 특별 퇴직금이나 보너스, 스톡옵션 등을 주도록 하는 형태임

■ **자사주매입**

자사주매입이란 보통 대상 기업의 주식가격이 낮게 평가되어 있을 때 적대적 M&A에 대비해 경영권을 보호하고 주가의 안정을 위해서 기업의 자기자금으로 자기 주식을 매입하는 형태임

■ **외환시장**

① 환율은 한 나라의 화폐와 외국화폐와의 교환비율을 말함. 환율은 대개 미국 달러를 기준으로 표시됨. 즉 1달러를 구입하는데 필요한 외국화폐의 가격으로 표시됨

② 현물거래는 계약과 동시에 외환이 인도되는 거래를 말함. 현물거래는 세계적으로 거래되고 있어, 각 국가 간의 환율은 서로 밀접한 관계를 가지고 있음. 또한 현물거래를 함에 있어 환율시장마다 약간의 불균형 상태를 이루는데 여기에서 차익거래가 발생하고 이를 외환차익거래라고 함

③ 선물환거래는 외환 거래에서 거래 쌍방이 장래에 특정 외화의 가격을 현재 시점에서 미리 계약한 후 약속한 장래 시점에 이행하는 금융 거래의 일종임. 주로 기업들이 계약시점과 외화의 매매 시점 간에 환율 변동에서 초래될 수 있는 환위험을 회피(hedge)하기 위해 선물환 계약을 맺음

④ 통화선물은 선물환 거래와 같이 일정 통화를 미래의 일정 시점에서 약정한 가격으로 사거나 파는 금융 선물 거래의 일종이나 선물환거래와는 성격이 다름. 이는 일정 기간 후 실제로 특정 통화를 인수 또는 인도하는 것이 아니고 현물환 포지션과 대칭되는 선물환 포지션을 보유함으로써 환위험을 헤지(hedge)하는 것임

⑤ 스왑거래는 서로 다른 통화 또는 금리표시의 채권·채무를 일정조건하에 교환하는 거래임. 스왑거래가 이루어지는 것은 자금조정의 필요성과 환포지션 조정의 필요성에 기인하는데, 스왑거래가 높은 신장세를 보이고 있는 이유는 효과적인 헷징수단, 높은 수익성, 높은 유동성과 시장의 동질성, 신용분석의 용이성 등의 면에서 다른 금융수단에 비해 효과적이기 때문임

■ **구매력평가이론**

구매력평가이론이란 스웨덴의 '구스타프 카셀'에 의해서 재창조된 이론으로 두 나라의 기대인플레이션에 따라서 두 나라간 통화간의 현물환율이 변동한다는 이론이다.

$$E(S_1) = S_0 \left(\frac{1 + I_W}{1 + I_\$} \right)$$

- $E(S_1)$: 원화와 달러 간 1기 후 현물환율의 기대치
- S_0 : 원화와 달러 간 0기 시점의 현물환율
- I_W : 한국의 기대인플레이션
- $I_\$$: 미국의 기대인플레이션

■ **피셔효과**

시중금리와 인플레이션 기대심리와의 관계를 말해주는 이론으로, 시중의 명목금리는 실질금리와 예상 인플레이션율의 합계와 같다는 것을 말함. 인플레이션 기대심리를 자극하지 않는 범위 내에서 통화를 신축적으로 운용하면 실질금리의 하락을 통한 시중 명목금리의 하락을 가져올 수 있다는 이론임

■ **국제피셔효과**

금리와 환율의 상관관계에 대한 이론으로, 두 나라의 금리 차이는 두 나라 통화의 환율변동 폭과 같다는 이론임. 즉, 표시통화만 다르고 위험과 만기가 동일한 금융상품 간의 금리 차이는 두 통화 간 환율의 기대변동률과 같다는 것임

$$E(S_1) = S_0 \left(\frac{1 + r_W}{1 + r_\$} \right)$$

- r_W : 원화의 명목이자율
- $r_\$$: 달러화의 명목이자율

■ **이자율평가이론**

표시통화만 다르고 위험과 만기가 같은 두 가지 금융상품이 있는 경우 이 중 한 금융상품에 투자하고 선물환으로 헤지(hedge)하는 경우의 수익률과 다른 금융상품에 투자한 경우의 수익률이 같아야 한다는 것이 이자율평형조건 혹은 이자율평가이론임

안심Touch

여기서 멈출 거예요? 고지가 바로 눈앞에 있어요.
마지막 한 걸음까지 시대에듀가 함께할게요!

고득점으로 대비하는 가장 똑똑한 수험서!

제 **1** 장

재무관리의 개요

제 1 장 재무관리의 개요

제 1 절 재무관리의 의의와 영역

1 재무관리의 정의

큰 의미에서 재무관리는 재무학(finance)이라고 한다. 재무학은 국가나 기업이 필요로 하는 자금 및 자본의 조달, 관리, 운용에 대해 연구하는 학문분야이다. 자금의 흐름을 살펴보면 이를 필요로 하는 수요자와 이를 수요자에게 제공해주는 공급자가 있다. 자금의 수요자 중 대표적인 경제주체는 국가와 기업이다. 기업의 재무의사결정과 재무환경 등을 다루는 연구분야를 기업재무론(corporate finance)이라고 한다. 또한 재무학에서는 대표적인 자금 공급자의 대표적인 경제주체를 투자자로 일컫는데, 투자자의 재무의사결정과 투자환경 등을 다루는 연구분야를 투자론이라 부른다.

좁은 의미에서 재무관리는 기업 재무론을 의미한다. 자금의 수요자인 국가와 기업의 자금 및 현금흐름과 관련된 활동을 다루는 학문으로 자금의 조달, 배분 그리고 유동성 관리 등을 연구대상으로 하고 있다.

기업의 재무상태를 알고 싶다면 무엇을 파악하여야 할까? 기업의 재무상태표(또는 대차대조표)를 이용하여 살펴보자. 재무상태표는 일정 시점에 현재 기업이 보유하고 있는 재무상태를 나타내는 회계보고서로, 즉 자산과 부채 그리고 자본의 구성을 보여주는 표이다. 기업의 자산은 재무상태표 왼쪽(차변)에 위치하며 크게 유동자산과 비유동자산으로 구분된다. 유동자산은 고정자산에 대응되는 개념으로 1년 안에 현금화 할 수 있는 자산이며, 비유동자산은 부동산, 기계 등과 같이 기업이 단기간에 현금화 할 수 없는 장기간 보유하는 자산이다.

자산을 구입하기 위해서는 자금 및 자본이 필요하다. 필요자금에 대한 출처는 재무상태표 오른쪽(대변)에 나타나며, 조달된 자금은 크게 부채와 자기자본으로 구분된다. 부채는 타인자본이라고 하며, 기업이 짧은 기간 동안 사용하는 유동부채와 장기간 사용하는 비유동부채로 구분된다. 유동자산과 비유동자산의 구분과 똑같이 유동부채와 비유동부채의 구분도 1년을 기준으로 한다. 유동부채는 1년 안에 갚아야 할 부채이며, 비유동부채는 1년 이내에 갚을 필요가 없는 부채이다. 한편, 자기자본은 주식을 발행하여 조달한 자금과 과거의 기업활동에서 벌어들인 유보금이며, 특정한 기한 내에 갚아야 할 의무가 없는 자금이다.

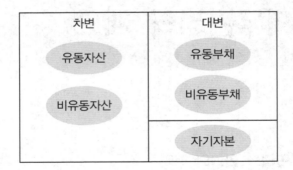

이와 같은 재무상태표의 내용을 기초로 하는 재무관리의 목표는 다음과 같다.

(1) 투자결정

투자결정에 관한 문제이다. 재무상태표의 왼쪽(차변)의 항목을 다루는 것으로 기업이 자산을 가장 합리적인 형태의 투자결정이며 즉 최적의 자산구성을 찾는 방법이다. 특히 비유동자산 중 건물, 기계 등과 같은 유형자산이나, 지식재산권(특허, 상표권)과 R&D 투자 등과 같은 무형자산에 대한 투자는 장기간 기업가치에 영향을 끼치기 때문에 중요하다. 이와 같이 장기간 영업활동을 함에 있어 이용하게 될 유·무형자산에 대한 투자분석을 자본예산이라 하며, 이는 재무관리에서 다루는 가장 중요한 과제 중 하나이다.

(2) 자본조달결정과정

자금조달의 방법을 결정하는 자본조달결정이다. 이는 재무상태표의 오른쪽(대변)에 포함되는 것으로서 기업이 필요한 자금을 가장 합리적인 방법으로 조달하려는 최적자본구조를 찾는 형태이다. 부채(타인자본)와 자기자본의 합리적인 비중을 결정하는 문제와 이익유보금을 통한 내부자금, 주식발행이나 차입을 통한 외부자금을 적절히 분배하여 필요자금을 조달하는 방법을 결정하는 것이 자본조달결정이다.

(3) 유동성 관리

영업활동에 짧은 시간 소요되는 현금의 유입과 유출을 관리하는 유동성 관리이다. 영업활동에서 소요되는 현금의 유입과 유출은 금액과 시간적인 면에서 상이할 수 있다. 재무상태표에서 유동자산과 유동부채의 차이인 순운전자본에 의해 현금의 유입과 유출을 조정할 수 있다. 장기적인 관점에서 투자결정과 자본조달결정이 재무관리의 핵심이라면 단기적인 관점에서 재무관리의 핵심은 유동성 관리이다.

2 기업의 형태와 주식회사 제도

기업의 재무관리자는 기업의 투자결정과 자본조달결정, 그리고 유동성 관리를 담당한다. 이러한 재무의사결정 기능은 개인이나 다른 조직체에도 동일하게 적용될 수 있으나 그 주된 적용대상은 기업이다.

기업은 영리추구를 목적으로 설비와 원자재 등을 구입하고 이를 사용하여 제품이나 서비스를 생산한 후, 생산된 제품이나 서비스를 시장에서 판매한다. 시장에는 다양한 형태의 기업들이 활동한다. 어떤 기업들은 한 개인이 모든 소유권을 갖고 기업을 경영한다. 주로 작은 규모의 기업에 이러한 형태가 많은데 이런 형태의 기업을 개인기업이라고 한다. 다른 기업들은 소수의 출자자들이 기업을 공동 소유하고 경영하는 형태를 취하기도 한다. 이러한 형태의 기업을 공동기업이라고 부른다. 현대기업의 대다수는 기업의 소유권이 많은 수의 주주들에게 분산되는 주식회사의 형태를 취한다.

주식회사의 설립은 복잡한 절차를 필요로 한다. 회사의 설립을 위해서는 우선 회사의 이름과 수행할 사업의 내용, 발행할 주식의 수 그리고 이사회의 의결방법과 이사의 수 등 향후 기업경영의 기준이 될 내용을 규정한 정관을 마련하여야 하며 경영자는 이에 기초하여 경영활동을 수행한다. 주식회사가 처음 설립되었을 당시에는 출자자들만이 기업의 소유권을 나타내는 주식을 보유하나, 기업의 규모가 커짐에 따라 자금이 더 필요하게 되면 기업은 새로운 주식을 발행하여 많은 수의 투자자들로부터 필요자금을 조달하게 된다. 이러한 과정을 거친 기업의 주식은 시장에서 공개적으로 거래되게 되는데 이런 기업을 공개기업이라고 한다.

주식회사의 소유주는 주주이지만 회사는 주주와는 독립적인 법인체이다. 주식회사는 독립적인 인격을 갖는 법인이므로 스스로 차입을 하거나 소송의 당사자가 될 수 있다. 또 회사의 이익에 대해서는 일정비율의 세금을 납부할 의무를 진다.

기업이 주식회사의 형태를 취하면 여러 장점을 얻을 수 있다. 우선 주식회사는 새로운 주식발행을 통해 불특정 다수의 투자자들로부터 필요자금을 조달할 수 있으므로 개인기업이나 합명회사의 비해 대규모의 자금을 손쉽게 조달할 수 있다. 반대로 주식회사는 이미 발행된 주식을 주주들로부터 다시 사들일 수 있다. 주식은 기업의 소유권을 아주 작은 단위로 분할한 지분을 나타내므로 주주는 자신이 소유한 주식 수에 비례하여 기업경영에 참가할 수 있는 권리와 기업의 이익이나 재산을 배분받을 권리를 갖는다. 주주는 개인뿐만 아니라 은행이나 보험회사 등의 기관들로 구성된다.

주식회사의 또 하나의 특징은 개인기업이나 합명회사와는 달리 유한책임의 특성을 갖고 있다는 것이다. 즉, 주식회사의 주주들은 자신이 투자한 금액을 초과하는 기업의 채무나 손실에 대해서는 책임을 지지 않는다. 주식회사가 파산한 경우 주주들은 회사의 채무를 변제하기 위해서 추가출자를 할 필요가 없으며 자신이 투자한 금액만 손해를 보면 된다.

주식회사는 많은 장점을 가지고 있지만 단점도 가지고 있다. 우선 주주와 채권자 등 기업과 관련된 이해관계자가 늘어날수록 기업활동의 성과와 내용을 전달하는데 투입되는 노력과 비용이 증가하며 이해관계자 간의 갈등도 증가한다. 기업규모가 커질수록 의사결정과정이 느려지고 경영의 효율성이 떨어질 수도 있다. 또 주식회사는 회사의 이익에 대해 일정한 법인세를 납부하고 난 후의 이익을 소유주인 주주에게 배당으로 지급하거나 회사내부에 유보하게 되는데, 이때 주주는 회사로부터 받은 배당에 대해 다시 일정 비율의 개인소득세를 부담하여야 한다. 즉, 법인세를 부담하고 난 후의 기업의 이익이 배당으로 지급되나 이에 대해 다시 개인소득세를 부담하여야 하므로 주식회사의 주주는 개인기업의 소유주에 비해 세금부담 측면에서 불리하다고 할 수 있다.

3 소유-경영의 분리와 대리문제

1인이 소유하는 개인기업이나 소수의 출자자가 소유하는 합명회사는 소유주가 직접 기업을 경영하고 그에 대한 책임을 진다. 그러나 주식회사는 많은 수의 주주에게 소유권이 분산되어 있다. 예를 들어 2005년 말 IBM의 주주는 약 616,000명이며, 삼성전자의 주주는 약 87,500명이다. 이들 주주가 모두 경영에 참여하는 것은 매우 어려운 일이다. 대신 주주는 자신들의 권익을 대표하는 이사회를 구성하고, 기업의 경영은 이사회가 담당한다. 이사회는 이사회 구성원 중에서도 기업경영을 대표할 최고경영자를 선임하고 최고경영자가 주주의 이익을 위하여 일할 수 있도록 감시한다. 이와 같은 체제를 소유-경영의 분리라고 부른다.

기업경영에 있어서 소유와 분리는 여러 가지 장점을 갖는다. 기업의 소유권이 경영권과 분리되어 있으므로 주식회사는 기존경영자가 새로운 경영자로 바뀌더라도 이에 관계없이 계속하여 기업활동을 해나갈 수가 있으며, 전문적인 경영능력을 갖춘 유능한 경영자를 고용함으로써 경영성과를 높일 수도 있다. 또 소유와 경영의 분리는 주주들이 부담하는 정보수집 비용을 줄여 줄 수도 있다. 경영자는 기업경영에 관해 가장 정확한 많은 정보를 수집하고 이에 기초하여 경영을 한다. 기업 소유주인 주주들은 기업경영에 대한 정보를 개별적으로 수집할 필요가 없다.

반면 소유와 경영의 분리에 따라 중요한 문제도 발생한다. 대표적인 것이 경영자와 주주 간에 발생하는 이해다툼이다. 주식회사의 주주와 경영자의 관계는 본인인 주주가 대리인 경영자에게 자신을 대신하여 의사결정을 할 수 있도록 의사결정권한을 위임한 계약관계인 대리관계로 설명될 수 있다. 대리인인 경영자는 주주의 권익을 대표하도록 선출되었으므로 주주의 이익을 위하여 행동해야 하나 경영과정에서 주주의 이익보다는 경영자 자신의 이익을 추구하는 의사결정을 할 수가 있다. 이런 경우 주주의 이익이 침해되고 주주와 경영자 간의 이해다툼이 발생하게 되는데, 이러한 문제를 대리문제라고 하고 대리문제를 해결하는데 들어가는 비용을 대리비용이라 한다.

제 2 절 기업의 목표

기업의 목표는 투자결정과 자본조달결정에 의해서 재무관리자의 의사결정이 핵심이 된다. 재무관리의 목표에 대해서는 지금까지도 많은 논란이 되지만 가장 많이 언급되는 것은 기업가치(firm value)의 극대화나 주주가치(shareholders' wealth)의 극대화이다.

1 기업가치의 극대화

기업의 미래수익이 많을수록 기업가치는 높아지며 미래수익이 적을수록 즉 위험이 클수록 기업가치는 낮아진다. 따라서 기업가치는 내부자산을 잘 사용하여 벌어들일 미래수익의 규모와 불확실성에 따라 결정된다. 기업의 가치를 재무상태표의 왼쪽(차변)에서 파악하여 보자. 기업가치(V)는 다음과 같이 함수로 표현될 수 있는데 미래의 수익과 위험에 의해서 결정된다.

$$V = f(수익, 위험)$$

재무상태표의 오른쪽(대변)은 기업의 지분에 따른 소유 대상을 나타낸다. 즉, 기업은 투자에 필요한 자금을 자기자본과 부채(타인자본)으로 조달한다. 자기자본(주식)의 공급자를 주주라고 부르며 타인자본(부채)의 공급자를 채권자라 칭한다. 따라서 기업의 소유에 대한 권리는 주주와 채권자가 동시에 소유하게 된다. 결국 기업가치는 주주의 몫과 채권자의 몫으로 나누어지며 다음과 같이 표현될 수 있다.

$$V = Equity(주주) + Debt(채권자)$$

2 주주가치의 극대화

재무관리의 목표는 기업가치를 극대화시켜 주주가치와 채권자의 가치를 높이는 것이다. 그 중에서도 기존 자본과 투자로 인한 지분을 소유하고 있는 즉, 자기자본을 보유하고 있는 주주의 가치를 높이는 일이다. 자기자본과 부채는 회계상 성격을 달리하기 때문에 채권자가 아닌 주주가 회사의 주인임을 뜻한다.

채권자는 반드시 약속된 기일에 빌려준 원금과 정해진 이자를 되돌려 받는다. 회사는 성과의 여부와 상관없이 반드시 약속을 지켜야하며 주주에 우선하여 이러한 권리를 지급 받는다. 회사의 성과가 향상해서 수익이 많이 생겼다면 채권자의 몫(원금 + 이자)을 먼저 지급하고 남은 수익에 대해서 주주들

이 지급 받는다. 반대로 성과가 좋지 않거나 청산할 경우에도 채권자의 몫부터 먼저 지급하고 남은
잔여분에 대해서 지급받는다.

채권자의 장점은 회사가 성과가 좋지 않거나 청산할 경우에도 주주에 우선하여 권리를 행사할 수 있
으나, 단점은 성과가 좋아도 정해진 몫(원금 + 이자)에 대해서만 지급받는다. 반대로 주주의 장점은
회사의 성과가 좋다면 수익을 많이 얻을 수 있지만, 단점은 성과가 좋지 않거나 부도가 날 경우 한
푼도 받지 못할 수 있다는 것이다. 즉, 채권자의 몫은 기업성과의 유무에 관계없이 일정하나 주주의
몫은 기업성과에 달려있다는 점이다. 따라서 미래의 기업가치의 위험을 부담하는 주주를 기업의 주
인으로 여겨지는 것이 타당하다는 점이다. 따라서 재무관리의 목표는 주주가치를 극대화시키는 것
이다.

자기자본을 통한 주주의 권리는 주식을 통해 투자비율대로 지분을 소유한다. 자기자본이 증가하면
기업가치가 증가하고 이는 곧 주식가격의 증가 즉, 주주가치가 증가한다는 점이다. 주식가치는 시장
에서 활발하게 거래되기 때문에 주가에 의해 쉽게 주주가치를 파악할 수 있다. 즉, 보유 중인 자산으
로 미래에 벌어들일 수익이 크면 클수록 기업의 가치는 커진다. 여기에는 미래에 벌어들인 수익만 생
각하고 계산할 것이 아니라 거기에 대한 불확실성, 즉 위험성도 함께 고려해야 한다.

다시 말해 현재 투자한 자산들의 미래의 수익성이 높을수록, 위험이 적을수록 높게 평가받게 되는 것
이다. 그리고 이런 자산에 투자하는 자금은 자기자본과 타인자본으로 구성된다. 자기자본 제공자는
주주, 타인자본 제공자는 채권자다. 따라서 주주와 채권자는 기업에 대한 권리를 함께 나눠가진다고
할 수 있으며, 최종적으로 기업가치 극대화란 권리를 가진 주주와 채권자가 가지고 있는 권리의 가치
를 향상시켜주는 것이라고 할 수 있다.

3 이윤, 기업규모 또는 시장점유율의 극대화

**기업가치 극대화 목표의 방안은 수익에서 비용을 차감한 이익이나 기업규모, 또는 시장점유율의
극대화를 달성하는 것이다.** 한계수익과 한계비용이 만나는 점에서 최적 생산수준이 결정된다. 즉 이
윤극대화를 달성함으로써 기업의 총이익이 극대화된다. 하지만 기업이 달성하는 수익과 시간 차이와
기업고유의 위험과 예기치 못한 시장의 불확실성을 반영하지 못한다는 단점이 있다. 경쟁시장체제에
서 기업은 장기이윤극대화를 달성함으로써 이윤극대화의 달성과 가치극대화의 달성을 일치시키고
장기적 가능성을 기대할 수 있다.

기업은 기업고유의 위험과 상황을 극복하기 위해 기업규모나 시장점유율의 극대화를 단기적인 목표
로 삼을 수 있다. 하지만 기업가치를 향상시키지 못하는 기업규모나 시장점유율의 극대화는 기업의
생존을 위협하게 된다. 따라서 장기적으로 기업의 생존가능성을 위해서는 기업가치의 극대화가 필수
적이다.

4 경영자이익의 극대화

현재 많은 기업들이 주식회사의 형태를 취하고 있는데, 주식회사는 개인기업이나 합명회사 등과는 달리 소유와 경영이 분리될 수 있다는 특징이 있다. 이런 상황에서 이사회에서 선임된 경영자는 자신이 누릴 수 있는 권리를 향상(급여 증가, 좋은 사무실 등)시키는 방향으로 목표를 정할 수 있을 것인데, 대부분의 경우 기업의 이익이 커지면서 규모가 커질수록 얻을 수 있다.

이런 점에서 경영자 이익의 극대화도 괜찮은 재무관리의 목표라 할 수 있을지도 모르지만, 경영자만의 이익을 극대화하려다가 보면 주주의 가치를 감소시키는 경우가 생길 수 있기 때문에 주의를 요하는 목표라고 할 수 있다. 구체적으로 '대리인 문제'라고 부르는 것들이 해당한다고 할 수 있다.

제 3 절 재무관리환경

경영자는 기업의 가치를 높이기 위해서 보다 저렴한 비용으로 필요자금을 조달받아 기업의 이윤을 극대화 시킬 수 있는 곳에 투자한다. 경영자는 자신의 기업이 활동하고 있는 산업과 시장 환경에 대해서 충분한 지식을 가지고 있어야 하며, 이에 따라 자금조달과 투자시장의 지식을 이해하고 이러한 지식을 토대로 경영자의 기업과 접목시켜 자금조달의 출처와 방법, 자금조달 수단인 주식과 채권 등의 거래방법, 자금조달과 투자를 받을 수 있는 기관 등을 이해해야 한다. 이를 재무관리환경이라고 한다.

1 재무관리환경의 구성요소

(주)시대는 새로운 반도체를 개발하기 위하여 1,000억 원이 필요한 신규투자를 계획하고 있다. 재무관리환경을 구성하는 3대 요소인 시장, 금융중개기관, 증권 등 필요자금에 대한 조달방법을 통해 자금마련에 대한 해답을 찾을 수 있다.

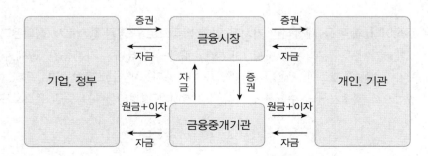

(1) 금융시장

주식이나 채권과 같은 금융자산(financial asset) 혹은 증권이 발행, 거래되고 또 그 가격이 형성되는 시장을 금융시장 또는 증권시장이라고 한다. 직접금융은 최종적인 자금의 수요자(기업)가 금융기관을 개입시키지 않고 발행한 주식과 채권 등을 발행함으로써 자금의 공급자인 투자자(개인)가 매입함으로써 자금수요자가 투자자에게 직접 조달받는 방식을 직접금융이라고 한다.

금융시장은 증권의 만기에 따라 화폐시장과 자본시장으로 구분된다. 화폐시장에서 거래되는 상품으로는 만기가 1년 이하인 단기채권들이 거래되는데 유동성이 높고 현금화 및 환금성이 쉽기 때문에 현금과 동일하다는 의미로 현금등가물로도 불린다. 기업은 단기자금출처로서 기업어음(CP)과 같은 단기채권을 발행하여 단기자금을 조달한다.

자본시장은 장기증권이 거래되는 곳인데 이는 다시 주식시장과 채권시장으로 분류된다. 주식시장은 기업의 보유지분을 나타내는 보통주와 우선주 등의 주식이 거래되고, 채권시장은 정부나 기업이 장기자금 조달 차 발행하는 만기 1년 이상의 채권이 거래된다.

(2) 금융중개기관

금융자산의 가장 기본적인 거래는 자금의 수요자와 공급자가 직접 대면해 거래가격 및 거래조건을 정하고 자금과 그에 따른 정해진 조건을 교환하는 형태이다. 하지만 자금의 수요자와 공급자가 직접 만나서 거래를 한다면 여러 가지 문제가 발생할 수 있는데 거래 상대방을 직접 찾는 일부터 수요자와 공급자가 금융전문가가 아니라면 자금 및 정해진 조건에 대한 교환이 일사천리하게 이뤄질 수 없을 것이다. 즉 시간과 비용이 많이 소요가 될 것이다. 따라서 간접금융을 통해 이를 해결할 수 있는데 금융의 전문성을 보유한 제3자(금융중개기관)가 자금수요자에게 조달금액 및 조건 등을 받아 이와 일치한 자금공급자를 찾아 자금을 예치 받은 후 자금의 수요자에게 공급해줌으로서 직접금융의 문제점을 해결할 수 있다. 이러한 방식을 간접금융이라고 한다. 또한 간접금융에서 중개자 역할을 하는 기관을 금융중개기관이라고 한다. 금융중개기관은 자금거래에서 중간자 역할을 전문적으로 수행함으로써 거래에 따른 규모의 경제효과를 얻을 수 있으며, 정보수집과 조건에 따른 비용을 절약할 수 있다.

(3) 증권

증권은 주식이나 채권 등 재산적인 가치가 있고 법적으로 증명된 증서로서 정의된다. 증권의 종류는 크게 4가지로 구분되는데 첫째, 지분의 소유권을 나타내는 자본증권, 둘째, 채권과 채무관계를 나타내는 부채증권, 셋째, 자본증권과 채무증권을 혼합한 혼합증권, 넷째, 여러 기초자산의 결합으로 기초자산의 수익률에 따라 수익형태가 결정되는 파생증권 등으로 구분된다.

부채증권	단기부채증권	기업어음(CP), 양도성예금증서(CD)
	채권	국채, 공채, 회사채, 자산유동화증권
자본증권	우선주, 보통주	
혼합증권	전환사채, 신주인수권부사채	
파생증권	선도, 선물, 옵션, 스왑	

2 증권의 발행시장

정부 및 기업이 자금을 조달할 목적으로 증권을 발행하여 투자자들에게 자금조달을 수여받는 시장으로 시장에서 새로운 증권이 발행했다는 의미로 제1차 시장이라고도 한다. 증권의 발행주체는 정부, 기업 또는 공공기관 등의 발행자로써, 즉 발행주체가 새로운 증권을 발행하여 자본을 조달하는 시장이다. 발행시장은 자본증자를 위하여 이미 상장된 회사가 증권을 발행하는 시장과 상장을 목적으로 회사가 새로운 증권을 처음 발행하는 시장으로 구분이 되는데 후자를 IPO(Initial Public Offerings)시장이라고도 한다.

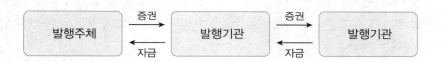

발행시장에서의 투자자는 개인투자자와 기관투자자로 분류된다. 기관투자자는 은행, 보험회사, 증권회사, 투자신탁회사, 기금을 관리·운용하는 법인, 공제사업을 영위하는 법인이 포함된다. 기관투자자는 자본력이나 전문 인력을 많이 보유하고 있어 개인투자자보다는 우세하며 증권시장에서 큰 영향력을 발휘한다.

(1) 증권의 유통시장

발행된 증권이 거래되는 시장을 증권유통시장이라고 한다. 증권유통시장은 증권거래소에서 거래가 되는데 불특정 다수인을 통해 거래가 되기 때문에 증권을 발행한 회사는 발행 이후에는 거래가 어떻게 이루어지든지 관여를 하지 못한다. 유통시장은 거래되고 있는 증권의 유동성을 높여줄뿐더러 유동성이 높기 때문에 회사의 주식을 담보로 은행이나 각 기관에서 차입을 하거나 반대로 대출이 쉽게 이루어진다. 또한 유통시장에서는 각 회사의 재무상태나 긍정적, 부정적 시그널과 여러 가지 정보를 통해 증권가격이 결정이 되며 투자자들은 합리적인 결정이라고 판단한다.

(2) 유통시장의 구조

유통시장은 또한 거래소 시장과 장외시장으로 나누어진다. 거래소 시장은 상장조건에 따라서 '유가증권(코스피)시장'과 '코스닥시장'으로 구분이 되며 주로 주식과 채권이 거래된다. 또한 증권의 기초금융자산의 가치변동에 따라 가격이 결정되는 '파생상품시장'으로 구분이 되는데 주로 선물과 옵션이 포함된다.

3 재무관리를 위한 중요개념들

(1) 위험과 수익의 상충관계

A기업이 부동산에 돈을 투자했다고 가정하면, A기업은 그 부동산의 임대료 및 앞으로의 가격 상승 등을 고려했을 때 투자금액 대비 연간 10%의 이익을 낼 수 있을 것으로 예측하고 있다. 그런데 이렇게 미래의 현금흐름을 예측한 것이 정확하게 맞아떨어질 수는 없다. 부동산 가격이 갑자기 급락할 수 있고, 임차인이 들어오지 않아서 지속적으로 공실상태로 남을 수 있기 때문이다.

기업이 새로운 산업에 진출하면서 공장의 기계를 새로 사는 것 등도 위와 마찬가지로 미래에 얼마를 벌 수 있을지 확실하게 예측하는 것은 불가능하다. 즉, '투자'행위는 완벽한 현금흐름을 가질 수 없다는 것이다.

따라서 자산의 가치평가에는 앞으로 창출할 수 있을 것이라 여겨지는 수익과 함께 현금흐름의 불확실성, 즉 '위험'을 함께 반영하여 평가해야만 한다. 재무관리에서는 투자자들이 모두 위험을 싫어한다고 가정한다. 즉, 미래에 똑같이 100원을 벌 수 있다고 가정하더라도, 위험이 존재하는 100원 보다는 확실하게 얻을 수 있는 100원을 더 좋아한다는 것이다.

만약 90원을 은행에 맡겨서 1년 뒤에 100원을 얻을 수 있는 A안과, 채권에 투자해서 1년 뒤 100원을 얻을 수 있는 B안이 있다면 투자자들이 어느 것을 선택하겠는가? 당연히 A안을 선택하게 될 것이다. 더 '안전'하고 '확실'하게 10원을 벌어들일 수 있으니까. B안을 선택하게 만들려면 1년 뒤에 100원이 아니라 105원이나 110원 등 커진 위험만큼 더 많은 수익이 발생하게 해야만 할 것이다.

즉, 투자자들은 미래현금흐름의 위험이 크면 클수록 그에 대한 대가로 더 많은 수익을 요구하게 된다고 가정할 수 있는데, 이를 '위험과 수익의 상충관계'라고 말한다. 위험과 수익의 상충관계의 존재로 인해 높은 위험을 부담할수록 높은 수익률을, 낮은 위험을 부담할수록 낮은 수익률을 보상받게 되는 것이다. 이렇듯 투자자들은 불확실한 것보다 확실한 것을 더 좋아한다고 가정하는 것을 '재무관리의 제2원리'라고 하며, 제1원리와 함께 모든 재무관리의 기본토대가 된다.

(2) 차익거래가격결정이론

차익거래가격결정이론(APT)은 1976년 Ross에 의해 개발된 자본자산의 결정이론이다. **시장균형상태에서의 차익거래이익 불가능 조건을 적용한 이론**으로 그동안 자본시장 균형이론의 중추적인 역할을 해온 자본자산가격결정이론(CAPM)에 비해 보다 일반적인 모형이라는 점에서 그 중요성이 크게 인식되고 있다.

차익거래가격결정이론에서는 첫째, **자본시장이 완전경쟁적 시장이어서**, 어떤 장애요인도 존재하지 않는다. 둘째, **투자자들이 일반적으로 위험 회피적이어서 분산투자를 한다.** 셋째, 자산 또는 **증권의 수익률은 여러 요인들의 선형함수로 표시할 수 있다.** 넷째, **자산의 수가 요인의 수보다 많아야 한다**는 가정한다. 이와 같이 APT는 CAPM에 비해 매우 일반적인 자산평가모형으로 볼 수 있는데, 그 이유를 사용된 가정들과 관련시켜 요약하면 다음과 같다.

① 개별자산의 수익률의 분포와 투자가의 효용함수에 대하여 특별한 가정을 요구하지 않음 (CAPM의 경우는 수익률의 정규분포 혹은 2차형 효용함수를 가정)
② 균형수익률은 CAPM과는 달리 여러 요인에 의해 설명될 수 있음
③ 시장포트폴리오가 자산평가에 특별히 고려되지 않기 때문에 자산평가에 시장전체를 고려할 필요가 없으며, 따라서 어느 규모의 자산의 집합에 대해서도 적용이 가능함

(3) 자본시장의 효율성

자본시장이 효율적이라는 말은 여러 의미에서 사용할 수 있다. 일반적으로, **증권시장의 효율성은 분배, 운영, 정보 등의 세 가지 측면에서의 효율성**을 뜻하는데, 이들 각각의 효율성이 증권시장의 기능 수행에 미치는 효과를 살펴보면 다음과 같다.

① **분배 효율성**

분배 효율성은 희소 자원으로서의 투자자금이 모든 사람들에게 이득이 될 수 있는 방식으로 생산적 투자에 더 많이 분배될 수 있는 상태를 말한다. 미래의 경영 성과가 좋을 것으로 예상되는 기업에는 보다 많은 자금을, 반면에 경영 성과가 나쁠 것으로 기대되는 기업에는 적은 자금을 배분되게 할 때 자본시장의 분배 효율성이 달성될 수 있다.

예를 들어, 어떤 회사가 수익성이 높은 신기술을 개발하여 미래의 현금흐름이 크게 증가할 것으로 예상된다고 하자. 이 경우 투자자들은 수익성이 낮은 다른 주식들을 팔고 위험에 비해 수익성이 높게 예상되는 이 회사의 주식에 보다 많은 자금을 투자할 것이다. 그 결과 이 회사의 주가는 상승하게 되고, 더 많은 자금이 이 회사로 배분됨으로써 궁극적으로는 우리 경제 전체의 효율성을 증대시키게 된다.

② **운영 효율성**

투자자들은 증권시장의 여러 기구로부터 거래에 따른 서비스를 제공받아야 하며, 이에 대한 대가로서 거래수수료, 증권거래세 등 거래비용(transaction costs)을 지급하여야 한다.

이러한 거래비용이 가장 저렴할 때, 증권시장의 운영 효율성이 달성되었다고 할 수 있다. 운영 효율성은 곧 증권시장의 내적 효율성(internal efficiency)을 의미하기도 한다.

③ **정보 효율성**

정보 효율성은 증권시장에서 결정된 가격이 이용 가능한 모든 정보를 충분히 반영하고 있는 상태를 말한다. 이 정보 효율성은 증권에 관한 정보가 신속하고, 공평하고, 저렴하게 모든 투자자들에게 배분되고 그 정보가 증권 가격에 정확하게 반영될 때 달성된다. 증권시장에서 정보 효율성이 달성되면, 어떤 투자자가 특정한 정보를 이용하여 비정상적 투자 성과를 얻어낼 수 없게 된다. 왜냐하면, 모든 투자자들이 공평하고 즉각적으로 정보를 이용할 수 있으므로, 일부의 투자자만 특정한 정보를 유리하게 이용할 수 없기 때문이다.

지금까지 증권시장의 효율성을 분배, 운영, 정보 등의 세 가지 측면에서 살펴보았다. 효율적 자본시장이론에서 의미하는 효율성은 이 세 가지 자본시장의 효율성 가운데 정보의 효율성을 뜻한다. 따라서 **효율적 자본시장이란 증권가격에 영향을 주는 새로운 정보가 발생할 때, 증권 가격이 그 정보를 신속하고 정확하게 반영하는 자본시장을 의미한다.**

(4) 증권시장의 효율성

증권시장의 효율성은 시장이 효율적이냐 아니면 비효율적이냐의 구분과 같이 이분법적으로 설명할 수 없는 상대적인 성격을 가진다. 즉, **증권시장의 효율성은 증권 가격이 어떤 종류의 정보를 신속히 반영하고 있느냐에 따라 효율성의 정도를 상대적으로 평가해야 한다.**

예를 들어, 올해 초에 발표된 어느 기업의 급격한 이익의 증가나 감소는 이미 그 기업의 현재 주가에 반영되어 있을 가능성이 높은데 반해, 이 기업이 은밀히 추진하고 있는 새로운 기술개발에 대한 비밀 정보는 아직까지 주가에 반영되지 않았을 것이다.

이와 같이 현재의 주가가 어떤 종류의 정보를 반영하고 있느냐에 따라서 증권시장의 효율성에 상대적인 차이가 있게 된다. 효율시장이론을 처음으로 주장한 파마(Fama)에 의하면, 효율시장은 증권 가격이 어떤 종류의 정보를 반영하고 있느냐에 따라 다음과 같이 세 가지 유형으로 구분될 수 있다.

① **약형 효율시장**

약형 효율시장이란 현재의 주가는 과거의 주가 및 거래량 변동 등과 같은 역사적 정보를 완전히 반영하고 있는 시장을 의미한다. 약형 효율시장은 세 가지 효율시장의 유형 중에서 시장의 정보 효율성이 가장 낮은 자본시장을 뜻한다.

② **준강형 효율시장**

준강형 효율시장이란 일반투자자에게 공개되는 모든 정보가 신속하고 정확하게 현재의 주식가격에 반영되는 시장을 뜻한다. 일반에게 공개되는 모든 정보에는 과거의 주가와 거래량 변동에 대한 정보뿐만 아니라, 기업의 재무제표, 신제품 개발 등 일반투자자들에게 이미 알려진 모든 정보를 의미한다. 그러나 준강형 효율시장에서는 외부에 공개되지 않은 기업의 비밀 정보는 주가에 반영되지 않는다. 약형 효율시장보다는 더 효율적이나, 다음에 설명할 강형 효율시장보다는 덜 효율적이다.

③ **강형 효율시장**

강형 효율시장이란 현재의 주식 가격이 기업에 관한 모든 정보, 즉 이미 투자자들에게 공개된 정보뿐만 아니라, 외부에 공개되지 않은 기업의 내부 정보까지도 신속 정확하게 반영하는 완벽한 효율시장을 말한다.

위에서 설명한 세 가지 형태의 효율시장은 서로 배타적인 것이 아니며, 단지 관련되는 정보의 범위와 시장 효율성의 정도에 있어서만 차이를 갖는다.

더 알아두기 🔍

한국의 재무관리 발전단계

한국에서의 재무관리에 대한 학문적 기초는 1960년대 중반 경영학이라는 학문이 국내 대학에 개설된 이후부터라고 할 수 있다. 즉, 재무관리라는 학문이 독립된 학문으로 소개되기 시작한 것은 1970년대 후반으로 역사가 매우 짧다고 할 수 있으며, 그나마 내용상 회계학의 일부분의 성격이 강했다고 할 수 있다. 주로 재무제표를 분석한다거나 자본조달을 위한 자금원 분석방법 및 절차 등 주로 서술적 내용들을 중심으로 한 학문이었다.

이와 같이 한국에서 독립된 학문으로 재무관리 연구가 부진한 배경에는 재무관리가 경영학의 일부분으로서의 실천적 성격과 기업환경으로서의 시대적 상황을 고려할 때 다음과 같은 몇 가지 이유가 있다. 첫째, 한국 자본시장의 상대적인 원시성이다. 한국의 증권시장이 처음 개장된 날짜는 1956년 3월 3일이었다. 우리나라의 자본시장, 즉 주식시장은 1970년대 후반에 접어들어 투자인구 등이 늘어나면서 양적으로 팽창하기는 하였으나 아직도 일부 거액 투자자에 의한 투기성 투자가 성행할 만큼 상대적으로 영세성을 면치 못하고 있었다. 아울러 투자를 위한 각종 투자 정보의 이용 가능성도 보편화되지 못했기 때문에 투자대상 기업에 대한 투자자들의 평가가 자본시장에 합리적으로 반영되지 못한 측면도 있다.

둘째, 금리의 시장 기능이 상대적으로 무시된 점을 들 수 있다. 1960년대에 접어들면서 정부 주도하의 경제개발계획 추진은 기업들로 하여금 새로운 이윤창출의 기회를 마련하게 해주었다. 그러나 이러한 기회를 살리기 위한 기업들의 규모 확대는 대부분 자기자본이 아닌 금융기관을 통한 차입이나 저금리 차관 등 타인자본을 활용하여 이루어졌다. 특히 이들 기업이 차입한 공금리의 수준은 시장금리보다도 훨씬 저렴한 수준의 금리로 시혜성에 가까운 자금이 분배됨으로써 자본시장이 왜곡되고, 기업은 투자의 효율성보다는 일단 가져다 쓰고 보자는 식의 자금관을 형성시켜 근본적으로 시장금리가 왜곡되는 현상이 나타나게 된 것이다.

셋째, 기업경영이 가족경영형태로 출발하여 권한이 중앙집권적이고 대외적 폐쇄성이 강해 투명한 재무관리가 발전할 수 있는 토대가 마련되지 못했다는 것이다. 즉, 학자들이 재무관리를 연구하기 위한 기업의 재무제표 등 필요한 자료의 이용이 극히 제한적일 뿐만 아니라 조직의 폐쇄성에 따른 분식회계 등 정보의 신빙성에 의문이 들기 때문에 재무관리가 학문으로 발전하는데 있어 지연이 되었던 것이다.

O✗로 점검하자

※ 다음 지문의 내용이 맞으면 O, 틀리면 ✗를 체크하시오. [1~22]

01 재무학은 국가나 기업이 필요로 하는 자금 및 자본의 조달, 관리, 운용에 대해 연구하는 학문분야이다. (　　)

02 자금의 흐름을 살펴보면 이를 필요로 하는 수요자와 이를 수요자에게 판매해주는 판매자가 있다. (　　)

03 기업의 재무의사결정과 재무환경 등을 다루는 연구분야를 투자론이라고 한다. (　　)

04 재무상태표는 현재시점에 현재 기업이 보유하고 있는 재무상태를 나타내는 회계보고서로, 즉 자산과 부채 그리고 자본의 구성을 보여주는 표이다. (　　)

05 기업의 자산은 재무상태표 오른쪽(대변)에 위치하며 크게 유동자산과 비유동자산으로 구분된다. (　　)

06 유동자산과 비유동자산의 구분과 똑같이 유동부채와 비유동부채의 구분도 3년을 기준으로 한다. (　　)

07 장기간 영업활동을 함에 있어 이용하게 될 유·무형자산에 대한 투자분석을 자본예산이라 한다. (　　)

정답과 해설　01 O　02 ✗　03 ✗　04 O　05 ✗　06 ✗　07 O

02 수요자에게 공급해주는 공급자가 있다.

03 기업재무론이라고 한다. 좁은 의미에서 재무관리는 기업재무론을 의미하며, 자금의 수요자인 국가와 기업의 자금 및 현금흐름과 관련된 활동을 다루는 학문으로 자금의 조달, 배분 그리고 유동성 관리 등을 연구대상으로 하고 있다.

05 왼쪽(차변)에 위치한다. 유동자산은 고정자산에 대응되는 개념으로 1년 안에 현금화 할 수 있는 자산이며, 비유동자산은 부동산, 기계 등과 같이 기업이 단기간에 현금화 할 수 없이 장기간 보유하는 자산이다.

06 1년을 기준으로 한다. 유동자산과 비유동자산, 유동부채와 비유동부채는 1년 안에 현금화가 가능한지의 여부를 기준으로 한다.

08 자본조달결정은 재무상태표의 왼쪽(차변)에 포함되는 것으로서 기업이 필요한 자금을 가장 합리적인 방법으로 조달하려는 최적자본구조를 찾는 형태이다. (   )

09 기업의 목표는 기업가치의 극대화나 주주가치의 극대화이다. (   )

10 기업은 투자에 필요한 자금을 자기자본만으로 해결한다. (   )

11 재무관리의 목표는 기업가치를 극대화시켜 주주가치와 채권자의 가치를 높이는 것이다. 그 중에서도 기존 자본과 투자로 인한 지분을 소유하고 있는 즉, 자기자본을 보유하고 있는 주주의 가치를 높이는 일이다. (   )

12 기업가치 극대화 목표의 방안으로 수익에서 비용을 차감한 이익이나, 인력구성, 또는 시장 점유율의 극대화를 달성하는 것이다. (   )

13 한계수익과 한계비용이 만나는 점에서 최적생산수준이 결정된다. 즉 이윤극대화를 달성함으로써 기업의 총이익이 극대화된다. (   )

14 재무관리환경을 구성하는 3대 요소인 기업, 금융중개기관, 증권이다. (   )

15 주식이나 채권과 같은 금융자산 혹은 증권이 발행, 거래되고 또 그 가격이 형성되는 시장을 금융시장 또는 증권시장이라고 한다. (   )

16 간접금융은 최종적인 자금의 수요자(기업)가 금융기관을 개입시키지 않고 투자자에게 직접 조달받는 방식이다. (   )

정답과 해설   08 ✕   09 ◯   10 ✕   11 ◯   12 ✕   13 ◯   14 ✕   15 ◯   16 ✕

08 오른쪽(대변)에 포함된다. 부채(타인자본)와 자기자본의 합리적인 비중을 결정하는 문제와 이익유보금을 통한 내부자금, 주식발행이나 차입을 통한 외부자금을 적절히 분배하여 필요자금을 조달하는 방법을 결정하는 것이 자본조달결정이다.
10 자기자본과 부채(타인자본)를 조달한다.
12 인력구성이 아니라 기업규모이다. 기업은 기업규모의 극대화나 시장점유율의 극대화시킴으로써 기업고유의 위험과 상황을 극복하기 위한 단기적인 목표로 사용될 수 있다.
14 기업이 아닌 시장이다. 시장, 금융중개기관, 증권 등 필요자금에 대한 조달방법을 통해 자금마련에 대한 해답을 찾을 수 있다.
16 직접금융에 관한 내용이다. 간접금융은 금융의 전문성을 보유한 제3자(금융중개기관)가 자금수요자에게 조달금액 및 조건 등을 받아 이와 일치한 자금공급자를 찾아 자금을 예치 받은 후 자금의 수요자에게 공급해줌으로서 간접적인 역할 수행으로 인한 자금 조달 방식이다.

17 화폐시장에서 거래되는 상품으로는 만기가 1년 이하인 단기채권들이 거래되는데 유동성이 낮고 현금화 및 환금성이 쉽지 않다. (   )

18 간접금융은 금융의 전문성을 보유한 제3자(금융중개기관)가 자금수요자에게 조달금액 및 조건 등을 받아 이와 일치한 자금공급자를 찾아 자금을 예치 받은 후 자금의 수요자에게 공급하는 방식이다. (   )

19 증권의 종류는 크게 자산증권. 부채증권, 혼합증권, 파생증권으로 구분된다. (   )

20 유통시장은 거래되고 있는 증권의 유동성을 높여줄뿐더러 유동성이 높기 때문에 회사의 주식을 담보로 은행이나 각 기관에서 차입을 하거나 반대로 대출이 쉽게 이루어진다.
(   )

21 약형 효율시장이란 현재의 주가는 현재의 주가 및 거래량 변동 등과 같은 역사적 정보를 완전히 반영하고 있는 시장을 의미한다. (   )

22 강형 효율시장이란 현재의 주식 가격이 기업에 관한 모든 정보, 즉 이미 투자자들에게 공개된 정보뿐만 아니라, 외부에 공개되지 않은 기업의 내부정보까지도 신속 정확하게 반영하는 완벽한 효율시장을 말한다. (   )

정답과 해설   17 ✕ 18 ○ 19 ✕ 20 ○ 21 ✕ 22 ○

17 유동성이 높고 현금화 및 환금성이 쉽다. 현금과 동일하다는 의미로 현금등가물로도 불리며 기업은 단기자금출처로서 기업어음(CP)과 같은 단기채권을 발행하여 단기자금을 조달한다.

19 자산증권이 아닌 자본증권이다.

부채증권	단기부채증권	기업어음(CP), 양도성예금증서(CD)
	채권	국채, 공채, 회사채, 자산유동화증권
자본증권	우선주, 보통주	
혼합증권	전환사채, 신주인수권부사채	
파생증권	선도, 선물, 옵션, 스왑	

21 과거의 주가 및 거래량 변동 등과 같은 역사적 정보를 완전히 반영하고 있는 시장을 의미한다.

실전예상문제

01 재무관리에 관한 설명이 올바르지 <u>않은</u> 것은?

① 큰 의미에서 재무관리는 재무학(finance)이라고 한다.
② 재무학은 투자자가 필요로 하는 자금 및 자본의 조달, 관리, 운용에 대해 연구하는 학문이다.
③ 자금의 흐름의 따라 수요자와 이를 수요자에게 제공해주는 공급자로 나눌 수 있다.
④ 기업의 재무의사결정과 재무환경 등을 다루는 연구분야를 기업재무론(corporate finance)이라고 한다.

02 기업의 재무상태표에 관한 설명 중 옳은 것은?

① 재무상태표는 미래시점에 현재 기업이 보유하고 있는 재무상태를 나타내는 회계보고서로, 즉 자산과 부채 그리고 자본의 구성을 보여주는 표이다.
② 기업의 자산은 재무상태표 오른쪽(대변)에 위치하며 크게 유동자산과 비유동자산으로 구분된다.
③ 유동자산은 고정자산에 대응되는 개념으로 1년 안에 현금화 할 수 없는 자산이다.
④ 비유동자산은 부동산, 기계 등과 같이 기업이 단기간에 현금화 할 수 없이 장기간 보유하는 자산이다.

정답 01② 02④

03 ② 2년이 아니라 1년을 기준으로 한다.
③ 유동부채와 비유동부채의 상환 유무 기간은 1년이다.
④ 특정한 기한 내에 갚아야 할 의무가 없는 자금은 주식이다.

04 재무상태표의 오른쪽(대변)에 포함되는 것으로서 최적자본구조를 찾는 형태이다.

05 ① 기업가치와 주주가치의 극대화이다.
② 자기자본과 부채(타인자본)으로 조달한다.
③ 자기자본의 공급자를 주주라고 부르며 타인자본의 공급자를 채권자라 칭한다.

03 기업의 부채 및 자본에 관한 설명 중 옳은 것은?

① 필요자금에 대한 출처는 재무상태표 오른쪽(대변)에 나타나며, 조달된 자금은 크게 부채와 자기자본으로 구분된다.
② 유동부채와 비유동부채의 구분은 2년을 기준으로 한다.
③ 유동부채는 2년 안에 갚아야 할 부채이며, 비유동부채는 2년 이내에 갚을 필요가 없는 부채이다.
④ 자기자본은 채권을 발행하여 조달한 자금과 과거의 기업활동에서 벌어들인 유보금이며, 특정한 기한 내에 갚아야 할 의무가 없는 자금이다.

04 기업의 자산 및 자본에 관한 설명 중 옳지 않은 것은?

① 비유동자산 중 유형자산과 무형자산에 대한 투자는 장기간 기업가치에 영향을 끼치기 때문에 중요하다.
② 장기간 영업활동을 함에 있어 이용하게 될 유·무형자산에 대한 투자분석을 자본예산이라 한다.
③ 자본조달결정은 재무상태표의 왼쪽(차변)에 포함되는 것으로서 최적자본구조를 찾는 형태이다.
④ 부채(타인자본)와 자기자본의 합리적인 비중을 결정하는 문제와 외부자금을 적절히 분배하여 필요자금을 조달하는 방법을 결정하는 것이 자본조달결정이다.

05 다음 중 기업의 목표에 관한 내용으로 옳은 것은?

① 재무관리의 궁극적인 목표는 기업가치의 극대화이다.
② 기업은 투자에 필요한 자금을 자기자본만으로 조달한다.
③ 자기자본(주식)의 공급자를 채권자라고 부르며 타인자본(부채)의 공급자를 주주라 칭한다.
④ 기업의 소유에 대한 권리는 주주와 채권자가 동시에 소유하게 된다.

정답 03 ①　04 ③　05 ④

06 다음 중 기업가치의 극대화에 관한 설명으로 옳지 <u>않은</u> 것은?

① 채권자는 반드시 약속된 기일에 빌려준 원금을 되돌려 받는다.

② 회사는 성과의 여부와 상관없이 주주에 우선하여 약속된 권리를 지급 받는다.

③ 채권자의 몫은 기업성과의 유무에 관계없이 일정하나 주주의 몫은 기업성과에 달려있다.

④ 자기자본을 통한 주주의 권리는 주식을 통해 투자비율대로 지분을 소유한다.

06 채권자는 반드시 약속된 기일에 빌려준 원금과 정해진 이자를 되돌려 받는다.

07 다음 중 기업가치 극대화 목표에 관한 설명으로 옳지 <u>않은</u> 것은?

① 기업가치 극대화 목표는 이익이나 기업규모, 또는 시장점유율의 극대화를 달성하는 것이다.

② 한계수익과 한계비용이 만나는 점에서 최적 생산수준이 결정된다.

③ 기업이 달성하는 수익과 시간차이와 기업고유의 위험과 예기치 못한 시장의 불확실성을 잘 반영한다.

④ 기업은 기업고유의 위험과 상황을 극복하기 위해 기업규모나 시장점유율의 극대화를 단기적인 목표로 삼을 수 있다.

07 수익과 시간차이와 기업고유의 위험과 예기치 못한 시장의 불확실성을 잘 반영하지 못한다는 단점이 있다.

정답 06 ① 07 ③

08 ① 저렴한 비용으로 필요자금을 조달받아 기업의 이윤을 극대화 시킬 수 있는 곳에 투자하여야 한다.
③ 재무관리환경을 구성하는 3대 요소는 시장, 금융중개기관, 증권이다.
④ 금융시장 또는 증권시장은 주식이나 채권 등이 발행, 거래되고 또 그 가격이 형성되는 시장이다.

09 간접금융에 관한 설명이다. 직접금융은 최종적인 자금의 수요자(기업)가 금융기관을 개입시키지 않고 발행한 주식과 채권 등을 발행함으로써 자금의 공급자인 투자자(개인)가 매입함으로써 자금수요자가 투자자에게 직접 조달받는 방식이다.

08 다음 중 재무관리환경에 관한 설명으로 옳은 것은?

① 경영자는 기업의 가치를 높이기 위해서 보다 높은 비용으로 필요자금을 조달받아 기업의 이윤을 극대화 시킬 수 있는 곳에 투자하여야 한다.

② 경영자는 자신의 기업이 활동하고 있는 산업과 시장 환경에 대해서 충분한 지식을 가지고 있어야 한다.

③ 재무관리환경을 구성하는 3대 요소는 기업, 금융중개기관, 증권이다.

④ 은행예금이나 부동산과 같은 금융자산 혹은 증권이 발행, 거래되고 또 그 가격이 형성되는 시장을 금융시장 또는 증권시장이라고 한다.

09 다음 중 금융에 관한 설명으로 옳지 않은 것은?

① 금융의 전문성을 보유한 제3자(금융중개기관)가 자금수요자에게 조달액 및 조건 등을 받아 이와 일치한 자금공급자를 찾아 자금의 수요자에게 공급해주는 방식을 직접금융이라 한다.

② 증권의 종류는 크게 4가지로 구분되는데 자본증권, 부채증권, 혼합증권, 파생증권으로 구분된다.

③ 증권의 발행주체는 정부, 기업, 또는 공공기관 등의 발행자로써, 즉 발행주체가 새로운 증권을 발행하여 자본을 조달하는 시장이다.

④ 발행시장에서의 투자자는 개인투자자와 기관투자자로 분류된다.

정답 08 ② 09 ①

10 다음 중 유통시장에 관한 설명으로 옳지 **않은** 것은?

① 발행된 증권이 거래되는 시장을 증권유통시장이라고 한다.

② 유통시장은 거래되고 있는 증권의 유동성을 높여줄뿐더러 회사의 주식을 담보로 은행이나 각 기관에서 차입을 하거나 반대로 대출이 쉽게 이루어진다.

③ 유통시장에서는 각 회사의 재무상태나 긍정적, 부정적 시그널과 여러 가지 정보를 통해 증권가격이 결정이 되며 투자자들은 합리적인 결정이라고 판단한다.

④ 거래소 시장은 기업규모에 따라서 '유가증권(코스피)시장'과 '코스닥시장'으로 구분이 되며 주로 주식과 채권이 거래된다.

10 거래소 시장은 상장조건에 따라서 '유가증권(코스피)시장'과 '코스닥시장'으로 구분된다.

11 다음 중 차익거래가격결정이론에 관한 설명으로 옳지 **않은** 것은?

① 1976년 Ross에 의해 개발된 자본자산의 결정이론이다.

② 자본시장이 완전 경쟁적 시장이서, 어떤 장애요인도 존재하지 않는다.

③ 투자자들이 일반적으로 위험 회피적이어서 분산투자를 한다.

④ 자산 또는 증권의 수익률은 여러 요인들의 선형함수로 표시할 수 없다.

11 자산 또는 증권의 수익률은 여러 요인들의 선형함수로 표시할 수 있다.

정답 10 ④ 11 ④

checkpoint **해설&정답**

주관식 문제

01

정답 A: 자금, B: 자본, C: 부채,
D: 자기자본

해설 부채는 타인자본이라고 하며, 기업이 짧은 기간 동안 사용하는 유동부채와 장기간 사용하는 비유동부채로 구분된다. 유동자산과 비유동자산의 구분과 똑같이 유동부채와 비유동부채의 구분도 1년을 기준으로 한다. 유동부채는 1년 안에 갚아야 할 부채이며, 비유동부채는 1년 이내에 갚을 필요가 없는 부채이다. 한편, 자기자본은 주식을 발행하여 조달한 자금과 과거의 기업활동에서 벌어들인 유보금이며, 특정한 기한 내에 갚아야 할 의무가 없는 자금이다.

02

정답 기업의 목표는 투자결정과 자본조달 결정에 의해서 재무관리자의 의사결정이 핵심이 된다. 재무관리의 목표에 대해서는 지금까지도 많은 논란이 되지만 가장 많이 언급되는 것은 기업가치(firm value)의 극대화나 주주가치(shareholders' wealth)의 극대화이다.

01 다음 빈 칸에 알맞은 말을 넣으시오.

> 자산을 구입하기 위해서는 (A) 및 (B)이 필요하다.
> 필요자금의 대한 출처는 재무상태표 오른쪽(대변)에 나타나며,
> 조달된 자금은 크게 (C)와 (D)으로 구분된다.

02 기업의 목표에 관해서 서술하시오.

03 주주가치의 극대화에 대해서 서술하시오.

03

정답 재무관리의 목표는 기업가치를 극대화시켜 주주가치와 채권자의 가치를 높이는 것이다. 그 중에서도 기존 자본과 투자로 인한 지분을 소유하고 있는 즉, 자기자본을 보유하고 있는 주주의 가치를 높이는 일이다. 자기자본과 부채는 회계상 성격을 달리하기 때문에 채권자가 아닌 주주가 회사의 주인임을 뜻한다.

04 다음 빈 칸에 알맞은 말을 넣으시오.

> 재무관리환경을 구성하는 3대 요소인 (A), (B), (C) 등 필요자금에 대한 조달방법을 통해 자금마련에 대한 해답을 찾을 수 있다.

04

정답 A : 시장
　　　B : 금융중개기관
　　　C : 증권

해설 [문제 하단의 그림 참고]

안심Touch

05

정답 약형 효율시장이란 현재의 주가는 과거의 주가 및 거래량 변동 등과 같은 역사적 정보를 완전히 반영하고 있는 시장을 의미한다. 약형 효율시장은 세 가지 효율시장의 유형 중에서 시장의 정보 효율성이 가장 낮은 자본시장을 뜻한다.

05 약형 효율시장에 관해서 기술하시오.

06

정답 준강형 효율시장이란 일반투자자에게 공개되는 모든 정보가 신속하고 정확하게 현재의 주식가격에 반영되는 시장을 뜻한다. 그러나 준강형 효율시장에서는 외부에 공개되지 않은 기업의 비밀 정보는 주가에 반영되지 않는다.

06 준강형 효율시장에 관해서 기술하시오.

07

정답 강형 효율시장이란 현재의 주식 가격이 기업에 관한 모든 정보, 즉 이미 투자자들에게 공개된 정보뿐만 아니라, 외부에 공개되지 않은 기업의 내부정보까지도 신속 정확하게 반영하는 완벽한 효율시장을 말한다.

07 강형 효율시장에 관해서 기술하시오.

제 **2** 장

재무분석과 재무계획

I wish you the best of luck!

시대에듀
www.**sdedu**.co.kr
자격증 · 공무원 · 취업까지
BEST 온라인 강의 제공

(주)시대고시기획
(주)시대교육
www.**sidaegosi**.com
시험정보 · 자료실 · 이벤트
합격을 위한 최고의 선택

제2장 재무분석과 재무계획

제1절 재무분석

1 재무분석의 의의

기업이 자본을 조달해서 일정 기간 동안 수행한 영업 활동을 재무 관리 측면에서 성과 여부를 판단해 보아야 한다. 이때 기업은 성장성과 부도 위험, 이익 달성의 여부 등에 대한 분석을 실시하는데, 이를 재무분석이라고 한다.

넓은 의미의 재무분석은 기업의 재무활동 전반에 관한 분석으로 기업에서 자금과 관련된 기업활동을 평가하고, 기업의 운영을 위한 의사 결정에 도움을 주기 위한 분석이다. 좁은 의미의 재무분석은 기업의 현재와 과거의 재무 상태나 영업 실적을 파악하여 미래 경영 정책을 위한 의사 결정에 필요한 기초 자료를 제공하는 재무활동으로 비율분석이 대표적이다.

2 재무분석의 방법

재무분석의 방법은 크게 비율법과 실수법으로 분류된다. **비율법이란 재무제표상에 두 가지 항목의 계수를 백분율로 산출하여 분석 판단하는 방법이며, 실수법은 기업계수를 실수 그대로 분석하고 판단하는 방법이다.** 또한 이외에도 원가분석, 생산성 분석, 기타 관련 정보 등을 분석하여 재무분석을 더욱 충분한 자료분석으로 보충해 나간다. 오늘날의 재무분석은 비율분석법(비율법)이 많이 이용되고 있다.

더 알아두기 Q

재무제표의 종류

1. 대차대조표

대차대조표란 일정한 시점의 재무 상태를 나타내는 회계보고서로, 기업이 그 시점까지 자금을 어디서 얼마나 조달하여 어떻게 투자하였는가를 보여준다. 담당자는 대차대조표를 통해 일정 시점에 기업이 어떤 형태의 자산에 얼마를 투자하였는가, 기업이 갚아야 할 부채는 얼마이며, 부채상환을 위하여 현금으로 조달할 수 있는 자산은 충분한지, 회사를 설립하기 위하여 주주들은 얼마를 투자하였으며, 투자 후 얼마의 이익을 냈는지 등의 정보를 알 수 있다. 대차대조표는 기업의 재무상태를 보여주는 기본적인 회계자료로 상법에서는 기업에 대하여 의무적으로 작성하도록 하고 있다.

대차대조표는 일정 시점에 기업이 보유하고 있는 경제적 자원인 자산과 경제적 의무인 부채, 그리고 자본에 대한 정보를 제공하는 재무보고서로서, 정보이용자들이 기업의 유동성, 재무적 탄력성, 수익성과 위험 등을 평가하는 유용한 정보를 제공한다.

2. 손익계산서

손익계산서란 일정 기간 동안 발생할 수익과 비용을 기록하여 당해 기간 동안 얼마만큼의 이익 또는 손실을 보았는지 경영성과를 보여 주는 보고서이다. 즉, 일정 기간 동안 기업이 생산한 제품이나 매입한 상품을 얼마나 판매하였으며, 그와 관련된 원가는 얼마이고, 판매활동이나 관리활동을 위해 지출한 비용은 얼마인가를 보여주는 것이다.

손익계산서는 일정 기간 동안 기업의 경영성과에 대한 정보를 제공하는 재무보고서로 당해 회계기간의 경영성과를 나타낼 뿐만 아니라 기업의 미래현금흐름과 수익창출 능력 등의 예측에 유용한 정보를 제공한다.

3. 현금흐름표

현금흐름표는 기업이 현금을 어떻게 창출하였고 사용하였는지를 보여주는 역할을 한다. 한국채택국제회계기준에서는 재무제표 이용자의 경제적 의사결정에 유용한 현금흐름 정보의 제공을 위해 모든 기업이 현금흐름표를 작성 및 공시할 것을 요구하고 있다.

어떤 사업을 하든 기업은 영업활동을 위해, 채무상환을 위해, 투자자에게 수익을 분배하기 위해 현금이 필요하며, 이러한 현금의 변동내역은 기업은 물론 채권자나 투자자 모두에게 중요한 정보이다. 즉, 현금흐름표는 기업의 현금창출 능력에 관한 정보를 제공함으로써 재무제표의 이용자로 하여금 미래현금흐름을 추정이 가능하게 하는 것은 물론, 기업의 부채 상환 및 배당금 지급 능력과 자금의 유동성을 평가하는 데 유용한 정보를 제공한다. 또한 현금흐름 정보는 동일한 거래와 사건에 대하여 기업별로 서로 다른 회계처리를 적용함에 따라 발생하는 영향을 제거하기 때문에 영업성과에 대한 기업 간 비교를 용이하게 만든다.

현금흐름표상 현금은 현금성자산을 포함한다. 현금성자산이란, 투자나 다른 목적이 아닌 단기적으로 현금이 필요한 경우에 대비하여 보유하는 것으로 큰 거래비용 없이 현금화할 수 있으며 가치변동의 위험이 매우 낮은 자산을 의미한다. 현금성자산의 예로는 가입 당시 만기가 3개월 이내인 예금 등이 있다.

3 재무상태표의 구성

재무상태표 혹은 대차대조표는 특정 시점에 기업이 현재 보유하고 있는 자산과 부채, 자본에 대한 정보를 구성하는 표를 말한다. 재무상태표의 왼쪽(차변)은 자산의 형태를 말하며 오른쪽(대변)은 부채 및 자본의 형태를 나타낸다. 자산은 기업이 현재까지 보유하고 있는 자산을 말하며 부채 및 자본은 기업이 필요한 소요자금을 채권자와 주주로부터 조달한 자금이다. 재무상태표 및 대차대조표는 다음과 같은 식으로 설명할 수 있다.

> 자산 = 부채(타인자본) + 자본(자기자본)

복식부기방법은 하나의 사건을 기록할 때, 차변과 대변에 각각 같은 금액적 효과를 갖도록 기록하기 때문에 항상 차변의 합계와 대변의 합계가 일치하는 대차평균의 원리가 성립한다. 이때, 자산의 증가는 차변에, 부채와 자본의 증가는 대변에 기록함으로써 차변에는 자산의 잔액이, 대변에는 부채와 자본의 잔액이 적히며 그 금액은 항상 일치한다.

계정식은 차변과 대변을 구분하여 자산은 차변에, 부채와 자본은 대변에 표시하는 것이며, 보고식은 대차의 구분 없이 자산 및 부채, 자본항목을 길게 나열하여 표시하는 방식이다. 계정식 양식은 표가 대차로 나누어져 있기 때문에 기업의 재무구조나 대차평균원리의 성립을 직관적으로 파악하는 것이 쉽다는 장점을 가지고 있으며 회계교재 등에서 약식 재무상태표를 보여줄 때 많이 사용된다. 그러나 공시 등 보고목적을 위해서는 가독성이 좋은 보고식 양식을 사용한다.

한국채택국제회계기준(K-IFRS)에 따르면 재무상태표는 원칙적으로 자산과 부채를 유동성 기준으로 유동성·비유동성으로 각각 구분 표시하며, 예외적으로 유동성 순서에 따라 표시하는 방법이 더 신뢰성 있고 목적 적합한 경우에는 전체 또는 일부에 대하여 유동성 순서에 따라 표시하는 것을 허락하고 있다. 이때, 유동성은 기업의 자산이나 부채가 정상 영업주기(영업활동을 위한 자산의 취득 시점부터 그 자산이 현금이나 현금성자산으로 실현되는 시점까지 소요되는 기간) 내에 실현될 것으로 예상하는 것인데, 명확한 정상영업주기를 정할 수 없는 경우에는 12개월인 것으로 가정하여 유동성 여부를 구분한다.

(1) 자산

재무상태표 및 대차대조표의 왼쪽(차변)은 자산들이 구성하는데 현금, 매출채권, 재고자산, 유형자산, 무형자산 등으로 이루어져 있다. 이 구성에서 현금, 매출채권, 재고자산 등을 유동자산이라고 말하며 보통 1년 안에 현금화 할 수 있는 자산을 일컫는다.

반대로 부동산이나 기계 등과 같이 1년 안에 현금화 할 수 없는 자산들을 비유동자산이라고 말하고, 물리적 형태는 없으나 미래에 경영상 이윤을 창출할 수 있는 자산을 무형자산이라고 말하며 특허와 영업권 등이 대표적인 무형자산이다. 건물, 기계, 설비와 같은 유형자산과 특허와 같은 무형자산은 매년 감가상각에 따라 금액이 줄어드는데 실제 현금이 지출되지 않는다. 감가상각의 비용을 처리하는 식인 정액법과 정률법 등등 여러 가지 식에 의해서 장부상의 비용으로 처리된다.

회사의 경영자는 장부가치를 어느 기준으로 기록할 것인지 결정해야 한다. 2011년을 기준으로 국제회계기준(IFRS)이 도입되었다. 이전에는 일반적으로 인정된 회계원칙(GAAP)을 사용했지만, 각 나라마다 회계기준이 상이함에 따라 기업들의 재무분석 및 재무정보의 직접적인 비교가 어려워 이를 극복하고자 도입한 것이 IFRS이다. 따라서 2011년 초부터 상장기업 및 일정 규모 이상의 기업들은 IFRS를 채택하도록 의무화시켰다.

당좌자산은 유동자산으로써 바로 현금화할 수 있는 자산으로 현금, 예금, 받을 어음, 외상매출금, 일시적 소유를 목적으로 한 유가증권 등으로 이루어진다.

재고자산은 제조·판매 등의 과정을 거쳐 현금화할 수 있는 것으로, 상품·원재료·재공품·반제품 등으로 구성된다. 고정자산은 기업 내부에서 장기간 사용하며 원칙적으로 1년 이내에는 현금화되지 않는 회전속도가 느린 자산을 말한다. 이것은 다시 구체적인 형태의 유무에 따라 유형고정자산과 무형고정자산으로 나누어진다.

유형고정자산은 토지·건물·기계장치·선박 등으로 이루어지며, 무형고정자산은 영업권·특허권·지상권·상표권·실용신안권·의장권·광업권 등을 가리킨다. 이들 이외에, 출자금·투자유가증권·정기대부금 등을 포함하는 투자자산까지도 고정자산에 포함시켜야 한다는 견해가 유력하다.

고정자산의 회계처리에 있어서는 토지와 같은 예외를 제외하고, 감가상각을 통하여 그 가치의 일부분씩을 생산물에 이전하여 내용 기간 중에 전가치를 회수하는 방법이 취해진다.

상법은 고정자산의 평가에 있어서 원가주의를 채용하여 결산기마다 상당한 상각을 하도록 규정하고 있다.

(2) 부채와 자기자본

기업은 일정 시점에 자본제공자인 채권자와 주주에게 자본을 조달 받는다. 주주에게는 미래의 일정 기간에 걸쳐 약속된 금액을 반드시 상환해야 할 의무는 없지만 채권자에게는 반드시 자본조달의 대가로 약속된 금액을 일정 기간에 걸쳐 상환해야 할 의무가 있다. 따라서 채권자가 주주의 권리에 우선하기 때문에 만약 기업이 청산을 할 경우 채권자의 몫을 먼저 상환해주고 후에 남은 기업가치에 대해서 주주의 몫을 할당 받는다. 기업의 경영권과 소유권은 보통 주주에게 있지만 기업이 매기마다 약속된 금액을 채권자에게 상환하지 못한다면 기업의 경영권 혹은 소유권은 채권자에게 넘어간다.

재무상태표를 살펴보면 오른쪽(대변)은 부채와 자본을 나타내는데 앞에서 언급했듯이 부채(채권자)가 자본(주주)에 우선시하기 때문에 부채를 먼저 구성하며 그 중에서도 매입채무, 단기차입금, 미지급비용, 사채, 장기차입금 등의 순으로 구성된다. 그리고 자본구성에 있어서 우선주와 보통주, 잉여금의 순으로 구성된다. 또한 자산에서 부채를 차감한 것이 자기자본이다.

$$자기자본 = 자산 - 부채$$

재무상태표는 자산과 부채의 장부가치가 시장가치를 설명해주고 있지만 자기자본의 장부가치는 주주의 부를 잘 설명해주지 못한다. 기업은 역사적 원가에 기초하고 있어 재무상태표를 작성했을 시 장부가치와 시장가치의 괴리가 발생하고, 기업의 기술력과 인적 자원 등과 같은 요소들은 기업가치를 판단할 때 중요 자원이지만 재무상태표에는 정작 포함되지 않기 때문이다.

따라서 주주의 부를 설명할 때에는 간단하게 시장에서 발행주식이 얼마에 거래가 되고 있는지, 즉 주식의 시장가격을 판단하여 주주의 부를 측정한다. 따라서 주주의 부의 평가항목 중 하나인 시가총액(현재주가 × 발행주식 수)을 이용하는데 현재주가가 3,000원이고 발행주식 수가 2,000,000주라면 시가총액은 60억이 되고 결국 주주의 부도 60억이 된다.

4 재무상태표의 분석

(1) 투자활동과 자본조달 활동

재무상태표의 왼쪽(차변)은 자산의 구성을 나타내며 투자활동(자본조달)의 결과물이다. 재무상태표의 자산은 유형자산과 무형자산으로 구성이 되는데, 기업이 운영하는데 있어 장기간 사용할 목적으로 취득한 자산이다. 유형자산과 무형자산을 잘 활용해 미래 기업가치를 상승시키는 요인으로 작용한다.

(2) 기업가치와 사업가치

기업의 기업가치와 시장가치는 어떻게 평가할 수 있을까? 기업가치의 의미는 타인자본의 가치와 자기자본의 가치(시가총액)의 합으로 평가가 된다. 하지만 사업가치는 의미가 다르다. 사업가치는 만약 투자자가 해당 기업을 인수하려고 할 때의 가치로 평가가 된다. 따라서 시장에서 평가되는 기업가치[주주가치(시가총액) + 채권자가치]에서 현금을 차감해주면 시장가치가 된다. 현금은 기업이 영업활동을 하는데 있어 직접 사용되는 항목이 아니기 때문에 차감대상이 된다.

$$사업가치 = 주식의 시장가치 + 부채 - 현금$$

(3) 순운전자본

순운전자본은 유동자산에서 유동부채를 차감한 금액으로 일상적인 영업활동에 필요한 자금을 말하며 단기자산의 여력이 얼마나 되는가를 나타내주는 지표이다. 보통 1년 내에 현금화 할 수 있거나 지출이 발생할 수 있는 항목이다. 또한 1년 안에 현금화 할 수 있거나 1년 안에 갚아야 할 부채보다 얼마나 더 큰가를 나타내줌으로써 단기유동성 및 단기안정성을 뜻한다. 순운전자본이 중요한 자금개념으로 여겨지는 원인은 다음과 같다.

① 기업의 단기 지급능력을 표시하는 자금개념이다.
② 기업의 영업활동을 표시하는 자금개념이다.
③ 총재무자원에 의한 자금개념은 비운전자본 거래가 없을 경우 순운전자본과 일치한다.

순운전자본의 식은 다음과 같다.

> 순운전자본 = 유동자산 − 유동부채

(4) 부채비율과 유동비율

재무상태표에서 자본의 단기지급능력을 나타내는 측정치로서 부채비율과 유동비율이 자주 사용된다. 부채비율은 기업이 보유하고 있는 자산 중 부채가 얼마 정도 차지하고 있는가를 나타내는 비율로서 기업의 재무구조상 타인자본의존도를 나타내는 지표이다. 따라서 상환해야 할 타인자본(부채)에 비해 자기자본이 얼마나 준비되어 있는가를 나타내준다. 부채비율은 자본구성의 안정성을 판단하는 대표적인 측정치이다. 부채비율의 식은 다음과 같다.

> 부채비율 = 부채 / 자기자본

만약 부채비율이 높다면 식에서 자기자본 대비 분자인 부채(타인자본)의 비중이 높기 때문에 안정성 면에서 많이 떨어진다는 의미이다. 또한 기업의 파산을 미리 파악할 수 있는 지표이기도 하다. 즉 반대로 부채비율이 낮다면 기업이 운영을 하는데 있어 안정적이라는 의미이고 채권자의 부채에 대해서 채무불이행의 발생 가능성이 낮다는 의미이다. 하지만 반드시 부채비율이 낮다고 해서 좋은 것만은 아니다. 부채비율이 낮다는 의미는 기업이 수익을 창출할 시 새로운 신사업이나 R&D 또는 인력보충이나 마케팅 비용에 투자하지 않고 오직 부채만을 줄인다면 미래에 기업의 성장성은 떨어질 것이다.

반대로 부채비율이 높지만 차입한 금액을 대부분 기업의 새로운 성장성의 원동력으로 투자를 한다면 안정성은 좀 떨어지겠지만 성장성은 상당 부분 늘어날 것이다. 결론은 부채비율이 높다면 주주들의 입장에서는 성장성이 높아지기 때문에 주주들의 부는 늘어날 가능성이 큰 반면에 부채비율이 낮다면 채권자의 입장에서는 원금과 정해진 이자 상환능력이 좋다는 의미이기 때문에 긍정적인 지표이다. 이와 같이 부채비율이 높다고 해서 반드시 기업의 현 상황이 좋지 않다는 의미는 아니며 반대로 부채비율이 높다고 해서 기업의 현 상황이 좋다는 의미로 해석될 수는 없다.

유동비율은 유동자산을 유동부채로 나눈 값으로 기업의 단기지급능력을 나타내는 비율이다. 따라서 기업이 보유한 지급능력과 신용능력을 판단하기 위하여 많이 쓰인다. 유동비율도 부채비율과 마찬가지로 유동비율이 높다고 해서 반드시 좋은 것만은 아니며 유동비율이 낮다고 해서 기업이 반드시 위험에 처한 상황은 아니다. 부채에 비해 자산보유율이 월등히 높다면 안정성은 높아지겠지만 성장성은 떨어지게 되므로 경영자나 주주의 입장에서는 좋은 정보는 아니다. 이와 같이 재무비율의 높고 낮음은 이해관계자가 어떻게 해석하고 어떻게 분석하는가에 따라서 즉, 입장에 따라 달라질 수 있다. 유동비율의 식은 다음과 같다.

$$유동비율 = 유동자산 / 유동부채$$

(5) 주가순자산비율

주가순자산비율(PBR)은 주가를 주당순자산가치(BPS)로 나눈 비율로서 주가와 1주당 순자산가치를 비교한 수치이다. 주당순자산가치는 자기자본을 발행주식 수로 나누어 계산한다. 주가순자산비율(PBR)은 재무회계상 주가를 판단하는 기준표로서 사용되며 투자자에게는 기업이 존속하는데 있어 얼마나 안정성이 있는가를 보여주는 지표이다. 또한 기업 청산 시 주주가 배당받을 수 있는 자산의 가치를 의미하며 PBR 1을 기준으로 한다. 만약 특정 기업의 PBR이 1이라면 일정 시점에 주가와 순자산이 같다는 의미이며, 1보다 클 경우 순자산보다 주가가 높게 형성되어 고평가 되었다고 판단하며 1보다 작을 경우에는 저평가 되었다고 판단한다. 하지만 산업이나 기업에 따라 처해있는 환경과 조건이 달라 현재 처해있는 산업과 기업의 성장성이 기대되는 경우에는 심리적 기대감에 순자산보다 주가가 높게 형성되어 있을 가능성이 있고, 반대로 성장성이 낮은 경우에는 순자산보다 주가가 낮게 형성이 되어 저평가 되어있기는 하지만 투자를 하기에는 쉽지 않다.

$$주가순자산비율(PBR) = 주가 / 주당순자산(BPS)$$

5 손익계산서의 구성

손익계산서 혹은 포괄손익계산서는 특정 기간 기업의 경영성과를 나타내주는 지표로서 재무상태표가 특정 기간 기업의 재무상태, 즉 안정성을 나타내주는 지표라면 손익계산서는 수익과 비용 그리고 이익을 보여주는, 즉 기업의 성장성을 나타내는 지표이다. 따라서 특정 기간의 이익이 얼마나 발생했는지 판단한다.

이익 = 수익 - 비용

(1) 총자본이익률

총자본이익률(ROI)은 순이익을 총자본으로 나눈 값으로 투하된 자본금 대비 순이익의 정도를 나타내는 지표이다. 기업에 투하·운용된 총자본이 어느 정도의 수익을 냈는가를 나타내는 지표로서 순이익을 총자본으로 나누어 산출하며 수익성 분석의 대표적 비율이다. 이 비율이 높을수록 수익성이 양호하다는 것을 의미하나 업종별, 규모별로 차이가 있을 수 있으므로 동일 업종, 동일 규모의 타 기업과 비교, 검토하여야 한다.

총자본이익률 = 당기순이익 / 총자본

(2) 이자보상비율

이자보상비율(ICR)은 기업의 채무상환능력을 나타내는 지표로 이자비용 대비 영업이익의 정도를 나타낸다. 즉 타인자본을 사용했을 시 발생하는 금융비용, 즉 이자 대비 타인자본을 활용하면서 얼마나 잘 영업활동을 했는지의 비교분석 비율이다. 따라서 이자보상비율이 높을수록 채무상환능력이 우수한 것으로 판단한다.

이자보상비율이 1이면 영업활동에서 창출한 돈을 이자지급비용으로 다 쓴다는 의미, 이자보상비율이 1 보다 클 경우 해당 기업은 자체 수익으로 금융비용을 능히 부담하고 추가 이익도 낼 수 있다는 사실을 의미한다. 기업의 이자지급 능력이 충분하다는 뜻이다.

반대로 1보다 작다는 것은 기업이 영업활동으로 창출한 이익을 갖고 대출금이나 기발행 회사채에 대한 이자 등 금융비용조차 감당할 수 없는 상태를 의미한다. 이자를 지급하기 위해 또 다시 자금을 차입해야 하는 상태이다. 영업이익이 적자인 경우 이자보상비율은 당연히 1 이하가 되며, 잠재적 부실기업으로 볼 수 있다. 통상 1.5배 이상이면 이자지급 능력이 충분하다고 본다.

이자보상비율 = 영업이익 / 이자비용(금융비용)

6 활동성비율

활동성비율(activity ratio)은 기업이 소유하고 있는 자산들을 얼마나 잘 효율적으로 사용하고 있는 지를 나타내는 지표이다. 활동성비율은 재무상태표와 손익계산서를 함께 사용해야 하며 매출액 대비 비중이 높은 자산의 회전율을 나타낸다. 대표적인 비율이 매출채권회전율과 총자산회전율이다. **효율성비율(efficienty ratio)이라고도 불리는 이 비율은 대부분 일정 기간의 영업활동 수준을 나타내 주는 매출액의 자산에 대한 비율이다.** 즉 여러 종류의 자산에 대하여 그 자산이 현재의 영업활동 수준을 나타내는 매출액과 관련하여 얼마만큼 높거나 낮은가를 결정함으로써 그 자산의 효율적 사용 정도를 측정하게 된다.

기업의 활동을 대표하는 것은 매출액이며 이를 뒷받침하기 위해 투자된 구체적인 형태의 자산이 외상 매출대금, 재고자산, 총자산 등이다. 따라서 매출액과 주요자산의 관계를 비율에 의해 평가하는 것은 기업을 이해하는 데 큰 도움이 된다.

활동성비율은 유동성비율을 평가할 때 추가적으로 고려되는 비율로, 특히 고도성장 기업의 경우 중요하다. 활동성비율은 매출채권회전율, 총자산회전율, 자기자본이익률, 주가수익배수로 구분된다.

(1) 매출채권회전율

매출채권회전율은 매출액을 매출채권으로 나눈 값으로 영업활동으로 인해 매출채권이 얼마만큼 현금화되어 매출액으로 이어졌는지의 회전수를 나타낸 비율로 매출채권이 작으면 작을수록 현금화가 빠르게 회전한다는 의미이기 때문에 매출채권관리를 잘한다고 볼 수 있다. 따라서 매출채권회전율은 클수록 좋은 평가를 받는다.

연간 평균매출채권 금액은 회계기간 초와 말의 매출채권 잔액의 평균으로 계산하며, 회계기간 말의 매출채권 잔액은 매출채권의 대손충당금을 차감한 금액이다. 연간 매출채권 잔액의 변동 이 큰 경우, 월 또는 분기별 평균을 낸 후에 연간 평균을 내어 사용하기도 한다. 매출채권회전 율은 1년 단위로 측정하는 것이 일반적이지만, 경우에 따라서는 월 또는 분기별로 측정할 수도 있다. 이 경우 매출액과 평균매출채권 금액은 월 또는 분기 단위로 계산한다.

기업은 재화를 판매하거나 서비스를 제공하면 현금 또는 외상으로 대가를 받는다. 이때 외상으로 판매한 금액에 대하여 빠른 시일 안에 현금으로 들어와야 경영활동 시 사용할 수 있는 현금이 많아진다. 이 때문에 기업에게 외상매출금(또는 매출채권)이 얼마나 신속하게 현금으로 전환되는지를 살피는 것은 중요하다.

만일 A기업의 연간 매출액이 500,000원이고, 그 중 외상으로 판매한 금액이 240,000원, 기초 매출채권 잔액이 10,000원, 기말 매출채권 잔액이 30,000원일 때 매출채권회전율은 다음과 같이 계산할 수 있다.

$$매출채권회전율 = \{240{,}000 / (10{,}000 + 30{,}000) / 2\} = 12.0$$

A기업은 연간 평균적으로 20,000원씩 12번에 걸쳐 외상판매대금을 현금으로 회수하고 있으며, 평균 회수기간은 365 / 12 = 30.4일이다. 만일 외상판매 신용정책이 판매 후 30일 이내에 외상 대금을 회수하는 것이라면 해당 기업은 비교적 문제없이 매출채권금액을 잘 회수하고 있다고 판단할 수 있다. 그러나 매출채권회전율이 지나치게 낮은 수치라면 평균 회수기간은 증가할 것이므로 현금 회수 과정을 진단하여 매출채권회전율을 높여야 한다.

매출채권회전율이 높다는 것은 한 회계기간 동안 외상으로 판매한 금액을 현금으로 회수한 횟수가 많다는 의미이므로 기업이 외상 신용 정책을 잘 수립하였고 효율적으로 현금을 회수하고 있다고 평가할 수 있다. 외상 판매 금액은 거래처에게 제공한 일종의 무이자 대출과 같으므로 해당 금액을 최대한 빠르게 현금으로 회수할수록 좋으며 매출채권회전율이 높을수록 자금의 유동성을 확보할 수 있다. 그러나 매출채권회전율이 극단적으로 높으면 외상 판매 후 현금으로 갚아야 하는 기간이 지나치게 짧아지는 등 외상 신용 정책이 과도하게 보수적이라는 신호일 수 있으니 유의하여야 한다. 이 경우 외상 신용기간을 늘려 잠재적 고객을 확보하는 것이 경영 측면에서 유리할 수 있다.

이와 반대로, 매출채권회전율이 낮다는 것은 외상으로 판매한 금액을 현금으로 회수하는 횟수가 적다는 의미이므로, 외상 판매 금액을 현금으로 회수하는 과정에 문제가 있거나 외상 신용 정책이 과도하게 느슨한 경우, 또는 물류 시스템의 문제로 인하여 거래처가 상품을 제대로 인도받지 못함으로 인하여 현금 회수가 지연되고 있음을 나타내는 신호일 수 있다.

과거부터 현재까지의 매출채권회전율을 분석하면 외상 신용 정책과 현금 회수 과정이 개선되었는지 여부를 쉽게 확인할 수 있다. 또한 동일 시점에서 동종업계의 매출채권회전율과 비교함으로써 외상 신용 정책과 현금 회수 과정이 적절한지 여부를 판단할 수 있다.

매출채권회전율 계산 시 분자 값인 '연간 매출액 중 외상으로 판매한 금액'은 재무제표에서 쉽게 찾을 수 없는 경우가 대부분이어서 편의상 '연간 매출액 총액'을 사용하는 경우가 많다. 이 경우 매출채권회전율이 실제보다 과대평가 될 가능성이 있다. 또한, 정보 부족으로 인하여 평균매출채권 금액 대신 기말 매출채권 금액을 사용할 수도 있는데, 이 경우 한 회계기간 동안 평균적으로 유지된 매출채권 금액이 기말 매출채권 금액이라는 가정 하에 계산되므로 매출채권 계정의 금액이 회계기간 중 급격하게 변하거나 계절적인 요인이 있어 주기적으로 변동하는 경우에는 해석에 유의해야 한다.

$$\text{매출채권회전율} = \text{매출액} / \text{매출채권}$$

매출채권회전율과 관계되는 지표로서 매출채권회수기간이 있다. **매출채권회수기간은 판매와 동시에 매출채권으로 설정한 금액이 며칠 만에 회수되었는지의 정도를 나타내주는 지표이다.** 보통 매출채권회수기간을 1년으로 보고 회수기간이 짧으면 현금화 할 수 있는 기간이 짧다는 의미이므로 긍정적이라고 볼 수 있다.

> 매출채권회수기간 = 365 / 매출채권회전율

(2) 총자산회전율

총자본회전율이라고도 하며 총자산 대비 매출액의 정도를 나타낸 비율이다. 총자산회전율은 기업이 보유하고 있는 자산들을 얼마나 잘 활용했는지를 보여주는 지표로서 기업의 총자산이 1년간 몇 번 회전했는지를 보여준다. 총자산회전율이 높으면 유동자산 및 고정자산 등이 효율적으로 잘 이용되고 있다는 의미이며 반대로 낮으면 과잉투자와 같은 비효율적인 투자를 하고 있다는 것을 의미한다.

> 총자산회전율 = 매출액 / 총자산

(3) 자기자본이익률

자기자본이익률(ROE)은 주주의 투자성과를 나타내주는 비율로 경영자가 기업에 투하된 자본을 활용하여 어느 정도의 이익을 올리고 있는가를 보여준다. 따라서 자기자본이익률이 높은 기업은 보유하고 있는 자본을 효율적으로 잘 사용했다는 의미이기 때문에 주가에 긍정적으로 작용하는 경향이 있다. 자기자본이익률의 식은 순이익을 자기자본으로 나눈 뒤 100을 곱한 수치이다. 투입한 자기자본이 얼마만큼의 이익을 냈는지를 나타내는 지표로, '(순이익 ÷ 자기자본) × 100' 의 공식으로 산출된다. 이는 기업이 자기자본(주주지분)을 활용해 1년간 얼마를 벌어들였는가 를 나타내는 대표적인 수익성 지표로, 경영효율성을 표시한다. 만약 ROE가 10%이면 10억 원의 자본을 투자했을 때 1억 원의 이익을 냈다는 것을 보여주며, ROE가 20%이면 10억 원의 자본을 투자했을 때 2억 원의 이익을 냈다는 의미다.

따라서 ROE가 높다는 것은 자기자본에 비해 그만큼 당기순이익을 많이 내 효율적인 영업활동을 했다는 뜻이다. 그렇기 때문에 이 수치가 높은 종목일수록 주식투자자의 투자수익률을 높여준다고 볼 수 있어 투자자 측면에선 이익의 척도가 된다.

일반적으로 ROE가 회사채 수익률보다 높으면 양호한 것으로 평가되며, 적어도 정기예금 금리는 넘어야 적절하다고 볼 수 있다. 즉, 주주(투자자) 입장에서 볼 때 ROE가 시중금리보다 높아야 기업투자의 의미가 있는 것이다. 만약 ROE가 시중금리를 밑돌 경우에는 투자자금을 은행에 예금하는 것이 더 낫다고 할 수 있다.

또 같은 자산으로 사업을 하더라도 자기자본보다 부채가 많을수록 레버리지 효과로 인해 ROE가 높아진다. 그러나 부채를 많이 사용하면 회사가 부도를 낼 위험이 높아지게 되므로 부채비율이 높은 회사의 높은 ROE는 좋은 것이라고 말하기 어렵다. ROE가 비슷한 수준이더라도 회사별로 수익성, 자산의 활동성, 재무위험 등은 다르다.

$$\text{자기자본이익률} = (\text{순이익} / \text{자기자본}) \times 100$$

(4) 주가수익배수

주가수익배수(PER)는 주가를 주당순이익으로 나눈 값으로 1주당 순이익 대비 주가가 몇 배 형성이 되어 있는지를 나타내주는 지표이다. 이전에는 주가수익배수가 높다는 의미는 순이익의 성장에 비해 투자자의 기대감만으로 주가의 성장이 월등히 높다는 의미로 고평가되어있다고 평가를 받았다. 반대로 주가수익배수가 낮다는 의미는 순이익의 성장에 비해 주가가 아직 순이익의 성장만큼 기대치 못하였기 때문에 저평가되어 있다고 평가를 받았다. 하지만 최근에는 주가수익배수가 높으면 투자자들의 관심이 많다고 판단되기 때문에 앞으로 주가의 성장이 더 기대가 되고 반대로 주가수익배수가 낮다면 투자자들의 관심이 없다고 판단되어 주가가 더 하락할 것으로 판단된다. 결론은 기업자체와 기업이 속해있는 산업의 환경 등을 고려하여 주가수익배수를 분석해야 한다.

어떤 투자 상품이든 수익률이 있다. 예금을 들었다면 매년 은행이 주는 이자가 곧 수익률이다. 그럼 주식을 샀다면? 두 가지 수익을 기대할 수 있다. 주식가격이 올라서 얻는 자본이득, 매년 회사가 주주에게 주는 배당금에 따른 이득이 그것이다. 한 번 주식을 사서 아주 오래 보유하려는 투자자가 있다고 하자. 이 사람은 몇 년 안에 주식을 팔 생각이 없기 때문에 두 가지 수익 중 배당금 이득에 아주 관심이 많을 것이다(물론 회사가 망하지 않아야 한다는 고려도 심각하게 할 것이다).

그럼 회사가 배당금을 많이 챙겨주려면 어떤 조건이 필요할까? 우선 이익을 많이 내는 것이 먼저다. 비슷한 가격의 주식이라면 순이익을 많이 내는 주식을 선호할 수밖에 없다는 얘기다. 주가를 순이익으로 나눈 PER이 중요한 이유가 이것이다. 처음 든 예로 돌아가자. 주식가격이 똑같이 만 원인 A, B회사의 순이익이 1주당 각각 1000원, 2000원이다. 순이익이 모두 배당으로 돌아간다면 장기투자자인 당신은 어느 회사를 고를 것인가? 아마 B회사를 고를 것이다. A회사의 PER은 10, B회사의 PER은 5다. A회사 가치가 고평가 됐고, B회사에 가격 메리트가 있다.

그럼 두 회사 주식가격은 잘못된 것일까? 왜 순이익이 적은 A회사 주식가격이 B회사와 같은 상황이 벌어질까. 실제 국내 주식시장을 봐도 이런 상황은 비일비재하다. A회사의 가격이 높은 것은 분명 다른 이유가 작용한 것이다. 물론 그 가격은 일시적인 거품일 수도 있다. 2000년대 초반 닷컴버블이나, 벤처거품에 대한 고평가 논란을 말할 때 빼놓지 않고 등장하는 것이 PER의 수준이 상상 못할 정도로 높았다는 점이다.

그러나 시장가격에는 미래 성장가능성이나 회사의 경쟁력, 일시적인 투자확대에 따른 영향 등도 종합적으로 고려된다. 수익률을 쫓는 투자자들은 어리석지 않다. 여기에 A회사가 대기업으로 보다 안정적인 회사운용을 하거나, 도산의 가능성이 훨씬 적을 수도 있다. 그래서 주당 수익이 적어도 A회사의 주식가격이 B회사와 같다고 생각할 수도 있다. 수익률을 구하는 공식의 역수인 PER은 그래서 그 수치 하나만으로 주식가치의 적정성을 논하기 힘들다. 늘 동종업종, 다른 기업과의 비교가 필수적이다.

> 주가수익배수(PER) = 주가 / 주당순이익

제 2 절   레버리지 분석

기업이 사용하게 되는 자본 중에는 고정적인 현금흐름을 발생시키는 자본들이 있다. 타인자본과 우선주에 의한 자본이 이러한 자본에 속하는데, 타인자본을 사용했을 시 기업은 이에 대한 대가로 고정지급이자를 지급해야 한다. 우선주에 지급되는 우선주 배당금도 고정비용의 성격을 띠게 된다. 이 같은 비용들을 고정재무비용이라고 부른다. 한편, 기업이 보유하고 있는 자산의 이용에서도 고정비용이 발생한다. 예를 들어 어떤 설비를 가동하지 않더라도 발생하는 고정생산비 등이 이에 속한다. 그런데 이 같은 고정비용을 지출하는 기업은 매출의 변화에 따라 손익의 변동폭이 커지게 된다. 즉, 매출액이 증가하는 경우 이익이 큰 폭으로 증가하는 반면 매출액이 감소하는 경우 손실 또한 큰 폭으로 커지게 된다. 이러한 효과를 레버리지 효과라고 부른다.

1   레버리지의 정의

안전성을 추구하는 저축과 달리, 투자에서는 종종 레버리지(leverage) 효과가 발생하게 된다. 영어로 'leverage'란 지렛대를 의미한다. 누구나 아는 바와 같이 지렛대를 이용하면 실제 힘보다 몇 배 무거운 물건을 움직일 수 있다. 금융에서는 실제 가격변동률보다 몇 배 많은 투자수익률이 발생하는 현상을 지렛대에 비유하여 레버리지로 표현한다.

투자에 있어 가격변동률보다 몇 배 많은 투자수익률이 발생하려면, 즉 레버리지 효과가 발생하려면 투자액의 일부가 부채로 조달되어야 한다. 예를 들어, 자신의 자금 100만원으로 10,000원인 주식을 100주 매입한 뒤 주가가 20% 상승한 12,000원에 매도하였다면 거래비용은 무시하고 자기자금 100만원에 대한 투자수익률은 주가변동률과 같은 20%가 될 것이다.

그러나 투자자금 100만원 중에서 60%인 60만원은 대출자금을 사용하였고 나머지 40만원만 자신의 자금이라고 가정하면 투자수익률은 달라진다. 왜냐하면 자기자금은 40만원만 투자하여 총투자액 100만원에 대해 20%인 20만원을 벌었기 때문에 거래비용과 대출자금에 대한 이자를 무시하고 자기자금 40만원에 대한 투자수익률은 50%가 되어 실제 가격변동률 20%의 2.5배가 되고 있다. 물론 가격이 하락하는 경우에도 동일한 논리가 성립한다.

위의 예에서 만일 주가가 10,000원에서 9,000원으로 10% 하락했다고 가정하면, 자기자금 40만원에 대출자금 60만원을 보태서 투자한 경우 총투자액 100만원에 대한 손실액은 10만원이고 따라서 자기자금 40만원에 대한 투자수익률은 −25%가 되어 실제 가격변동률 −10%의 2.5배가 되고 있다. 결과적으로 투자의 레버리지는 총투자액 중 부채의 비중이 커지면(동일한 의미로, 자기자본의 비중이 작아지면) 증가하게 된다. 즉, 다음 공식에 따라 투자의 레버리지를 계산하면 된다.

레버리지 효과는 첫째, 고정영업비의 존재로 인하여 생긴 영업레버리지, 둘째, 고정재무비의 존재로 생기는 재무레버리지, 셋째, 영업레버리지와 재무레버리지를 합친 결합레버리지로 구성된다.

(1) 영업레버리지

기업의 위험은 영업고정비의 비중에 달려있다. 영업고정비의 비중이 큰 사업이라면 매출액이 감소하더라도 비용이 크게 줄지 않기 때문에 영업이익의 감소는 클 것이다. 반면에 매출액이 증가할 때도 비용에 대한 부분은 크게 증가하지 않기 때문에 영업이익의 증가는 커질 수밖에 없다. 따라서 다른 조건이 동일하다면 영업고정비가 큰 비중을 차지할수록 영업이익의 변동성은 더 크다.

이와 같이 총영업비용에서 영업고정비용이 차지하는 비중이 클수록 그 사업은 높은 영업레버리지를 가지고 있다고 말한다. 즉 매출액의 변동률에 대한 영업이익의 변동률의 차이는 영업고정비로 인해 증가되어 나타난다. 이러한 현상은 **영업고정비가 지렛대(leverage)작용을 한 결과와 같으므로 영업고정비로 인해 나타나는 손익의 확대효과를 영업레버리지**라고 한다. 영업레버리지가 큰 사업은 영업이익의 변동이 더 커서 영업위험은 더 많아지게 된다.

영업레버리지의 효과를 측정하는 척도를 영업레버리지도(DOL ; Degree of Operating Leverage)라고 하는데 이는 **매출량 또는 매출액증가율에 대한 영업이익증가율**로 나타낸다.

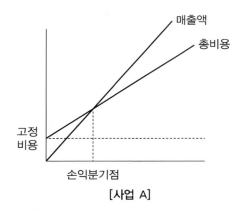

[사업 A]

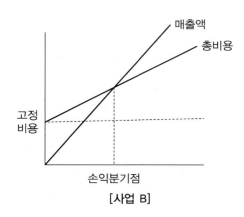

[사업 B]

위 그림은 영업레버리지를 제외하고 모든 것이 동일한 두 가지 사업을 비교하고 있다. 영업고정비가 더 큰 비중을 차지하는 사업 B의 손익분기점이 사업 A에 비해 더 높은데 이는 앞에서 설명한 손익분기점의 공식에 대입해봤을 때 당연한 일이다. 중요한 것은 두 사업이 모두 동일한 매출액을 올리고 있지만 매출액과 총비용 간의 차이는 사업 B가 사업 A에 비해서 훨씬 더 크다는 점을 알 수 있다. 결국 동일한 매출액에도 불구하고 영업레버리지가 더 많은 사업군의 위험이 더 크다는 것을 알 수 있다.

> 영업레버리지도(DOL) = 영업이익증가율 / 매출액증가율

(2) 재무레버리지

재무레버리지란 자산을 획득하기 위해 조달한 자금 중 재무고정비를 수반하는 타인자본이 차지하는 비율을 말한다. 이 경우 재무고정비로 인하여 영업이익의 변동률에 따른 주당이익(EPS)의 변동폭은 확대되어 나타난다. 이러한 손익의 확대현상을 재무레버리지 효과(financial leverage effect)라고 한다.

주당이익의 변동폭이 확대되는 이유는 타인자본조달에 따른 재무고정비가 존재하기 때문이다. 즉, 재무고정비가 차지하는 사업 군이 크다면 영업이익이 감소할 때 이자비용은 줄어들지 않기 때문에 주당이익의 감소는 그만큼 커진다. 반면에 영업이익이 증가할 때에 이자비용이 증가하지 않기 때문에 주당이익의 증가는 커질 수밖에 없다. 따라서 다른 조건이 동일하다면 재무고정비가 클수록 영업이익의 변동에 따른 주당이익의 변동폭은 그 만큼 더 클 수밖에 없다.

다음 그림은 부채를 사용하지 않는 사업 A와 부채를 사용하는 사업 B의 경우 재무레버리지의 결과를 보여주고 있다. 재무레버리지를 제외하고는 모든 것이 동일하지만 영업이익에 따른 주당이익의 변동폭은 사업 A와 B 간에 따라 크게 상이하다. 부채를 이용하는 사업 B의 영업이익이 b 보다 높을 때의 사업 A에 비해 더 높은 주당이익을 올리고 있지만, 영업이익이 b 보다 적을 때는 사업 A에 비해 더 적은 주당이익을 올리고 있다. 이와 같은 결과는 사업 A에 비해 사업 B의 경우 주식 수가 더 적기 때문에 동일한 영업이익에도 불구하고 재무레버리지가 더 큰 사업군이 더 큰 재무위험에 직면한다는 것을 알 수 있다.

재무고정비는 부채뿐만 아니라 우선주 배당도 포함된다. 우선주 배당은 우선주 발행 시 배당률이 이미 정해져있고 보통주에 우선하여 배당이 지급되므로 보통주주의 입장에서는 부채에 대한 지급이자와 함께 고정금융비용에 속한다.

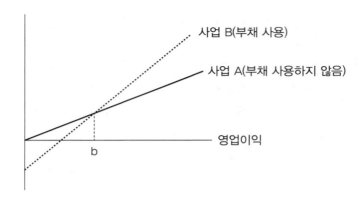

재무레버리지도(DFL ; Degree of Financial Leverage)는 영업이익의 변동에 따른 주당이익(EPS)에 미치는 영향을 분석한 것이다.

> 재무레버리지도(DFL) = 주당이익변동율 / 영업이익변동율

(3) 결합레버리지도

매출액의 변화가 주당이익의 변화에 미치는 효과를 직접 측정하는 척도로써 결합레버리지도(DCL ; Degree of Combined Leverage)가 사용되는데 이는 영업레버리지 효과와 재무레버리지 효과를 결합하여 나타낸다. 이러한 관계를 식으로 나타내면 다음과 같다.

> 결합레버리지도(DCL) = 주당이익변화율 / 매출액변화율

영업고정비의 비중이 클수록(영업레버리지가 클수록) 매출액 변동에 따른 영업이익의 변동은 더 증가하고 부채를 더 많이 사용할수록(재무레버리지가 클수록) 영업이익 변동에 따른 주당이익의 변동은 더 증가한다. 즉, 영업레버리지와 재무레버리지가 모두 큰 사업군이라면 매출액이 조금만 변동해도 주주에게 귀속되는 주당이익의 변동은 대단히 클 수밖에 없다.

레버리지의 개념은 주당이익에 대한 영업고정비 및 부채이용의 영향력을 각각 구분하여 측정하면서도 두 가지가 결합된 효과를 계산할 수 있다는 장점이 있다. 따라서 자동화 설비를 도입에 의한 자금조달(부채)을 고려하고 있는 기업이라면 영업레버리지와 재무레버리지의 다양한 조합을 구성할 수 있고 이들 중에서 최적의 선택을 찾아 낼 수 있을 것이다.

2 레버리지 분석의 활용

(1) 영업레버리지와 영업위험

영업위험은 부채를 사용하지 않는 영업활동과 관련된 위험성으로 영업이익의 분산 내지 불확실성을 의미한다. 영업위험은 다양한 요인에 의해서 영향을 받는데 그 중 하나가 영업레버리지도이다. 다른 조건이 동일하다면 영업레버리지도가 높을수록 영업위험도 높기 때문에 기업이 사용하는 레버리지도는 주주들이 인식하는 위험도에 막대한 영향을 끼칠 수 있다. 영업위험에 영향을 미치는 다른 요인들로는 매출액 변화, 판매가격 변동비의 변화 등을 들 수 있다.

한편 낮은 영업레버리지도를 보유한 기업이라도 판매가격과 변동비의 폭이 심하다면 영업위험이 높게 나타날 것이므로 영업레버리지도는 영업위험을 결정하는 여러 요소들 가운데 하나에 불과하다.

(2) 재무레버리지와 재무위험

재무위험은 타인자본의 증가로 인해 주주들이 추가로 부담해야 하는 순이익의 불확실성을 의미한다. 즉, 재무위험은 부채와 우선주의 재무고정비로 인해 발생하는 주당이익의 추가적인 변동을 의미한다.

재무레버리지도는 이러한 재무위험에 영향을 끼치는 주요 요소 가운데 하나이다. 재무레버리지도의 사용은 보통주주에게 귀속되는 이익의 변동성과 지급불능 가능성을 증가시킨다. 그러므로 다른 조건이 동일하다면 재무레버리지도가 높을수록 재무위험이 크다.

(3) 결합레버리지와 위험

영업고정비와 재무고정비로 인한 매출액 정도의 변동폭과 주당이익의 분산 정도를 측정하는 척도로 결합레버리지도가 사용된다. 결합레버리지도는 영업레버리지도와 재무레버리지도에 의해 결정되므로 상대적으로 높은 영업레버리지도는 재무레버리지도를 감소시킴으로써 상쇄시킬 수 있다. 그러나 기업이 주당이익을 증가시키기 위한 수단으로 영업레버리지도와 재무레버리지도를 사용하는 데는 한계가 있다.

O✕로 점검하자

※ 다음 지문의 내용이 맞으면 O, 틀리면 ✕를 체크하시오. [1~17]

01 현금흐름표는 특정 시점 기업이 현재 보유하고 있는 자산과 부채, 자본에 대한 정보를 구성하는 표를 말한다. (　　)

02 재무상태표 및 대차대조표의 왼쪽(차변)은 자산들이 구성하는데 현금, 매출채권, 재고자산, 유형자산, 무형자산 등으로 이루어져 있다. (　　)

03 재무상태표의 자산은 유형자산과 고정자산으로 구성이 되는데 기업이 운영하는데 있어 장기간 사용 할 목적으로 취득한 자산이다. (　　)

04 순운전자본은 유동자산에서 비유동자산을 차감한 금액으로 일상적인 영업활동에 필요한 자금을 말하며 단기자산의 여력이 얼마나 되는가를 나타내주는 지표이다. (　　)

05 부채비율은 기업이 보유하고 있는 자산 중 부채가 얼마정도 차지하고 있는가를 나타내는 비율로서 기업의 재무구조상 타인자본의존도를 나타내는 지표이다. (　　)

06 유동비율은 유동자산을 유동부채로 나눈 값으로 기업의 단기지급능력을 나타내는 비율이다. (　　)

07 주가를 주당순자산가치(BPS)로 나눈 비율로서 주가와 1주당 순자산가치를 비교한 수치이다. (　　)

정답과 해설　01 ✕　02 O　03 ✕　04 ✕　05 O　06 O　07 O

01 재무상태표(대차대조표)에 관한 내용이다. 재무상태표의 왼쪽(차변)은 자산의 형태를 말하며 오른쪽(대변)은 부채 및 자본의 형태를 나타낸다. 자산은 기업이 현재까지 보유하고 있는 자산을 말하며 부채 및 자본은 기업이 필요한 소요자금을 채권자와 주주로부터 조달한 자금이다.

03 고정자산이 아닌 무형자산이다. 유형자산과 무형자산을 잘 활용해 미래 기업가치를 상승시키는 요인으로 작용한다. 건물, 기계, 설비와 같은 유형자산과 특허와 같은 무형자산은 매년 감가상각에 따라 금액이 줄어드는데 실제 현금이 지출되지는 않는다. 감가상각의 비용을 처리하는 식인 정액법과 정률법 등 여러 가지 식에 의해서 장부상의 비용으로 처리된다.

04 유동자산에서 유동부채를 차감한 금액이다.

08 손익계산서는 수익과 비용 그리고 이익을 보여주는, 즉 기업의 안정성을 나타내는 지표이다. (   )

09 총자본이익률(ROI)은 순이익을 총자본으로 나눈 값으로 투하된 자본금 대비 순이익의 정도를 나타내는 지표이다. (   )

10 자기자본이익률(ROE)은 채권자의 투자성과를 나타내주는 비율로 경영자가 기업에 투하된 자본을 활용하여 어느 정도의 이익을 올리고 있는가를 보여준다. (   )

11 타인자본을 사용했을 시 기업은 이에 대한 대가로 고정지급이자를 지급하지 않아도 된다. (   )

12 레버리지 효과는 크게 영업레버리지, 재무레버리지 그리고 이자레버리지로 구성된다.
(   )

13 매출액의 변동률에 대한 영업이익의 변동률의 차이는 영업고정비로 인해 증가되어 나타난다. (   )

14 영업고정비로 인해 나타나는 손익의 확대효과를 영업레버리지라고 한다. (   )

15 영업레버리지의 효과를 측정하는 척도를 영업레버리지도라 하는데, 이는 매출량 또는 매출액증가율에 대한 영업이익증가율로 나타낸다. (   )

정답과 해설   08 ✕   09 ○   10 ✕   11 ✕   12 ✕   13 ○   14 ○   15 ○

08 안정성이 아닌 성장성을 보여주는 지표이다. 손익계산서 혹은 포괄손익계산서는 특정 기간 기업의 경영성과를 나타내주는 지표이다.
10 채권자가 아닌 주주의 투자성과를 나타내는 비율이다.
11 타인자본 사용 시 대가로 이자를 지급해야 한다.
12 고정영업비의 존재로 인하여 생긴 영업레버리지, 고정재무비의 존재로 생기는 재무레버리지, 그리고 영업레버리지와 재무레버리지를 합친 결합레버리지로 구성된다.

16 재무레버리지란 자산을 획득하기 위해 조달한 자금 중 재무고정비를 수반하는 자기자본이 차지하는 비율을 말한다. (   )

17 매출액의 변화가 주당이익의 변화에 미치는 효과를 직접 측정하는 척도로써 결합레버리지도(DCL ; Degree of Combined Leverage)가 사용되는데 이는 영업레버리지 효과와 재무레버리지 효과를 결합하여 나타낸다. (   )

정답과 해설   16 ✕   17 ○

16 재무고정비를 수반하는 타인자본이 차지하는 비율을 말한다.

실전예상문제

01 다음 중 재무상태표(대차대조표)에 관한 설명으로 옳지 <u>않은</u> 것은?

① 재무상태표 혹은 대차대조표는 특정 시점 기업이 현재 보유하고 있는 자산과 부채, 자본에 대한 정보를 구성하는 표를 말한다.

② 재무상태표의 왼쪽(차변)은 자산의 형태를 말하며 오른쪽(대변)은 부채 및 자본의 형태를 나타낸다.

③ 자산은 기업이 현재까지 보유하고 있는 자산을 말하며 부채 및 자본은 기업이 필요한 소요 자금을 채권자와 주주로부터 조달한 자금이다.

④ 재무상태표 및 대차대조표의 식은 자본(자기자본) = 부채(타인자본) + 자산으로 성립된다.

01 자산 = 부채(타인자본) + 자본(자기자본)으로 성립된다.

02 다음 중 자산에 관한 설명으로 옳은 것은?

① 재무상태표 및 대차대조표의 오른쪽(대변)은 자산들로 구성되어 있다.

② 현금, 매출채권, 재고자산, 유형자산, 무형자산 등으로 이루어져 있다.

③ 현금, 매출채권, 재고자산 등을 비유동자산이라고 말하며 보통 1년 안에 현금화 할 수 있는 자산을 일컫는다.

④ 물리적 형태는 없으나 미래에 경영상 이윤을 창출할 수 있는 자산을 유형자산이라고 말한다.

02 ① 오른쪽(대변) 아니라 왼쪽(차변)이다.
③ 유동자산에 관한 설명이다. 비유동자산은 부동산, 기계 등과 같이 단기간에 현금화 할 수 없이 장기간 보유하는 자산이다.
④ 무형자산에 관한 설명이다. 유형자산은 토지, 건물, 기계 등 기업의 영업목적을 달성하기 위한 목적으로 보유하고 있는 자산이다.

정답 01 ④ 02 ②

안심Touch

03 채권자와는 반대로 주주에게는 약속된 금액을 반드시 상환해야 할 의무가 없다.

03 다음 중 부채와 자기자본에 관한 설명으로 옳지 않은 것은?

① 주주에게는 미래의 일정 기간에 걸쳐 약속된 금액을 반드시 상환해야 할 의무가 있다.
② 채권자에게는 반드시 자본조달의 대가로 약속된 금액을 일정기간에 걸쳐 상환해야 할 의무가 있다.
③ 기업이 청산을 할 경우 채권자의 몫을 먼저 상환해주고 후에 남은 기업가치에 대해서 주주의 몫을 할당받는다.
④ 자기자본 = 자산 − 부채와 같은 식이 성립된다.

04 ① 유형자산과 무형자산으로 구성된다.
② 타인자본의 가치와 자기자본의 가치(시가총액)의 합이다.
④ 장기자산이 아닌 단기자산의 여력을 말한다.

04 다음 중 재무상태표 분석에 관한 설명으로 옳은 것은?

① 재무상태표의 자산은 유형자산과 부채로 구성된다.
② 기업가치의 의미는 타인자본의 가치와 자산의 합으로 평가된다.
③ 시장에서 평가되는 기업가치[주주가치(시가총액) + 채권자가치]에서 현금을 차감해주면 시장가치가 된다.
④ 순운전자본은 유동자산에서 유동부채를 차감한 금액으로 장기자산의 여력이 얼마나 되는가를 나타내주는 지표이다.

05 ② 자기자본을 발행주식수로 나누어 계산한다.
③ 성장성이 아닌 안정성을 보여주는 지표이다.
④ 채권자가 아닌 주주가 배당받을 수 있는 자산의 가치를 의미한다.

05 다음 중 주가순자산비율(PBR)에 관한 설명으로 옳은 것은?

① 주가를 주당순자산가치(BPS)로 나눈 비율로서 주가와 1주당 순자산가치를 비교한 수치이다.
② 주당순자산가치는 자기자본을 자산으로 나누어 계산한다.
③ 주가순자산비율(PBR)은 재무회계상 주가를 판단하는 기준표로서 성장성을 보여주는 지표이다.
④ 기업 청산 시 채권자가 배당받을 수 있는 자산의 가치를 의미하며 PBR 1을 기준으로 한다.

정답 03 ① 04 ③ 05 ①

06 다음 중 손익계산서의 구성에 관한 설명으로 옳지 <u>않은</u> 것은?

① 손익계산서 혹은 포괄손익계산서는 특정 기간 기업의 경영성과를 나타내주는 지표로서 기업의 성장성을 나타내는 지표이다.

② 자기자본이익률(ROE)은 순이익을 총자본으로 나눈 값으로 투하된 자본금 대비 순이익의 정도를 나타내는 지표이다.

③ 이자보상비율은 기업의 채무상환능력을 나타내는 지표로 이자비용 대비 영업이익의 정도를 나타낸다.

④ 이자보상비율이 높을수록 채무상환능력이 우수한 것으로 판단한다.

06 자기자본이익률(ROE)이 아닌 총자본이익률(ROI)에 관한 설명이다. 기업에 투하·운용된 총자본이 어느 정도의 수익을 냈는가를 나타내는 지표로서 순이익을 총자본으로 나누어 산출하며 수익성 분석의 대표적 비율이다.

07 다음 중 활동성비율에 관한 설명으로 옳은 것은?

① 활동성비율은 기업이 소유하고 있는 자본들을 얼마나 잘 효율적으로 사용하고 있는지를 나타내는 지표이다.

② 총자산회전율은 매출액을 매출채권으로 나눈 값으로 영업활동으로 인해 매출채권이 얼마만큼 현금화되어 매출액으로 이어졌는지의 회전수를 나타낸 비율이다.

③ 총자산 대비 매출액의 정도를 나타낸 비율을 매출채권회전율이라고 한다.

④ 자기자본이익률(ROE)은 주주의 투자성과를 나타내주는 비율로 경영자가 기업에 투하된 자본을 활용하여 어느 정도의 이익을 올리고 있는가를 보여준다.

07 ① 자본이 아닌 자산이다.
② 총자산회전율이 아닌 매출채권회전율에 관한 설명이다.
③ 매출채권회전율이 아닌 총자산회전율에 관한 설명이다.

정답 06 ② 07 ④

08 우선주에 지급되는 우선주 배당금은 고정비용의 성격을 띠게 된다.

09 영업레버리지가 큰 사업일수록 영업 이익의 변동이 더 커져 영업위험이 더 많아지게 된다.

10 ① 자기자본이 아닌 타인자본이 차지하는 비율이다.
② 주당순자산이 아닌 주당순이익의 변동폭이 확대되어 나타난다.
③ 보통주배당이 아닌 우선주배당이다.

08 다음 중 레버리지에 관한 설명으로 옳지 <u>않은</u> 것은?

① 레버리지는 지렛대에서 파생된 용어를 의미한다.
② 영업레버리지와 재무레버리지, 결합레버리지로 구성된다.
③ 타인자본을 사용했을 시 기업은 이에 대한 대가로 고정지급이자를 지급해야 한다.
④ 우선주에 지급되는 우선주 배당금은 이자비용의 성격을 띠게 된다.

09 다음 중 영업레버리지와 관련된 설명으로 옳지 <u>않은</u> 것은?

① 총영업비에서 영업고정비가 차지하는 비중을 말한다.
② 매출액의 변동률에 대한 영업이익의 변동률의 차이는 영업고정비의 확대로 나타낸다.
③ 영업레버리지의 효과를 측정하는 척도를 영업레버리지도라고 한다.
④ 영업레버리지가 큰 사업은 영업이익의 변동이 더 작아져서 영업위험은 더 축소된다.

10 다음 중 재무레버리지와 관련된 설명으로 옳은 것은?

① 재무레버리지란 자산을 획득하기 위해 조달한 자금 중 재무고정비를 수반하는 자기자본이 차지하는 비율을 말한다.
② 재무고정비로 인하여 영업이익의 변동률에 따른 주당순자산(BPS)의 변동폭은 확대되어 나타난다.
③ 재무고정비는 부채뿐만 아니라 보통주배당도 포함된다.
④ 재무레버리지도(DFL ; Degree of Financial Leverage)는 영업이익의 변동에 따른 주당이익(EPS)에 미치는 영향을 분석한 것이다.

정답 08 ④ 09 ④ 10 ④

11 다음 중 결합레버리지도에 관한 설명으로 옳지 <u>않은</u> 것은?

① 매출액의 변화가 주당이익의 변화에 미치는 효과를 직접 측정하는 척도로써 결합레버리지도(DCL ; Degree of Combined Leverage)가 사용된다.

② 영업레버리지 효과와 재무레버리지 효과를 결합하여 나타낸다.

③ 영업고정비의 비중이 작을수록(영업레버리지가 작을수록) 매출액 변동에 따른 영업이익의 변동은 더 증가한다.

④ 영업레버리지와 재무레버리지가 모두 큰 사업 군이라면 매출액이 조금만 변동해도 주주에게 귀속되는 주당이익의 변동은 크다.

11 영업고정비의 비중이 클수록(영업레버리지가 클수록) 매출액 변동에 따른 영업이익의 변동은 더 증가한다.

12 레버리지 분석의 활용에 관한 설명 중 옳은 것은?

① 재무위험은 부채를 사용하지 않는 재무활동과 관련된 위험성으로 영업이익의 분산 내지 불확실성을 의미한다.

② 다른 조건이 동일하다면 영업레버리지도가 높을수록 영업위험은 낮아진다.

③ 영업위험은 타인자본의 증가로 인해 주주들이 추가로 부담해야 하는 순이익의 불확실성을 의미한다.

④ 영업고정비와 재무고정비로 인한 매출액 정도의 변동폭과 주당이익의 분산정도를 측정하는 척도로 결합레버리지도가 사용된다.

12 ① 재무위험이 아닌 영업위험에 관한 설명이다.
② 영업레버리지도가 높을수록 영업위험은 높아진다.
③ 영업위험이 아닌 재무위험에 관한 설명이다.

정답 11 ③   12 ④

안심Touch

13 총영업비용에서 영업고정비용이 차지하는 비중이 클수록 그 사업은 높은 영업레버리지를 가지고 있다고 말한다. 즉 매출액의 변동률에 대한 영업이익의 변동률의 차이는 영업고정비로 인해 증가되어 나타난다. 영업레버리지가 큰 사업은 영업이익의 변동이 더 커서 영업위험은 더 많아지게 된다.

14
- 재무레버리지도(DFL)
  = 영업이익 / (영업이익 − 이자비용)
  = 40 / (40 − 30) = 4
- 영업레버리지도(DOL)
  = (매출액 − 영업변동비) / (매출액 − 영업변동비 − 영업고정비)
  = (100 − 30) / (100 − 30 − 30)
  = 1.75
- 결합레버리지도(DCL)
  = 영업레버리지도 × 재무레버리지도
  = 4 × 1.75 = 7

---

13 다음 빈칸에 알맞은 말을 넣으시오.

> 영업고정비가 (A) 작용을 한 결과와 같으므로 (B)로 인해 나타나는 손익의 확대효과를 (C)라고 한다.

	A	B	C
①	영업레버리지	영업고정비	지렛대
②	지렛대	영업레버리지	영업레버리지
③	지렛대	영업고정비	영업레버리지
④	영업고정비	지렛대	영업레버리지

14 다음 표를 이용하여 재무레버리지도와 결합레버리지도를 구하시오.

매출액	100
변동비	30
고정비	30
영업이익	40
이자비용	30
법인세차감전이익	10

① 3
② 7
③ 9
④ 10

정답 13 ③ 14 ②

주관식 문제

01 자산에 관한 특징 3가지를 언급하시오.

02 재무상태표에서 부채와 자기자본에 관한 내용을 서술하시오.

03 주가순자산비율(PBR)에 관한 내용을 서술하시오.

01

정답 ① 재무상태표 및 대차대조표의 왼쪽(차변)은 자산들이 구성하는데 현금, 매출채권, 재고자산, 유형자산, 무형자산 등으로 이루어져 있다.

② 현금, 매출채권, 재고자산 등을 유동자산이라고 말하며 보통 1년 안에 현금화 할 수 있는 자산을 일컫는다.

③ 부동산이나 기계 등과 같이 1년 안에 현금화 할 수 없는 자산들을 비유동자산이라고 말하고 물리적 형태는 없으나 미래에 경영상 이윤을 창출할 수 있는 자산을 무형자산이라고 말하며 특허와 영업권 등이 대표적인 무형자산이다.

02

정답 오른쪽(대변)은 부채와 자본을 나타내는데 앞에서 언급했듯이 부채(채권자)가 자본(주주)에 우선시하기 때문에 부채를 먼저 구성하며 그 중에서도 매입채무, 단기차입금, 미지급비용, 사채, 장기차입급 등의 순으로 구성이 된다. 그리고 자본구성에 있어서 우선주와 보통주, 잉여금의 순으로 구성이 된다. 또한 자산에서 부채를 차감한 것이 자기자본이다.

03

정답 주가를 주당순자산가치(BPS)로 나눈 비율로서 주가와 1주당 순자산가치를 비교한 수치이다. 주당순자산가치는 자기자본을 발행주식 수로 나누어 계산한다. 주가순자산비율(PBR)은 재무회계상 주가를 판단하는 기준표로서 사용이 되며 투자자에게는 기업이 존속하는데 있어 얼마나 안정성이 있는가를 보여주는 지표이다. 또한 기업 청산 시 주주가 배당받을 수 있는 자산의 가치를 의미하며 PBR 1을 기준으로 한다.

안심Touch

04

정답 자기자본이익률(ROE)은 주주의 투자성과를 나타내주는 비율로 경영자가 기업에 투하된 자본을 활용하여 어느 정도의 이익을 올리고 있는가를 보여준다. 따라서 자기자본이익률이 높은 기업은 보유하고 있는 자본을 효율적으로 잘 사용했다는 의미이기 때문에 주가에 긍정적으로 작용하는 경향이 있다. 자기자본이익률의 식은 순이익을 자기자본으로 나눈 뒤 100을 곱한 수치이다.

05

정답 A: 자산, B: 자본조달, C: 유형자산, D: 무형자산

해설 유형자산과 무형자산을 잘 활용해 미래 기업가치를 상승시키는 요인으로 작용한다. 건물, 기계, 설비와 같은 유형자산과 특허와 같은 무형자산은 매년 감가상각에 따라 금액이 줄어드는데 실제 현금이 지출되지는 않는다. 감가상각의 비용을 처리하는 식인 정액법과 정률법 등등 여러 가지 식에 의해서 장부상의 비용으로 처리된다.

04 자기자본이익률(ROE)에 관한 내용을 서술하시오.

05 다음 빈칸에 알맞은 말을 넣으시오.

재무상태표의 왼쪽(차변)은 (A)의 구성을 나타내며 투자활동인 (B)의 결과물이다. 재무상태표의 자산은 (C)과 (D)으로 구성이 되는데 기업이 운영하는데 있어 장기간 사용할 목적으로 취득한 자산이다.

06 다음 빈칸에 알맞은 말을 넣으시오.

> 주가수익배수(PER)는 (A)를 (B)으로 나눈 값으로 1주 당 순이익 대비 주가가 몇 배 형성이 되어 있는지를 나타내주 는 지표이다.

06

정답 A : 주가, B : 주당순이익

해설 주가수익배수(PER)는 주식을 평가할 때 저평가 혹은 고평가 되었는지의 여부를 판단하기 위한 지표로 사용 이 된다. 주가수익배수가 높다는 의 미는 순이익의 성장에 비해 투자자 의 기대감만으로 주가의 성장이 월 등히 높다는 의미로 고평가되어 있 다고 평가를 받았다. 반대로 주가수 익배수가 낮다는 의미는 순이익의 성장에 비해 주가가 아직 순이익의 성장만큼 기대치에 미치지 못하였기 때문에 저평가되어 있다고 평가한다.

07 레버리지에 관한 3가지를 설명하시오.

07

정답 ① 고정영업비의 존재로 인하여 생 긴 영업레버리지
② 고정재무비의 존재로 생기는 재 무레버리지
③ 영업레버리지와 재무레버리지를 합친 결합레버리지로 구성된다.

08 영업레버리지도(DOL ; Degree of Operating Leverage)에 관한 설명과 식을 기술하시오.

08

정답 영업레버리지의 효과를 측정하는 척 도를 영업레버리지도(DOL)라고 하 는데 이는 매출량 또는 매출액증가 율에 대한 영업이익증가율로 나타낸 다. 계산식 : 영업레버리지(DOL) = 영업이익증가율 / 매출액증가율

안심Touch

09

정답 재무레버리지도(DFL)는 영업이익의 변동에 따른 주당이익(EPS)에 미치는 영향을 분석한 것이다.
계산식 : 재무레버리지(DFL) = 주당이익변동율 / 영업이익변동율

09 재무레버리지도(DFL ; Degree of Financial Leverage)에 관한 설명과 식을 기술하시오.

10

정답 매출액의 변화가 주당이익의 변화에 미치는 효과를 직접 측정하는 척도로써 결합레버리지도(DCL)가 사용되는데 이는 영업레버리지 효과와 재무레버리지 효과를 결합하여 나타낸다.
계산식 : 결합레버리지(DCL) = 주당이익변화율 / 매출량변화율

10 결합레버리지도(DCL ; Degree of Combined Leverage)에 관한 설명과 식을 기술하시오.

11

정답 DOL(4) × DFL(3) = 12
즉, 12% 증가한다.

11 (주)시대고시의 DOL은 4이고 DFL은 3이다. (주)시대고시의 매출액이 1% 증가하면 주당순이익(EPS)의 변화는 어떻게 되는가?

제 **3** 장

재무관리의 기초이론

I wish you the best of luck!

시대에듀

www.**sdedu**.co.kr

자격증 · 공무원 · 취업까지
BEST 온라인 강의 제공

(주)시대고시기획
(주)시대교육

www.**sidaegosi**.com

시험정보 · 자료실 · 이벤트
합격을 위한 최고의 선택

제3장 재무관리의 기초이론

제 1 절 **화폐의 시간가치**

기업의 재무의사결정은 현재 투자활동 및 자금조달활동으로 인해 이루어지지만 이로 인한 수익창출은 미래의 어느 시점에서 이루어진다. 소비자들은 미래의 불확실한 현금보다는 현재의 소비를 더 선호하는데 이를 유동성 선호라고 한다. 소비자들이 현재의 소비를 선호하는 경우는 몇 가지 요인이 있다.

첫째, 소비자들은 **시차선호**로 인해 현재의 소비를 더 선호한다. 즉 인간의 생명은 유한하기 때문에 현재의 소비를 더 선호한다. 둘째, 인플레이션에 따른 **구매력 감소**로 인해 현재의 소비를 더 선호한다. 셋째, **현재의 재투자**로 인하여 수익을 극대화 할 수 있다. 넷째, 미래의 **불확실성**으로 인한 위험 때문에 현재의 소비를 더 선호하게 된다.

이와 같이 서로 다른 시점에서 발생하는 현금흐름은 같은 금액이라도 발생되는 시점에 따라 서로 다른 가치를 갖게 되는데 이를 화폐의 시간가치(time value of money)라고 한다. 소비자들은 유동성선호를 반영하여 화폐의 시간가치를 판단하는 기준으로 시장이자율을 사용하는데, 시장이자율은 다른 화폐의 가치를 비교하는 수단으로 사용이 된다. 따라서 시장이자율은 앞에서 언급한 시차선호, 인플레이션, 재투자 기회, 미래의 불확실성으로 인한 위험 등을 고려하여 결정된다. 예를 들어 어느 기업이 자금조달 및 투자활동을 했을 시 기업내부로 유입되는 현금흐름과 외부로 유출되는 현금흐름의 가치의 발생시기가 다르기 때문에 이들을 동일 시점의 가치로 환산해주어야 한다.

1 현재가치

현가라고도 하며 미래의 특정 기간에 발생할 현금흐름을 현재 시점의 가치로 환산한 것을 현재가치(PV ; Present Value)라고 한다. 이러한 계산법을 할인현금흐름모형이라고 한다. 예를 들어 1년 적금의 이자율이 10%라고 가정하고 현재 10,000원을 적금으로 넣어둔다면 미래에는 11,000원을 얻을 수 있다. 이러한 현재가치는 11,000 / (1 + 이자율)의 식으로 계산할 수 있다. 기간에 관계없이 이자율이 r로 일정하다고 가정하고, 시점 t에서 발생하는 현금흐름을 CF_t (t = 1, 2 … n)라고 할 때 현가모형은 다음과 같다.

$$PV(\text{현재가치}) = \frac{CF_1}{(1+r)} + \frac{CF_2}{(1+r)^2} + \cdots + \frac{CF_n}{(1+r)^n}$$

따라서 기간에 따라 이자율이 상이할 경우 적용되는 현금흐름의 할인율도 달라진다.

2 위험-수익의 상충관계

투자자들은 미래의 불확실한 1원보다는 현재의 확실한 1원을 더 선호한다. 위험회피형 투자자들은 미래의 불확실성에 대한 위험부담을 요구하게 되는데 이를 위험프리미엄(risk premium)이라고 한다. 위험프리미엄은 위험이 클수록 또 위험회피성향이 강할수록 증가하게 되며 위험회피 정도에 따라 위험프리미엄도 상이하다. 특히 금융자산으로부터의 기대수익률은 시장상황을 반영한 명목이자율과 위험프리미엄의 합으로 결정된다. 따라서 위험프리미엄이 다르기 때문에 금융자산들의 수익률도 서로 다른 것이다. 위험프리미엄에 따른 기대수익률을 식으로 나타내면 다음과 같다.

$$E(r_i) = r_f + \alpha_i \quad (\text{단, } \alpha_i > 0)$$

여기서 $E(r_i)$는 개별위험자산에 대한 기대수익률을, r_f는 무위험이자율을 나타낸다. α_i는 개별자산에 대한 위험프리미엄을 나타내며 위험이 커질수록 증가한다. 이러한 관계를 위험-수익의 상충관계라고 하며 위험을 높이면 수익률도 높게 요구할 수 있고 위험을 낮추면 그만큼 수익률도 낮게 요구한다.

3 순현가

투자안에 대한 의사결정을 내릴 때 투자안을 평가하는 여러 방법 중 가장 많이 쓰이는 것이 순현가법(NPV ; Net Present Value)이다. 순현가법은 투자안의 순현가를 계산하여 양(+)일 경우 투자안을 채택하고, 음(-)일 경우에는 기각한다. 순현가는 투자안으로부터 예상되는 미래현금흐름을 적정할인율로 할인하여 현재가치를 계산하고 투자비용을 차감하면서 정의된다.

$$
\begin{aligned}
NPV(\text{투자안}) &= PV(\text{투자안}) - \text{투자비용} \\
&= \frac{E(CF_1)}{(1+k)} + \frac{E(CF_2)}{(1+k)^2} + \cdots + \frac{E(CF_n)}{(1+k)^n} - \text{투자비용}
\end{aligned}
$$

NPV가 양이냐 음이냐는 단순히 투자 결정 기준만을 의미하는 것이 아니다. 이것은 투자 결정 기준 뿐만 아니라 차익거래 기회가 존재하는지, 하지 않는지도 의미한다. 예를 들어 투자안 A와 동일한 현금흐름을 가지는 금융자산 포트폴리오를 구성할 수 있을 때, 포트폴리오를 구성하는데 드는 비용이 18.08억이라고 하자. 그리고 투자안 A의 투자비용이 15억이라고 하면 투자안 A는 과소평가 된 것이다. 그리고 실제로 투자안 A의 NPV를 구해보면 18.08억 − 15억인 3.08억이 나온다. 따라서 NPV는 차익거래의 기회가 존재하는지에 대한 유무를 나타낸다고 할 수 있다.

4 할인율

현재가치(PV)를 계산할 때 미래현금흐름이 정해졌다면 할인현금흐름모형을 이용하여 현재가치를 계산하면 되지만 투자안에서 발생하는 현금흐름은 대부분이 불확실하기 때문에 기대현금흐름과 위험을 반영한 할인율을 사용한다. 할인율은 자본기회비용으로 기업이 현재 추진하려고 하는 사업대신 위험이 같은 다른 사업을 추진하였을 때 기대할 수 있는 수익률이다. **위험이 같은 사업안에 대해 투자자들이 기대하는 수익률과 일치할 것이기 때문에 기대수익률(expected rate of return) 또는 요구수익률(required rate of return)이라고 부른다.** 따라서 기업이 자금조달활동을 하기 위해선 투자자의 요구수익률을 제공해야 하기 때문에 사업안의 할인율은 자본비용의 의미를 가지기도 한다. **할인율과 현재가치는 서로 반비례 관계이기 때문에 할인율이 높아질수록 현재가치는 감소하게 되며, 반대로 낮아질수록 현재가치는 증가한다.** 이러한 할인율과 현재가치의 상관관계는 이자율 변동에 따른 채권가격의 변동에서 확인할 수 있다. 채권은 매매시점의 현재가치로 채권가격이 결정되기 때문에 이자율이 하락하면 채권가격은 상승하고 반대로 이자율이 상승하면 채권가격은 하락하는 역의 관계를 갖는다.

할인율은 추정에 있어 주관적 판단이 포함된다는 한계점이 있지만, 현재가치를 추정함에 있어 매우 중요한 변수로 실무에서 투자가치 평가나 공정가치 평가 등을 위해 널리 활용되는 개념이다. 특히, 중앙은행이 시중은행으로부터 어음을 매입할 때 적용하는 할인율은 정부의 통화공급정책 수단으로 이용되며, 이 경우 재할인율 또는 공정할인율로 구분하여 부른다.

5 내부수익률

내부수익률(IRR ; Internal Rate of Return)은 새로운 사업안(투자안)에 소요되는 유출금액의 현재가치가 그 사업안으로부터 기대되는 현금유입액의 현재 가치와 동일하게 만드는 할인율이다. 즉 미래의 현금 유입액이 현재의 투자가치와 동일하게 되는 수익률이다. 어떤 새로운 투자안에서 발생하는 비용과 편익의 흐름이 있을 때 해당 투자안의 현재가치를 '0'으로 만드는 할인율을 내부수익률

(IRR)이라고 한다. 내부수익률은 시장이자율과 비교하여 투자안을 채택 혹은 기각을 결정하는데 내부수익률이 시장이자율보다 높다면 투자할 가치가 있다고 판단하여 투자안을 채택하며, 반대로 시장이자율보다 낮으면 기각한다.

예를 들어 어떤 투자의 내부수익률이 9%라면 이것은 투자의 원금이 내용연수까지 계속 9%의 복리로 성장하는 자본의 복리증가율과 같은 의미를 갖는다. IRR은 프로젝트의 퍼실리티 평가기준의 하나로서 편익비용비율이나 순현재평가치 등과 같이 프로젝트의 경제분석과 재무분석에 이용되는 방법의 한 종류이다.

재무분석은 프로젝트의 실시에 의한 수익과 자본지출 등 현금수지의 산출과 투입의 흐름과 함께 현금수지의 패턴(cash flow)에 대한 분석과 대비하며, 경제분석은 경제적 가치를 지닌 재화와 서비스의 발생(편익)이나 사용(비용)의 패턴에 대한 분석이지만, IRR은 프로젝트의 전 기간 중에 발생한 수익이나 편익의 현재가치와 비용 총계의 현재가치의 차(순현재가치)를 영(zero)으로 하는 할인율을 뜻한다. IRR은 프로젝트의 수익성을 재는 유익한 척도이고, 몇 개의 프로젝트에 순위를 붙이면 우수한 지표가 된다. IRR이 높으면 수익이 높게 표시된다.

제 2 절 채권과 주식의 가치평가

채권(bond)은 정부와 기업이 자금조달을 위해 발행하는 증서로서 일정 시점에 약속된 금액(원금 + 이자)상환을 목적으로 발행의 주체자에 따라서 국·공채, 회사채, 특수채로 구분이 된다. 채권은 상환기간이 정해져 있는 기한부 증권이며 대체로 안정성이 높은 것이 특징이다. 또한 이자율에 따른 이자수익과 시세차익에 따른 자본수익을 얻을 수 있으며 현금화 할 수 있는 유동성이 크다. 국·공채는 국가나 지방자치단체가 재정적자 및 새로운 사업의 투자를 위한 자금조달의 수단이다. 우리나라에서 거래되는 국·공채는 국고채, 지방채, 통안채 등이 있다.

회사채는 일반 사기업이 특정 다수인 및 불특정 다수인으로부터 자금조달을 위한 채권이다. 특수채는 특별한 법률에 의해 설립된 법인이 자금조달을 위해 발행하는 채권을 말한다. 재무관리에서는 주로 회사채를 다루지만 국고채 및 특수채도 자금조달을 위한 채권이면서 회사채와 유사한 채권가격결정이 적용되므로 알아두어야만 한다.

채권을 발행한 기관은 채무자, 그 소유자는 채권자가 된다. 채권을 발행하는 채무자 입장에서는 비교적 거액의 자금을 일시에 조달할 수 있다는 장점이 있다. 채권을 소유한 채권자는 자본증권 가운데서 원금은 물론 이자를 받을 수 있다. 따라서 채권은 일정한 기간 후에 얼마의 이익을 얻을 수 있는가 하는 수익성과 원금과 이자를 확실하게 받을 수 있는가 하는 안정성, 중도에 돈이 필요할 때 현금화 가능 여부인 유동성이 골고루 갖추어져 있는 특성이 있다. 그러나 주식과는 달리 그 소유자가 회사 경영에 참여할 수 없다. 일반 차용증서와는 달리 채권은 몇 가지 법적 제약과 보호를 받게 된다.

첫째, 채권을 발행할 수 있는 주체가 법률로써 정해진다. 일반적으로 정부, 공공기관, 특수법인과 상법상의 주식회사 등이 채권을 발행할 수 있다. 둘째, 발행자격이 있더라도 채권을 발행하기 위해서 정부는 국회의 동의를 받아야 하고, 회사는 금융감독원에 유가증권신고서를 미리 제출하여야 한다. 셋째. 채권은 어음, 수표 등과 달리 유통시장에서 자유로운 거래가 가능하다. 발행주체에 따라 채권은 국채, 지방채, 특수채, 금융채 및 회사채 등으로 나눌 수 있다.

국채란 국가가 발행하는 채권으로 국고채권, 재정증권, 국민주택채권 등이 있고 지방채는 지방자치단체에서 발행하는 채권으로 지역개발공채, 도시철도채권, 상수도공채, 도로공채 등이 있다. 특수채는 특별법에 의해 설립된 특별법인이 발행한 채권으로 토지개발채, 전력공사채 등이 있고 금융채는 특수채 중 발행주체가 은행인 채권으로 통화안정증권, 산업금융증권, 중소기업금융채 등이 있다. 회사채는 주식회사가 발행하는 채권으로 보증사채, 무보증사채, 담보부사채, 전환사채, 신주인수권부사채 등이 있다.

또한 채권은 상환기간에 따라 단기채, 중기채, 장기채로 나눌 수 있다. 단기채는 상환기간이 1년 이하인 채권으로 통화안정증권, 재정증권 등이 있으며, 중기채는 상환기간이 1년~5년 미만인 채권으로 국고채, 회사채 등이 있다. 상환기간이 5년 이상인 채권은 장기채로 국민주택채권, 도시철도채권 등이 여기에 속한다.

채권은 지급이자율의 변동여부에 따라 확정금리부채권과 금리연동부채권으로 나눌 수 있다. 확정이자율에 의한 일정 금액을 약정기일에 지급하는 것이 확정금리부채권이고 대부분의 국공채와 회사채가 여기에 해당한다. 금리연동부채권은 정기예금금리 등 기준금리에 연동되어 지급이자율이 변동되는 조건의 채권으로 산업금융채권(산금채), 장기채 등 일부 금융채와 회사채가 이에 해당한다.

1 채권의 분류

마지막 기에 채권의 이자와 원금(액면가)을 지급하기로 한 날을 만기일(maturity date)이라고 한다. 우리나라 국·공채의 경우 통상 만기일이 1년~5년 정도였으나 최근에는 만기일이 30년이 넘는 국·공채도 발행되고 있다. 국·공채 및 회사채 권면에 기재되어 있는 금액을 액면금액 혹은 액면가라고 부르며 미래에 지급해야할 이자를 계산하는 척도가 된다. 또한 채권의 액면가에 대한 연간 이자지급액의 비율을 나타내는 수익률을 표면이자율(coupon rate)이라고 하며 연간 이자지급액을 채권의 액면가로 나눈 값이다.

채권은 만기와 이자지급의 종류에 따라 세 가지로 구분이 되는데 첫 번째는 이자를 만기 전에 지급하지 않고 만기와 동시에 원금과 이자를 지급하는 무이표채권(zero coupon)이다. 두 번째는 일정 기간에 따라 이자를 지급하는 이표채(coupon bond)이다. 매 기간마다 이자를 지급받고 만기에 이자와 원금을 지급받는 채권이다. 세 번째는 만기가 없이 영원히 이자만 상환받는 영구채(perpetual bond)이다.

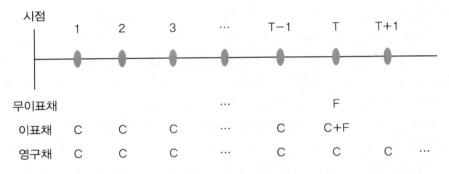

T: 만기, F: 액면가, C: 표면이자

(1) 발행주체별

① 국채

국가가 재정정책의 일환으로 발행하는 채권으로 정부가 원리금의 지급을 보증한다. 국채에는 일반 재정적자를 보전하거나 재정자금의 수급조절을 위하여 발행되는 일반 국채, 특정 사업의 재원조달을 위한 사업국채, 국가의 보상재원을 마련하기 위한 보상채권 등이 있다.

② 지방채

지방정부 및 지방공공기관 등이 지방재정법의 규정에 의거하여 특수목적 달성에 필요한 자금을 조달하기 위해 발행하는 채권이다.

③ 특수채

특별한 법률에 의해서 설립된 기관이 특별법에 의하여 발행하는 채권으로서 정부가 원리금의 지급을 보증하는 것이 일반적이다.

④ 금융채

특별법에 의하여 설립된 금융회사가 발행하는 채권으로서 금융채의 발행은 특정한 금융회사의 중요한 자금조달수단의 하나이고, 이렇게 조달된 자금은 주로 장기 산업자금에 사용된다.

⑤ 회사채

상법상의 주식회사가 발행하는 채권으로서 채권자는 주주들의 배당에 우선하여 이자를 지급받게 되며 기업이 도산하거나 청산할 경우 주주들에 우선하여 기업자산에 대한 청구권을 갖는다.

(2) 상환기간별

① 단기채

통상적으로 상환기간이 1년 이하의 채권을 단기채권이라 하고, 우리나라에는 통화안정증권, 양곡기금증권, 금융채 중 일부가 여기에 속한다.

② 중기채

상환기간이 1년 초과 5년 이하의 채권을 말한다. 우리나라에서는 대부분의 회사채 및 금융채가 만기 3년으로 발행되고 있다.

③ 장기채

상환기간이 5년 초과인 채권이며 우리나라에서는 주로 국채가 만기 5년 또는 10년으로 발행되고 있다.

(3) 이자 지급방법별

① 이표채

이자 지급일에 정기적으로 이자를 지급받는 채권으로서 가장 일반적인 형태이다.

② 할인채

표면상 이자가 지급되지 않는 대신에 액면금액에서 상환일까지의 이자를 공제한 금액으로 매출되는 채권으로서 이자가 선급되는 효과가 있다. 이자를 지급하지 않기 때문에 무이표채(zero-coupon bond)라고 불리기도 한다.

③ 복리채

정기적으로 이자가 지급되는 대신에 복리로 재투자되어 만기상환 시에 원금과 이자를 동시에 지급하는 채권을 말한다.

④ 단리채

정기적으로 이자가 지급되는 대신에 단리로 재투자되어 만기상환 시에 원금과 이자를 동시에 지급하는 채권을 말한다.

⑤ 거치채

이자가 발행 이후 일정 기간이 지난 후부터 지급되는 채권을 말한다.

(4) 보증유무

① 보증채

원리금의 상환을 발행회사 이외의 제3자가 보증하는 채권으로서 보증의 주체가 정부인 정부보증채와 시중은행이나 보증기관 등이 보증하는 일반보증채로 나뉜다.

② 무보증채

제3자의 보증 없이 발행회사의 신용에 의해 발행·유통되는 채권이다. 우리나라에서는 과거 보증채가 많이 발행되었으나, 외환위기 이후부터 무보증채의 발행이 급속히 증가하였다.

2 채권의 가격결정요인

약속된 금액을 상환받기로 한 투자자는 보유하고 있는 채권의 가격에 대해서 궁금해 한다. **채권을 보유하면서 발생할 미래의 현금흐름을 현재가치로 평가하여 합한 값이 채권의 가격이 된다.** 채권가격은 기본적으로 다음 식에 의해 결정된다.

$$PV = \frac{CF_1}{(1+r_1)} + \frac{CF_2}{(1+r_2)^2} + \frac{CF_T}{(1+r_T)^T} = \sum_{T=1}^{T} \frac{CF_t}{(1+r_t)^t}$$

여기서 PV는 채권의 현재가치, CF_t(t = 1, 2, ⋯ T)는 채권보유에서 얻는 시점 t의 현금흐름, r_t는 t기간 동안에 적용될 할인율, T는 채권의 만기를 나타낸다. 예들 들어 액면가가 1,000원이고, 표면이율은 연 8%나 분기별로 이자가 지급되며 잔존만기가 2년인 채권이 있다. 현재 이 채권에 대한 시장이자율이 6%인 경우와 10%인 경우 각각 이 채권의 가격은 얼마가 되어야 하는가? 매 분기 이자 지급액 c는 원금 1,000원의 연 8%인 80원을 4로 나눈 금액인 20원이 되고, 만기까지의 기간 2년은 총 8분기이므로 n = 8이 된다.

① 이 채권에 대한 시장이자율이 연 6%라면, 분기로 나누어 계산한 할인율은 y = 1.5%가 된다. 따라서 이 채권의 가격은 다음 공식에 의해 1,037원으로 계산되어 액면가인 1,000원보다 비싸게 거래된다.

② 이 채권에 대한 시장이자율이 연 10%라면, 분기로 나누어 계산한 할인율은 y = 2.5%가 된다. 따라서 이 채권의 가격은 다음 공식에 의해 964원으로 계산되어 액면가인 1,000원보다 낮은 가격에 거래된다.

3 이자율의 기간구조

채권의 만기에 따라 이자율이 달라지는 구조인데 정기예금의 경우 A은행의 1년 이자율이 2%인데 비해 2년 이자율은 2.5%인 경우가 좋은 예이다. **채권금리는 만기가 길수록 금리도 높아지는 우상향의 모양을 보인다.** 기간에 따라 달라질 수 있는 이자율 사이의 관계를 이자율의 기간구조라고 부르며 이자율과 장기이자율의 관계를 나타낸다. 이자율의 기간구조는 흔히 수익률곡선(yield curve)으로 나타내는데 동일한 위험구조를 가진 채권들의 만기별 수익률을 나타낸 그래프이다.

수익률곡선은 세 가지로 정의될 수 있는데 첫째, 장기이자율이 단기이자율보다 높으면 우상향곡선의 형태를 취하며, 둘째, 장기이자율이 단기이자율과 같다면 수평곡선, 셋째, 장기이자율이 단기이자율보다 낮다면 우하향곡선의 형태를 취한다.

① 기대이론
  처음 두 가지 사실들을 설명하나 세 번째 사실은 설명하지 못한다.
② 분할시장이론
  세 번째 사실을 설명하나 처음 두 가지 사실들을 설명하지 못한다.
③ 유동성 프리미엄 이론
  세 가지 사실 모두를 설명하기 위해 두 가지 이론을 결합한 것이다.

(1) 기대이론

채권 보유자들은 서로 다른 만기를 가진 채권들이 완전대체재라고 생각하는 것으로 가정한다. 특정 만기 채권의 기대수익률이 다른 만기 채권의 기대수익률보다 낮으면 특정 만기 채권을 보유하지 않는다. 장기채권의 이자율은 사람들이 장기채권 만기까지의 기간 동안 발생할 것으로 예상하는 단기 이자율들의 평균과 동일하다.

현재 1년 만기 채권의 이자율이 6%이고 1년 후에 1년 만기 채권의 이자율이 8%가 될 것으로 예상하면, 두 개의 1년 만기 채권들을 매입하는 경우의 기대수익률은 두 단기 이자율의 평균인 (6% + 8%) / 2 = 7%이다. 현재 2년 만기 채권을 기꺼이 매입하도록 하기 위해서는 이자율이 7%여야 한다.

기대이론은 수익률곡선으로 나타나는 이자율의 기간구조가 시점에 따라 왜 변화하는지를 설명해준다. 예를 들면 수익률곡선이 우상향할 경우 기대이론은 장래 단기이자율이 상승할 것으로 예상되고 있음을 나타내는 것이며, 장기금리 > 단기금리이면 미래 단기금리의 평균이 현재 단기금리보다 높을 것이라고 시장에서 예상되고 있는 것이다.

① 장·단기 이자율의 동반 변화 현상을 잘 설명한다. 통상 현재 단기금리 상승 시 미래 단기금리 상승 경향 단기금리 상승 시 장기금리도 상승한다.
② 단기 이자율들이 낮을(높을) 때 수익률 곡선들이 왜 우상향(우하향)하는지 설명 가능하다. 일반적으로 단기금리가 낮을 때 미래에 정상수준으로 상승할 것으로 예상되며, 장기금리 > 단기금리이면 수익률곡선은 우상향한다.
③ 그러나 통상적으로 우상향하는지는 설명하지 못한다.

우상향을 위해서는 미래 단기금리가 통상적으로 상승해야하는데 단기금리는 상승할 가능성과 함께 하락할 가능성도 함께 가지고 있다.

(2) 분할시장이론

만기가 다른 채권들은 서로 아무런 영향을 주지 않고 해당 만기 채권의 수요와 공급에 의해 가격이 결정된다. 장·단기채권의 금리는 완전히 별개로 분리된 장기 및 단기 채권시장에서 결정된다. 위험회피형 투자자들이 이자율 위험이 낮은 단기채권을 선호한다면 단기채권 수요가 장기채권 수요보다 많아지며 그에 따라 장기채권의 가격(이자율)이 단기채권 보다 낮아져(높아져) 수익률곡선은 전형적으로 우상향하게 된다. 수익률곡선이 왜 통상적으로 우상향하는 지를 설명한다.

(3) 유동성 프리미엄이론

서로 다른 만기들을 가진 채권들을 완전 대체재가 아닌 부분 대체재라고 본다. 특정 만기 채권의 기대수익률은 다른 만기 채권의 기대수익률에 영향을 미치지만 특정 만기 채권을 다른 만기 채권보다 선호할 수 있음을 의미한다. 투자자들은 유동성 위험을 감안하여 장기채권보다 단기 채권을 더 선호한다. 곧 다가올 장래에 비해 먼 장래는 잠재적으로 더 많은 불확실성 및 변동성을 수반하는 만큼 채권의 만기가 길어질수록 더 많은 유동성 프리미엄이 필요하다. 장기채권의 이자율은 장기채권의 수명기간 동안 발생할 것으로 예상되는 단기 이자율들의 평균과 장기 채권의 수요와 공급 상황에 반응하는 유동성 프리미엄의 합과 같다.

4 만기수익률의 정의

채권의 경우 만기가 정해져있고 상환 받을 이자와 원금을 알 수 있기 때문에 만기까지 보유한다면 얻을 수 있는 수익률을 알 수 있다. 이것을 채권의 만기수익률(YTM ; Yield To Maturity)이라고 하며 위에서 언급한 내부수익률(IRR ; Internal Rate of Return)로써도 언급이 된다. 통상 채권의 연평균수익률을 계산해야 할 경우가 있는데 채권시장에서 채권의 수요와 공급에 의해서 채권가격이 형성된 이후 만기수익률로 연평균수익률을 계산한다. 또한 만기수익률은 내부수익률로 정의된다. 내부수익률은 순현가(NPV)를 0으로 만드는 할인율을 의미하며 순현가는 채권에서 발생하는 현금흐름의 현가에서 투자비용을 차감한 가격으로 순현가는 다음과 같은 식으로 표현된다.

$$NPV = PV(\text{채권의 현금흐름}) - \text{채권가격}$$
$$= \frac{C}{(1+y)} + \frac{C}{(1+y)^2} + \cdots + \frac{C+F}{(1+y)^T} - B_0$$

여기서 NPV를 0으로 놓으면 다음과 같다.

$$B_0 = \frac{C}{(1+y)} + \frac{C}{(1+y)^2} \cdots \frac{C+F}{(1+y)}$$

5 듀레이션의 정의

듀레이션(duration)이란 투자자금의 평균회수기간을 말한다. 채권에 돈을 투자한다면 투자자금을 회수하기까지는 여러 요인들의 영향을 받는다. 우선 채권 만기에 영향 받을 것이다. 만기가 길수록 당연히 투자금의 회수는 길어질 것이다. 한편, 채권의 회수 기간은 액면 이자율(표면 이자율)과 시장 이자율에 의해 달라질 수 있다. 이자가 지급되지 않는 경우 만기까지 기다려야만 원금 회수가 가능하다. 그렇지만 이자가 지급된다면, 그만큼 투자금의 회수 기간은 짧아지기 마련이다. 물론 이 경우 지급되는 이자가 높을수록 회수 기간이 짧아질 것은 당연하다. 일반적으로 듀레이션이란 채권에서 발생하는 **현금 흐름의 가중평균만기로서 채권 가격의 이자율 변화에 대한 민감도를 측정하기 위한 척도로서 사용된다.**

채권의 일반적인 만기는 해당 채권이 얼마나 자주 이자를 지급하는지, 이자의 시간가치는 어떻게 되는지를 전혀 반영하고 있지 않으나, 듀레이션은 만기의 개념에 채권의 현금흐름까지 반영하고 있기 때문에 만기 이외에 다른 특성들을 종합하여 채권 간 비교가 가능하다는 장점이 있다.

일반적으로 채권의 만기는 정해져 있으나, 만기가 되기 전까지 이자를 지급하기 때문에 투자원금을 회수하는데 걸리는 시간인 듀레이션은 만기보다 짧게 나타난다. 단, 이자를 지급하지 않는 무이표채의 경우 듀레이션과 만기는 일치한다. 채권의 수익률이 높아 이자지급액이 많을수록 듀레이션은 짧아지는 특성이 있다. 듀레이션을 계산하는 식은 다음과 같다.

$$D = \sum_{t=1}^{T} \left[\frac{PV(CF_t)}{P} \times t \right]$$

여기서 T는 이 채권의 만기이며, CF_t는 t기의 현금흐름을, $PV(CF_t)$는 t기 현금흐름의 현재가치를 나타낸다. P는 채권에서 발생하는 현금흐름의 현재가치 총합이다. 예를 들어, 채권가격 10,000원, 액면이자율 8%, 만기 3년인 A채권이 있으며 현재가치 계산을 위한 만기수익률은 10%이다. 채권을 구입하면 구입시점에는 10,000원, 1년 후에는 800원, 2년 후 800원, 3년 후 10,800원의 현금흐름이 발생한다. 이러한 현금흐름을 이용하여 듀레이션을 계산하면 다음과 같다.

$$D_A = \frac{\dfrac{800}{(1+0.1)} \times 1 + \dfrac{800}{(1+0.1)^2} \times 2 + \dfrac{10,800}{(1+0.1)^3} \times 3}{\dfrac{800}{(1+0.1)} + \dfrac{800}{(1+0.1)^2} + \dfrac{10,800}{(1+0.1)^3}} = 2.78$$

> **더 알아두기** 🔍
>
> **듀레이션**
> 1. **개념** : 채권수익률이 변할 때 채권가격이 얼마나 변하는지 그 민감도를 보여주는 척도
> 2. **채권의 종류에 따른 듀레이션**
>   ① 순수할인채(무이표채) : 무이표채의 현금흐름은 만기에만 발생하므로 만기가 곧 듀레이션임
>   ② 이표채 : 만기 이전에 이자가 발생하므로 듀레이션은 만기보다 짧음
>   ③ 영구채 : 영구채의 듀레이션은 만기와 상관없이 만기수익률에 의해서 결정됨
>
> $$\text{영구채 듀레이션} = 1 + \text{만기수익률} / \text{만기수익률}$$
>
> 3. **듀레이션의 특징**
>   ① 만기가 길수록 듀레이션은 길어짐
>   ② 표면이자율이 클수록 듀레이션은 짧아짐
>   ③ 만기수익률이 높을수록 듀레이션은 짧아짐

6 주식의 가격결정

금융자산 중 주식은 시장에서 거래되는 중요한 자본조달방법이다. 기업이 발행하는 주식의 종류는 보통주와 우선주, 후배주, 혼합주로 나뉘는데 기업들과 투자자들은 주로 보통주와 혼합주를 접한다. 보통주는 우리나라에서 가장 많이 발행되는 자금조달방법으로 재무관리에서는 주로 보통주를 중심으로 가치평가를 한다. 보통주의 투자로 얻을 수 있는 수익은 배당과 주가상승으로 인한 차익을 기대할 수 있다. 우선주는 의결권은 없지만 보통주보다 먼저 배당을 받을 수 있는 것이 특징이다. 또한 보통주보다 더 높은 배당을 지급한다. 후배주는 우선주와 비슷한 개념으로 보통주에 비해 잔여재산이나 배당을 뒤에 받는 주식을 말한다. 혼합주는 배당에는 보통주보다 우선하지만 잔여재산분배는 보통주보다 뒤에 배당하는 주식을 말한다.

(1) 배당평가모형

주식으로부터 발생하는 미래 수익을 할인율로 할인하는 것으로 채권가격을 결정하는 모형과 비슷하지만 주식가격을 평가하는 방법이 더 어렵다. 채권의 경우 일정 기간 동안 상환해야 할 원금과 이자가 정해져있어 현재가치로 환산했을 시 채권가격을 알 수 있지만 배당의 경우 기업의 상황과 주주총회결의로 인해 기간마다 배당이 정해져있지 않아 가치를 평가하기에 어려움을 겪는다. 또 다른 이유는 채권의 경우 시장에서 할인율을 쉽게 구할 수 있지만 주식의 경우에는 할인율을 쉽게 구하지 못한다. 하지만 재무관리에서는 주식을 소유했을 시 얻게 되는 배당과 할인율이 주어졌다고 판단하고 주식을 평가할 수 있는 배당평가모형에 대해서 살펴보자.

주식투자에서 발생하는 수익은 보유기간마다의 배당과 주식을 처분했을 시의 매각차익금이다. 투자자가 어느 특정 기업의 주식을 1년 정도 보유하다가 매각을 했을 시 주식의 가치 P_0는 다음과 같다.

$$P_0 = \frac{D_1 + P_1}{1 + k}$$

D_1은 1년 후의 예상배당금, P_1은 1년 후의 예상주가, k는 할인율을 나타낸다. 할인율 k는 자기자본비용(cost of equity)이라고 부르며, 위험수준이 같은 다른 주식에 투자했을 때 얻을 수 있는 기대수익률을 의미한다. 할인율 k는 무위험이자율을 말한다.

미래 어느 시점의 배당흐름에 관한 가정은 3가지로 가정할 수 있는데 첫째, 성장이 없는 경우, 둘째, 성장이 일정한 경우, 셋째, 초과성장이 있는 경우로 배당흐름에 대한 몇 가지 가정을 주식가격결정에 이용한다.

① 성장이 없는 경우

매 기간 배당이 일정하다고 가정하고 1년 후 배당금 D_1이 계속 지급이 된다면 주식가격 P_0는 다음과 같이 구할 수 있다.

$$P_0 = \frac{D_1}{1+k} + \frac{D_1}{(1+k)^2} + \frac{D_1}{(1+k)^3} + \cdots + \frac{D_1}{(1+k)^\infty} = \frac{D_1}{K}$$

② 성장이 일정한 경우

일정 기간 동안 배당이 일정하게 지급이 된다면 주식가격 P_0는 다음과 같이 구할 수 있다.

$$P_0 = \frac{D_1}{1+k} + \frac{D_1(1+g)}{(1+k)^2} + \frac{D_1(1+g)^2}{(1+k)^3} + \cdots \quad \frac{D_1}{K-g}$$

③ 초과성장이 있는 경우

빠르게 성장하고 있는 기업이 있다고 가정해보자. 이 기업의 배당성장률 g가 할인율보다 크거나 같아 질 수 있다. 하지만 성장이 항상 지속될 수는 없으며 미래의 어느 시점에는 성장이 떨어질 것이다. 그러나 어느 일정 시점에 초과성장이 있는 경우 주식을 평가하기에 항상 성장모형에만 의존할 수는 없지만 공식자체는 사용할 수 있다.

(2) 할인율과 성장률의 추정

배당평가모형을 적용하기 위해선 몇 가지 변수들이 필요한데 할인율, 배당성장율의 값, 향후 배당의 예측 값이 필요하다. 아래배당의 예측치와 현재의 주가가 주어졌을 시 3가지로 가정하고 할인율과 배당성장률을 구할 수 있다.

① 성장이 없는 경우

성장이 없는 경우 배당금은 주당순이익(EPS)와 같아지며 주가는 P_0 = EPS / k가 된다. 결과적으로 할인율 k를 놓고 계산식을 정리하면 다음과 같다.

$$k = \frac{EPS}{P_0} = \frac{1}{P_0 / EPS} = \frac{1}{PER}$$

P_0 = EPS를 주가수익배수 또는 주가수익비율(PER ; Price Earnings Ratio)이라고 한다. 주가수익비율은 주가를 주당순이익으로 나눈 값으로 기업이 벌어들인 수익만큼 주가가 얼마만큼 형성이 되었는지 나타내주는 식이다. 따라서 성장이 없는 경우 할인율은 PER의 역수로 계산될 수 있다.

② 성장이 일정한 경우

배당의 성장이 일정한 경우 다음과 같은 식으로 정리할 수 있다.

$$k = \frac{D_1}{P_0} + g$$

여기서 D_1 / P_0를 배당수익률(dividend yield)이라고 하는데 1년 후의 배당 D_1은 예측이 가능하다. 하지만 배당성장률 g를 예측한다는 것은 쉽지 않다. 하지만 가장 많이 쓰이는 방법이 있다.

기업은 일정 기간의 수익을 배당으로 지급하기도 하지만 다음 투자 및 미래의 불확실성을 위하여 유보금으로 쌓아놓게 된다. 기업이 벌어들인 수익 중 일부 유보금을 어느 특정 사업에 투자한다고 가정할 때 이익에 대한 유보율이 b로 일정하고 성장기회의 투자수익률도 일정하여 과거의 투자성과를 나타내는 자기자본이익률(ROE ; Return On Equity)과 같다고 하자. 이때 시점 t에서의 주당배당금 D_t는 주당순이익(EPS)에 [1 − 유보율(b)]을 곱하여 다음과 같이 결정된다.

$$D_t = EPS \times (1 - b)$$
$$(t = 1, 2, 3, \cdots)$$

여기서 (1 – b)는 배당성향인데 유보율이 일정한 경우 배당성향도 일정하므로 배당성장률은 이익성장율과 같게 된다. 또한 배당성장률 혹은 이익성장률 g는 유보율(b)에 자기자본이익률(ROE)을 곱하여 계산할 수 있다.

$$g = b \times ROE$$

(3) PER을 이용한 주식평가

유사기업의 주가를 사용하여 주식의 가치를 평가하는 것도 하나의 방법이다. 단, 주가의 흐름은 비슷하겠지만 100% 똑같지는 않을 것이다. 여기서 자주 사용되는 방법이 유사기업의 주가수익비율을 적용하여 주식가치를 구해 내는 것이다. 항상 배당성장모형을 이용할 경우 유사기업의 주가는 $P_0 = D_1 / (k - g)$와 같이 결정된다. $D_1 = (1 - b) \times EPS$를 여기에 대입하고 양변을 EPS로 나누면 다음의 식을 얻는다.

$$\frac{P_0}{EPS} = PER = \frac{1 - b}{K - g}$$

제 3 절 수익률과 위험

1 수익과 수익률

금융자산이나 실물자산에 투자한 투자자들은 이러한 성과를 통해 수익을 극대화하길 원한다. 대표적인 수익이 금융자산의 투자로 인한 배당, 이자, 금융차익으로 인한 수익이고 투자에서 얻는 이러한 성과를 수익(return 또는 payoff)이라고 한다. 시장상황과 기업 고유의 상황으로 인해 수익이 될 수도 있지만 때로는 손실이 일어 날수도 있다. 수익은 투자자가 투입한 자금만큼 얼마나 성과를 일으켰는지의 지표로서 사용이 된다.

(1) 단일기간 수익률

단일기간 동안의 투자에서 얻는 수익률을 단일기간 수익률이라고 하며 가장 기본이 되는 수익률의 형태이다. 예를 들어 현재가격이 P_0인 주식 1주를 구입하고 난후 1년 후 D_1의 배당을 받고 P_1의 가격으로 매각을 하였다면 다음과 같은 공식으로 수익률을 구할 수 있다.

$$\text{단일기간 수익률} = \frac{D_1 + P_1 - P_0}{P_0} = \frac{D_1}{P_0} + \frac{P_1 - P_0}{P_0}$$

여기서 주가의 변동분($P_1 - P_0$)가 양(+)인 경우를 자본이익이라고 하고 음(−)인 경우를 자본손실이라고 한다. 식 우변의 첫 번째 항은 예상되는 배당금과 현재 주가의 비율로서 배당수익률이라고 하고, 두 번째 항은 자본이익에 대한 현재 주가의 비율로서 자본이익률이라 한다.

(2) 보유기간 수익률

일정 시점에 여러 기간에 걸쳐 금융자산 및 실물자산에 투자하여 얻는 수익률을 보유기간 수익률이라고 하며 재투자가 가능하며 각 기간마다의 수익률은 다음과 같다.

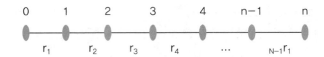

r_1은 첫해 1년 동안의 수익률을 나타내고 r_2는 두 번째 수익률을, $_{n-1}r_n$은 n번째 수익률을 나타낸다. 현재 1원을 투자하면 1년 후 $(1 + r_1)$의 이익을 얻을 수 있다. 이 금액을 두 번째 해에 투자하면 2년 말에는 $(1 + r_1)(1 + r_2)$원의 수익을 얻을 수 있다. 결과적으로 n년 동안의 투자에서 얻는 보유기간 수익률은 다음과 같다.

$$\text{보유기간 수익률} = (1 - r_1)(1 + r_2)\ldots(1 + _{n-1}r_n) - 1$$

(3) 연평균수익률

여러 기간에 걸쳐 투자가 이루어지는 경우 연평균수익률을 사용하여 투자성과를 계산한다. 연평균수익률은 계산방법에 따라 산술평균수익률, 기하평균수익률, 그리고 내부수익률 등이 있다.

① 산술평균수익률

산술평균수익률은 여러 기간에 걸쳐 투자 시, 각 기간의 수익률을 단순하게 산술평균한 것이다. 이를 식으로 표현하면 다음과 같다.

$$\text{산술평균수익률} = (_0R_1 + _1R_2 + _2R_3 + _3R_4 + \ldots + _{n-1}R_n)/n$$

② 기하평균수익률

기하평균수익률은 연평균복리수익률이라고도 하며 매 기간 동안의 수익률이 주어지면, 보유기간 동안 총수익률을 계산하여 기하평균을 계산한 후 1을 뺀 값이다. 또한 기하평균수익률은 매기마다의 수익률로 재투자하여 투자가치가 증대되는 효과를 낸다. 산술평균수익률과 기하평균수익률은 매기의 수익률에 주어지는 가중치가 동일하기 때문에 두 연평균수익률 모두 시간가중수익률이라고 한다.

$$기하평균수익률 = \left[(1+_0R_1)(1+_1R_2)...(1+_{n-1}R_n) \right] - 1$$

③ 내부수익률

내부수익률(IRR ; Internal Rate of Return)은 향후 발생하는 투자수익의 현재가치와 투자비용의 현재가치를 일치시키는 할인율로, 금액가중수익률이라고도 불린다. 위에서 언급했듯이 어떤 새로운 투자안에서 발생하는 비용과 편익의 흐름이 있을 때 해당 투자안의 현재가치를 '0'으로 만드는 할인율이다.

2 위험

투자결정에 있어서 위험은 여러 가지 형태로 설명될 수 있다. 은행이나 채권에 투자할 경우 상환날짜 및 상환금액이 정해져 있어 만기의 투자성과를 알 수 있다. 하지만 모든 금융자산이 미래에 얻게 될 투자수익을 정확하게 알 수 있는 건 아니다. 주식의 경우 현재시점에 투자한다면 미래에 정확하게 얼마의 차익을 얻을 수 있는지 불분명하다. 또한 은행이나 채권의 경우도 만기의 투자수익을 알 수는 있지만 기업의 부도 혹은 성과가 좋지 않아 약속된 금액을 상환하지 못 할 수도 있다. 이와 같이 특정 투자로부터 미래에 얻을 수 있는 결과를 확실하게 알지 못하는 상황을 불확실성 또는 위험이 있는 상황이라고 한다.

(1) 수익률의 확률분포

금융자산에 투자했을 시 얻게 되는 수익률은 이미 정해져있는 수익률이 있는 반면에 주식수익률처럼 정해져있지 않은 수익률이 있다. 그러면 주식수익률은 예측을 전혀 하지 못하는 것일까? 미래에 얻게 될 수익률은 여러 가지 변수들에 의해서 다양한 값을 가지게 된다. 이와 같이 미래의 상태에 따라 다양한 값을 갖는 것을 확률변수라고 하며 투자뿐만 아니라 일상생활에서 마주하는 수많은 불확실한 것들도 확률변수에 속한다. 따라서 정확한 결과 값을 알 수는 없지만 과거경험과 패턴에 의해 미래에 발생 가능한 결과 값을 추론하여 확률분포를 만들어 예상해 볼 수 있다. 확률변수가 나타내는 값을 표나 그림 또는 함수의 형태로 나타낼 수 있다.

(2) 기대수익률

확률분포가 나오면 기댓값을 계산할 수 있다. 확률변수 X의 기댓값(expectation)은 E(X)로 표시하며, **기댓값 E(X)은 여러 상태의 수익률을 그 확률로서 곱한 값이다.** 즉 미래에 발생 가능한 여러 수준의 확률을 가중치로 사용하여 평균으로 나타낸 지표이다.

$$E(X) = P_1 \times X_1 + P_2 \times X_2 + \dots + P_s \times X_s = \sum P_j \times X_j$$

보유한 자산 혹은 포트폴리오에서 발생할 수 있는 미래 수익률은 경기상황, 보유자산 혹은 포트폴리오의 특징 등에 따라 유동적이다. 때문에 미래에 발생할 수익률은 확정적인 하나의 숫자로 나타나는 것이 아니라, 각 상황이 발생할 확률에 따른 기대치로 나타난다.

예를 들어, 주식 A의 경우 경기가 호황일 때는 20%의 수익률, 경기가 보통일 때는 10%, 경기가 불황일 때는 −5%의 수익률이 기대되고, 미래의 경기가 호황일 확률은 20%, 보통일 확률은 60%, 불황일 확률이 20%라면 주식 A의 기대수익률은 다음과 같이 계산할 수 있다.

$$
\begin{aligned}
\text{주식 A의 기대수익률(\%)} &= \{0.2 \times 0.2 + 0.6 \times 0.1 + 0.2 \times (-0.05)\} \times 100 \\
&= \{0.04 + 0.06 - 0.01\} \times 100 \\
&= 9\%
\end{aligned}
$$

(3) 분산

분산은 변수의 흩어진 정도를 나타내는 지표이다. 어떤 변수 x에 대해서 평균값을 중심으로 얼마나 떨어져있는가를 판단한다. 확률변수 X의 분산(variance)은 σ^2_x 혹은 Var(X)로 표시하며 위험의 정도를 계산하기 위하여 사용된다. 실현값이 기댓값의 평균으로부터 많이 벗어나 있다는 것은 변동성이 크다는 것을 의미하며 이는 곧 위험이 크다는 것을 뜻한다.

분산은 실현되는 값과 기댓값의 차이(이를 편차라고 한다)를 제곱하여 이를 각 상태가 발생할 확률로 곱해서 모두 더한 값으로서 다음과 같이 정의된다.

$$
\begin{aligned}
\sigma^2_x = Var(X) &= E[X - E(X)]^2 \\
&= p_1 \times [x_1 - E(X)]^2 + p_2[x_2 - E(X)]^2 + \dots + p_s \times [x_s - E(X)]^2
\end{aligned}
$$

분산은 변량의 흩어진 정도를 쉽게 알 수 있지만 편차를 제곱하는 과정에서 흩어진 정도가 제곱이 되어 원래의 편차보다 매우 커진다는 단점이 있다. 이를 보완한 것이 분산에 근호(루트)를 씌운 표준편차이다. 또한 거의 대부분의 경우 분산의 값은 양수이지만 간혹 변량의 모든 값이 평균과 동일할 때 분산은 0이 된다.

(4) 표준편차

표준편차는 실현값이 평균으로부터 얼마나 벗어나 있는지를 나타내는 값으로 분산과 위험을 측정하는 지표와 비슷하다. 하지만 분산의 경우 단위가 확률변수 자체의 단위와 맞지 않아 측정하기 어려움을 겪는 경우가 있다. 따라서 **분산에 제곱을 하여 확률변수의 단위와 같도록 표준화한 값을 표준편차(standard deviation)**라고 하며 다음과 같은 식으로 나타낼 수 있다.

$$\sigma_x = \sqrt{Var(X)}$$

표준편차는 자료의 값이 평균으로부터 얼마나 떨어져 있는지, 즉 흩어져 있는지를 나타내는 값이다. 자료의 값들의 평균을 알아도 얼마나 흩어져 분포되어 있는지에 따라 자료의 특징은 완전히 달라진다.

표준편차를 구하려면 먼저 각 자료값과 평균의 차이를 구하는데, 이를 '편차'라 한다. 편차는 (자료값) - (평균)이다. 편차를 구하여 그 평균값을 표준편차라 하면 편리하겠지만, 편차의 합은 항상 0이기 때문에 불가능하다. 왜냐하면 평균 자체가 모든 자료값들의 평균값이기 때문이다.

편차의 합이 0이 되는 문제는 편차의 값 중 음수가 발생하기 때문인데, 편차는 음수이든 양수이든 자료가 평균으로부터 얼마나 차이가 나는지 그 절대값을 알고자 구하는 값이므로 편차가 음수가 되지 않도록 제곱하여 모두 양수가 되게 한다. 그리고 편차를 제곱한 값들의 평균을 내면 자료값들이 평균으로부터 어느 정도 떨어져있는지를 알 수 있다.

(5) 공분산과 상관계수

분산 또는 표준편차와 같이 위험의 척도로 나타내는 통계치로 공분산(covariance)이 사용된다. 분산과 표준편차는 개별자산의 수익률의 위험정도를 나타내는 척도라면 **공분산은 두 자산 사이의 수익률의 변동성이 서로 얼마만큼 관련이 있는지의 척도로서 사용**이 된다. 공분산은 σ_{xy} 또는 $Cov(X, Y)$로 표시되며, 두 확률변수의 확률분포가 주어지면 각 확률변수의 실현값과 기댓값의 차이인 편차의 곱을 발생확률로 곱하여 모두 더함으로써 계산된다.

$$\begin{aligned}\sigma_{xy} &= Cov(X, Y) = E[\{X-E(X)\}\{Y-E(Y)\}]\\ &= p_1[x_1-E(X)][y_1-E(Y)]+...+p_s[x_s-E(X)][y_s-E(Y)]\end{aligned}$$

공분산은 두 변수가 얼마만큼 관련이 있는지의 측정값이 너무 광범위하게 퍼져있어 판단하기에 쉽지 않다. 따라서 공분산을 표준화한 값인 상관계수(correlation coefficient)를 사용한다. 상관계수는 공분산을 표준편차로 나누어 두 확률변수가 얼마만큼 밀접하게 관련되어 움직이는

지를 나타낸 것으로 −1에서 +1 사이의 값을 갖는다. 상관계수가 +1인 경우 두 확률변수는 양 (+)의 기울기를 갖는 직선관계로 나타낼 수 있고, 이 값이 −1인 경우에는 음(−)의 기울기를 갖는 직선관계로 나타낼 수 있다. 또 두 자산의 수익률 간에 아무런 관련성이 없을 경우 0의 값을 갖는다. 두 확률변수 상관계수는 p_{xy}라고 나타내며 다음의 식으로 나타낼 수 있다.

$$P_{xy} = Corr(X, Y) = \frac{Cov(X, Y)}{\sigma_x \sigma_y}$$

제 4 절 포트폴리오 이론

1 기대효용가설

투자자의 궁극적인 목표는 무엇일까? 수익의 극대화이다. 예를 들어 주식투자자가 종목을 선정하려고 한다. 하지만 주식의 경우 미래의 수익이 불분명하고 불확실하지만 수익을 가장 많이 가져다 줄 것으로 예상되는 종목을 선택할 것이다. 이처럼 불확실한 상황에서 예상되는 결과치에 대해서 각자의 기대효용이 다르므로 합리적인 개인들은 기대효용을 극대화하기 위한 선택을 한다는 가설이다. 하지만 기대수익을 극대화함으로써 효용이 극대화되는 것은 아니다. 불확실한 상황 속에 투자자의 목적은 '효용의 극대화' 보다는 '기대효용의 극대화'에 더 가깝다.

2 평균–분산 모형

앞에서 투자자들의 '기대효용 극대화'에 관한 내용을 짧게 언급했다. 투자자들이 투자결정을 하기 위해서는 기대효용을 계산할 수 있어야 하며 기대효용을 계산하기 위해서는 미래수익의 확률분포를 알아야 한다. 하지만 현실적으로 미래수익의 정확한 확률분포를 계산하기란 쉽지 않다. 따라서 기대효용의 극대화를 현실적으로 나타내기 위해서 기대효용의 계산을 간단히 할 수 있는 방법으로 미래수익의 평균과 분산(표준편차) 이 두 가지 통계함수를 이용하여 투자자의 기대효용을 계산할 수 있는 모형을 평균–분산 모형이라고 한다.

$$E[u(R)] = f(E(R),\ \sigma^2(R))$$

투자자의 효용함수가 수익대비 증가함수라면 기대효용은 평균(기대수익)이 커질수록 증가하고 분산 (위험)이 커질수록 감소한다는 것을 알 수 있다. 즉 투자자는 기대효용의 극대화를 위해선 같은 값이 라면 높은 기대수익(평균)을 선호하고, 낮은 분산(위험)을 선호하게 된다.

투자자의 개인적인 기대수익과 위험의 선호도를 효용함수 대신에 기대수익과 분산(표준편차)을 기준 으로 하여 그림으로 나타낸 방법이 있다. 기대효용을 가져다주는 기대수익과 위험의 조합은 많다. 위 험의 측정지로 표준편차를 사용했을 시 기대효용이 같은 평균-표준편차의 조합을 연결한 선을 평 균-분산 무차별곡선이라고 한다.

3 지배원리

투자자가 투자 안을 선택 시 지배원리에 입각한 기준에서 투자안을 선택할 수 있다. 앞에서 언급한 평균-분산 모형을 활용하여 투자안을 선택할 수 있다. 한 펀드매니저가 A주식, B주식, C주식, D주식 중 하나를 투자하려고 한다. 따라서 평균-분산 모형을 활용하여 네 주식의 기대수익(평균)과 표준편 차(위험)를 계산한 후 다음 표로 나타내었다.

주식	기대수익률(%)	표준편차(%)
A	11	11
B	11	13
C	13	15
D	14	15

네 가지 주식의 기대수익률과 위험을 살펴보면 A, B주식의 경우 기대수익률은 같지만 표준편차(위 험)가 B주식보다는 A주식이 작기 때문에 두 주식 중 A를 선택(지배)하게 된다. 또한 C주식과 D주식 을 비교했을 경우 표준편차(위험)는 같지만 기대수익률이 D주식이 C 보다 높기 때문에 D주식을 선택 (지배)하게 된다. 이처럼 두 주식 간에 기대수익률이 같다면 위험이 작은 주식을, 위험이 같다면 기 대수익률이 높은 주식을 선택하게 되는데 이러한 투자안의 선택기준을 지배원리라고 한다.

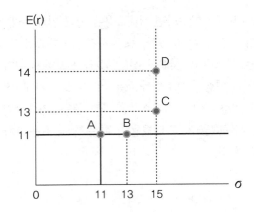

지배원리는 평균-분산 모형을 기준으로 위험회피형 투자자들의 선호도를 보여주는 투자안의 선택기준이라고 말할 수 있다. 하지만 A주식과 D주식 중 어느 주식이 더 좋다고 판단하기에는 투자자들의 위험선호도에 따라서 달라지게 된다. 위험을 선호하는 투자자들은 기대수익률이 높은 D주식을 선택하게 될 것이며, 반대로 위험회피형 투자자들은 기대수익률이 낮더라고 안전한 A주식을 선호하게 될 것이다.

4 포트폴리오의 기대수익률과 위험

금융권 투자자들을 비롯해 개인투자자들은 보통 여러 개의 자산을 구성하여 투자를 한다. 투자시장에는 주식뿐만 아니라 채권, 예금, 파생상품, 부동산 등 여러 투자대상이 있는데 투자자의 선호도에 따라서 투자대상을 보유하게 되고 이러한 투자대상의 집합을 포트폴리오(portfolio)라고 한다. 그 중 **투자자들의 기대효용을 극대화시키기 위해서는 최적 포트폴리오를 구성하면 된다.** 포트폴리오 수익률의 확률분포로부터 기대수익률과 분산을 구한 다음 지배원리를 구성하여 선택할 수 있는 자산의 범위를 구성하고 무차별곡선을 이용하여 최적 포트폴리오를 결정하게 된다. 따라서 최적 포트폴리오를 구성하려면 첫 번째 포트폴리오의 기대수익률과 위험(분산)을 알아내야 한다.

(1) 포트폴리오의 기대수익률

포트폴리오를 구성하는 개별 자산들의 기대수익률 $E(r_i)$를 가중 평균한 값이 포트폴리오의 기대수익률이라는 것을 알 수 있다.

$$포트폴리오의 기대수익률 = E(r_p) = E(w_1 r_1 + w_2 r_2) = w_1 E(r_1) + w_2 E(r_2)$$

(2) 포트폴리오의 분산

포트폴리오를 구성하는 개별자산의 분산 σ^2_i (i = 1, 2)과 두 자산수익률 간의 공분산 σ_{12}, 그리고 각 자산의 구성비율 w_i가 주어지면 포트폴리오 수익률의 분산은 다음과 같다.

$$
\begin{aligned}
\text{포트폴리오 수익률의 분산} \ = \ \sigma^2_p &= \text{Var}(r_p) \\
&= \text{Var}(w_1 r_1 + w_2 r_2) \\
&= w^2_1 \sigma^2_1 + w^2_2 \sigma^2_2 + 2 w_1 w_2 \sigma_{12}
\end{aligned}
$$

(3) 상관계수

두 자산 간 수익률의 상관관계를 나타내는 척도로 공분산을 많이 사용하지만 공분산만으로는 수익률 사이의 관계를 구체적으로 나타낼 수 없어 이를 표준화한 척도가 상관계수이다. 두 자산 간 수익률의 상관계수는 ρ(rho)로 나타낸다.

$$
\rho = \sigma_{12} \, / \, \sigma_1 \sigma_2
$$

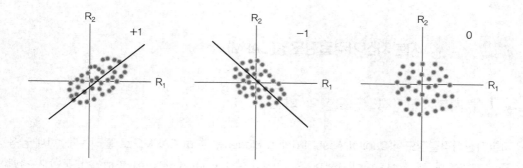

상관계수는 공분산을 각 투자자산의 표준편차로 나누어 수익률의 상관관계를 측정한 값으로 −1에서 1사이의 값을 갖는다. 상관계수가 +1인 경우 두 투자자산의 수익률의 기울기가 양(+)인 직선관계로 나타낼 수 있고, −1인 경우 두 투자자산의 기울기가 음(−)인 직선관계로 나타낼 수 있다.

5 체계적 위험과 비체계적 위험

투자자가 포트폴리오를 구성할 때 다양한 자산을 편입시켜 위험을 상쇄한다. 즉 분산투자로 인해 A자산에 손실이 나더라도 B자산에서 수익이 남과 동시에 A자산의 손실을 상쇄시켜준다. 이와 같이 2개 이상의 자산으로 포트폴리오를 구성했을 시 기대수익률은 유지하면서 위험만 줄일 수 있는데 이를 포트폴리오 효과 또는 분산효과라고 한다. 포트폴리오의 자산 수가 늘어나면 늘어날수록 포트폴리오의 위험이 감소하는데 자산 수를 무한대로 늘려도 줄어들지 않는 위험이 있다. 아무리 분산투자를 하여도 제거할 수 없는 위험을 체계적 위험, 시장위험, 분산불가능위험이라고 한다.

체계적 위험이 미치는 영향은 경기와 관련된 위험, 금리의 변동, 정치적 변화 등 기업차제가 제거할 수 없는 위험으로 구성되어 있다. 반대로 경영진의 변동, 파업, 법적소송, 신사업 성패 등 어느 특정 기업만이 가질 수 있는 사건이나 상황의 변동 등에서 발생되는 위험을 비체계적 위험 또는 기업고유의 위험이라고 한다. 이러한 위험은 분산투자를 통하여 제거할 수 있는 위험이다. 처음 포트폴리오 자산 수가 증가함에 따라 포트폴리오의 위험이 급격히 감소하다가 점차 서서히 감소한다. 이는 무수한 분산투자로도 위험은 모두 사라지지 않으며 체계적 위험만 남는다.

제 5 절 자본자산가격결정모형(CAPM)

1 자본자산가격결정모형의 기초

자본자산가격결정모형(Capital Asset Pricing Model)은 흔히 CAPM으로 불리는데, 현대 금융경제학과 투자론의 핵심 이론이다. CAPM은 1952년 Harry Markowitz에 의해 포트폴리오 선택이론(portfolio selection theory)이 개발된 이후 12년이 지난 1964년부터 샤프(Sharpe), 린트너(Lintner), 그리고 모신(Mossin) 등에 의해 개발되었다. 이 모형은 주식이나 채권 등 자본자산들의 기대수익률과 위험과의 관계를 이론적으로 정립시킨 균형 모델로서 커다란 의미를 지니고 있다.

실제로 지난 30여 년 동안 현대 자본시장 이론과 실무기법의 발전에 CAPM만큼 커다란 공헌을 끼쳤던 이론은 없었다고 해도 과언이 아니다. CAPM은 자본시장이 균형(equilibrium)을 이루고 있는 상태에서 자본자산(capital asset)의 가격이 어떻게 결정되는가를 설명하는 이론적 모형이다. 따라서 CAPM을 보다 체계적으로 이해하기 위해서는 무엇보다도 '자본시장의 균형'과 '자본자산의 개념'을 알아야 한다.

자본자산(capital asset)이란 미래 이득에 대한 청구권을 갖는 자산을 의미한다. 현실의 자본시장에서 거래되는 대표적인 자본자산으로는 주식과 채권 등을 들 수 있다. 예를 들어 주식의 경우, 기업이 경영활동으로부터 창출하리라 예상되는 미래의 이익에 대한 청구권을 가지므로 자본자산으로 볼 수 있다.

그리고 자본자산의 균형이란 자본시장에서 거래되는 주식이나 채권 등의 모든 자본자산의 수요와 공급이 일치하도록 시장가격이 형성된 상태를 말한다. 이와 같이, 자본자산에 대한 수용과 공급이 일치하여 더 이상의 초과수요나 초과공급이 존재하지 않도록 자산가격이 형성되어 있을 때, 이를 균형가격이라고 한다.

CAPM에 의하면 자본시장이 균형을 이룰 때, 어떤 자산의 기대수익률은 그 자산의 체계적 위험을 나타내는 베타계수(β coefficient)와 선형적 증가함수의 관계를 갖는다. 여기서 체계적 위험(systematic risk)이란 어떤 자산의 총위험 중에서 자본시장의 전반적인 변동 때문에 발생하는 위험의 부분을 의미한다. 이에 반해, 비체계적 위험(unsystematic risk)은 시장 전체의 변동과 무관하게 기업 고유의 요인 때문에 발생하는 위험을 뜻한다. 비체계적 위험이 발생하는 요인으로는 자본시장의 전반적인 경기변동과 무관한 특정 기업 고유의 노사문제, 매출액 변동, 소송, 대정부 관계, 기업이미지 등에 기인하는 위험으로 투자자들이 여러 자산에 자금을 분산 투자할 경우 제거할 수 있는 위험이다.

따라서, 체계적 위험과는 달리 비체계적 위험은 여러 종류의 자산에 분산투자함으로써 감소될 수 있기 때문에 분산가능위험(diversifiable risk)이라고 한다. 이러한 체계적 위험과 비체계적 위험의 구체적인 추정 방법은 다음 장에서 설명하도록 한다. 그러므로 자본시장이 균형 상태를 이룰 때, 체계적 위험이 큰 자산은 보다 큰 기대수익률이 얻어지도록 가격이 결정되어야 한다는 것이 CAPM의 결론이다.

CAPM이 개발된 지 30여년이 지난 오늘날에 와서는 CAPM이 자본자산의 가격을 충분히 설명하지 못한다는 것을 여러 학자들의 실증연구에서 제시하고 있다. 그럼에도 불구하고, CAPM이 지금까지 가장 중요한 가격결정모형으로 인식되고 있는 것은 그 결론이 매우 단순하면서도 충분히 설득력을 갖는다는 점이다. 샤프(Sharpe)는 CAPM을 개발한 공로로 마코위츠와 함께 1990년에 노벨 경제학상을 수상하였다.

또한 CAPM은 자산의 위험에 따라 기대수익률이 어떻게 결정되는지를 보여주는 균형이론이다. 어떤 자산의 기대수익률이 어떻게 결정되는지를 밝히는 것은 해당 자산의 균형가격이 어떻게 결정되는지를 보이는 것과 같은 의미를 갖는다. 예를 들어 1년 후의 예상수익이 12,000원인 자산에 투자할 때 기대수익률이 1년에 20%라고 한다면 이 자산의 현재 균형가격은 10,000원이 된다.

CAPM은 균형가격의 결정과정을 밝히는 여러 자산가격결정모형 중 가장 널리 알려진 모형으로서 증권의 가격결정, 자본예산, 투자성과평가 등 재무관리 분야 전반에 걸쳐 광범위하게 이용된다. 이 절에서는 CAPM을 도출하는데 필요한 가정을 알아보고, 자본시장에 참여하고 있는 수많은 투자자들이 평균-분산 모형의 선택원리에 따라 행동할 경우 시장이 어떻게 균형에 도달하는지를 살펴본다.

(1) CAPM의 가정

CAPM은 위험과 기대수익률 사이의 균형관계를 보여주는 가격결정이론으로서 마코위츠의 평균-분산 포트폴리오 이론의 가정에 몇 가지 가정을 추가하여 전개되고 있다. 다음 그림에 그 내용을 정리하였다.

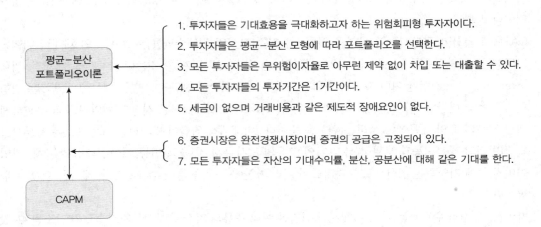

1. 투자자들은 기대효용을 극대화하고자 하는 위험회피형 투자자이다.
2. 투자자들은 평균-분산 모형에 따라 포트폴리오를 선택한다.
3. 모든 투자자들은 무위험이자율로 아무런 제약 없이 차입 또는 대출할 수 있다.
4. 모든 투자자들의 투자기간은 1기간이다.
5. 세금이 없으며 거래비용과 같은 제도적 장애요인이 없다.
6. 증권시장은 완전경쟁시장이며 증권의 공급은 고정되어 있다.
7. 모든 투자자들은 자산의 기대수익률, 분산, 공분산에 대해 같은 기대를 한다.

CAPM에 추가된 가정 가운데 하나인 완전경쟁가정은 증권시장 참여자 간의 경쟁이 치열하여 개인의 거래행위가 증권가격에 영향을 미치지 않는다는 것을 의미하며, 증권의 공급이 고정되어 있다는 가정은 증권가격이 증권을 발행하는 공급자보다는 증권의 수요자인 투자자의 의사에 따라 결정된다는 것이다. 마코위츠의 포트폴리오 이론이 자본시장의 균형가격결정을 설명하는 CAPM으로 발전하는 데 중요한 역할을 한 것은 모든 투자자들이 증권의 미래수익률 분포에 대해 동질적 기대를 한다는 가정이라고 할 수 있다. 이 가정의 도입으로 CAPM의 첫 단계라고 할 수 있는 자본시장선을 얻게 된다. 자본시장선을 소개하기 전에 시장균형의 의미를 살펴보자.

포트폴리오 이론에서 투자자가 접점포트폴리오와 무위험자산을 적절히 결합하여 최적 포트폴리오를 선택하는 것을 보았다. 이렇게 결정된 최적 포트폴리오는 투자자 개인의 각 증권에 대한 수요를 나타내는 것이다. 이제 시장에서 개인의 각 증권에 대한 수요가 어떻게 취합되고 또 시장이 어떻게 균형에 도달하는지를 살펴보자.

우선 모든 투자자들이 자산의 기대수익률, 분산, 공분산에 대해 동질적 기대를 한다는 가정 하에서는 모든 투자자가 동일한 접점포트폴리오를 구성하게 된다. 즉, 위험자산에 관한 한 모든 투자자들은 똑같은 포트폴리오를 보유하게 된다는 것이다. 이는 모든 투자자들이 동일한 평균-표준편차 평면에서 의사결정을 하게 되어 동일한 포트폴리오 투자선(최소분산포트폴리오의 집합)을 도출하게 되고, 또 같은 무위험이자율을 적용하면 동일한 자본배분선을 얻게 되기 때문이다.

이제 모든 투자자가 보유한 접점포트폴리오, 즉 각 위험자산(증권)에 대한 수요를 취합할 때 시장이 균형에 도달하기 위한 조건을 살펴보자. 수요와 공급이 같아지는 점에서 균형이 결정된다는 경제학의 기본원리에 따라, 각 증권에 대한 수요의 합이 그 증권의 공급량과 같게 될 때 시장은 균형에 도달한다. 여기서 시장에 공급되는 각 증권의 물량은 고정되어 있다고 가정하였다. 따라서 균형에서 투자자들은 시장에서 거래되는 모든 증권을 보유하게 되며, 결과로 투자자들이 보유한 모든 증권(접점포트폴리오)을 취합한 것은 시장에서 거래되는 모든 증권을 보유하게 되며, 결과로 투자자들이 보유한 모든 증권(접점포트폴리오)을 취합한 것은 시장에서 거래되는 모든 증권을 합한 것과 같다.

시장에서 거래되는 모든 증권을 포함하는 포트폴리오 또는 이와 구성비율이 같은 포트폴리오를 시장포트폴리오라고 하며 흔히 m으로 표시한다. 그리고 균형에서 시장포트폴리오의 구성비율은 다음 식에서 보듯이 개별위험자산의 시가총액이 모든 위험자산의 시가총액에서 차지하는 상대적 비중에 의해 결정된다.

$$W_i^m = \frac{V_i}{V_m}$$

- W_i^m : 시장포트폴리오에서 자산 i가 차지하는 구성비율
- V_i : 자산 i의 시가총액
- V_m : 시장에서 거래되는 모든 자산의 시가총액

(2) 자본시장선

동질적 기대 하에서 각 투자자의 접점포트폴리오가 시장포트폴리오와 일치한다는 사실은 각 투자자가 접점포트폴리오 대신 시장포트폴리오를 무위험자산과 결합하여도 동일한 자본배분선을 얻게 된다는 것을 의미한다. 시장포트폴리오와 무위험자산을 결합하여 구성된 자본배분선을 자본시장선(CML ; Capital Market Line)이라고 부른다. 시장포트폴리오의 기대수익률을 $E(r_m)$이라 하고 표준편차를 σ_m이라 하면 자본시장선은 다음과 같이 나타낼 수 있다.

$$E(r_p) = r_f + \left[\frac{(E(r_m) - r_f)}{\sigma_m} \right] \times \sigma_p$$

자본시장선은 본질적으로 자본배분선과 같은 것으로 이 선상의 모든 포트폴리오는 지배원리를 만족시키는 효율적 포트폴리오이다. 자본시장선상의 포트폴리오 P의 기대수익률은 무위험수익률에 위험프리미엄을 더한 값으로 결정되며 위험프리미엄은 시장포트폴리오의 위험보상비율(또는 샤프비율)에 포트폴리오 P의 위험을 곱한 값으로 결정된다.

여기서 시장포트폴리오의 위험보상비율인 $[\{E(r_m) - r_f\} / \sigma_m]$을 위험의 시장가격(market price of risk)이라 부르며, 이는 바로 자본시장선의 기울기를 나타낸다. 이러한 내용을 그림으로 나타내면 다음과 같다.

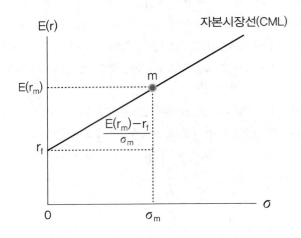

자본시장선과 관련하여 다음과 같은 사항들을 기억할 필요가 있다. 첫째, 투자자들은 무차별곡선의 형태와 관계없이 무위험자산과 시장포트폴리오 m만을 투자대상으로 선택한다. 위험포트폴리오 중에서는 오직 시장포트폴리오 m만이 투자대상이 될 뿐이며, 그 밖의 다른 위험포트폴리오는 투자대상에서 제외한다. 이런 의미에서 시장포트폴리오는 그 외의 모든 위험포트폴리오를 지배한다고 할 수 있다.

둘째, 모든 투자자는 자본시장선상의 특정 포트폴리오 P를 최적 포트폴리오로 선택하게 되는데, 어떤 최적 포트폴리오도 시장포트폴리오와 무위험자산으로 구성된 것이므로 시장포트폴리오와 완전한 양(+)의 상관관계를 갖는다.

셋째, 자본시장선은 위험과 기대수익률의 관계를 나타내는 식이지만 자산가격결정모형으로 이용되기에는 두 가지 부족함이 있다. 우선 이 관계식은 효율적 포트폴리오에만 적용될 따름이며, 비효율적 포트폴리오나 개별자산의 위험-수익률의 관계에 대해서는 아무런 설명을 하지 못한다. 비효율적 포트폴리오나 개별주식은 자본시장선 아래쪽에 위치하기 때문이다. 또, 이 관계식에서 나타나는 표준편차 위험은 일반적으로 체계적 위험뿐 아니라 비체계적 위험도 포함한다. 우리가 최종적으로 관심을 두고 있는 자산가격결정모형은 모든 개별자산과 모든 포트폴리오(효율적 또는 비효율적)에 대해서 체계적 위험과 기대수익률의 관계를 말해 줄 수 있어야 한다.

(3) 증권시장선

증권시장선(SML ; Security Market Line)은 개별자산 또는 포트폴리오의 기대수익률을 도출해 내는 모형으로, 체계적 위험의 지표인 베타에 비례하는 위험프리미엄을 측정하여 기대수익률을 이끌어 낸다.

베타가 1일 때 기대수익률은 시장기대수익률과 동일하고, 베타가 0일 때 기대수익률은 무위험수익률과 동일하다. SML은 CML과 달리 위험프리미엄의 보상기준이 되는 위험이 총위험이 아닌 체계적 위험이며, 따라서 효율적 포트폴리오뿐만이 아닌 개별주식과 비효율적 포트폴리오의 기대수익률도 측정 가능하다는 차이가 있다.

완전시장 하에서 자본시장이 균형을 이루고 투자자들이 평균·분산기준에 의해 행동한다고 가정하면 어떤 주식 또는 포트폴리오의 기대수익과 체계적 위험 사이에는 다음과 같은 선형관계가 성립한다.

$$E(R_i) = R_f + [E(R_m) - R_f]\beta_i$$

- $E(R_i)$: 주식 또는 포트폴리오 i의 기대수익률
- $E(R_m)$: 시장포트폴리오 m의 기대수익률
- R_f : 무위험이자율
- β_i : 주식 또는 포트폴리오 i의 체계적 위험

이 식을 증권시장선이라 하며, $[E(R_m) - R_f]$는 시장포트폴리오의 기대수익률에서 무위험이자율을 초과하는 부분으로서 시장포트폴리오의 초과수익률 또는 시장의 위험프리미엄을 의미한다. 따라서 개별주식의 체계적 위험을 알면 그 주식에 대한 기대수익률을 산출할 수 있다. 증권시장선의 논리는 다음과 같다. 한 자산에 대한 기대수익률은 그 자산의 체계적 위험에 비례한다. β가 큰 주식이 있다면 β가 작은 주식보다 보상이 커야 하기 때문에 β가 큰 주식에 대하여 더 큰 수익률을 보장하여야 한다.

2 체계적 위험 : 베타

투자이론에서는 **베타계수**라고 하는데 **증권시장 또는 증권가격 전반에 영향을 미치는 요인에 의하여 발생하는 투자위험**을 말한다. 증권시장에 영향을 미치는 경제적, 정치적, 사회적 조건 등이 체계적 위험의 원천이 된다. 체계적 위험(베타계수)이 큰 종목은 시장의 움직임에 민감하게 움직인다. 체계적 위험은 증권시장 전반에 관한 위험이기 때문에 분산투자에 의해서도 감소시킬 수 없다하여 **분산불능위험**이라고도 한다.

체계적 위험은 앞에서 언급했듯이 비체계적 위험은 분산투자를 통해서 위험을 줄일 수 있지만 100% 위험을 줄일 수는 없다. 이와 같이 경제상황, 시장상황, 금리변동 등 기업이 통제할 수 없는 위험만이 남게 되는데 이를 체계적 위험이라고 하며 체계적 위험의 측정치를 베타(β)라고 한다. 베타는 개별자산의 시장포트폴리오에 대한 기여도를 표준화 한 값으로 공분산을 시장포트폴리오의 위험으로 나눈 값이다.

$$\text{베타}(\beta_i) = \frac{\sigma_{im}}{\sigma_m^2} = \frac{\rho_{im}\sigma_i}{\sigma_m}$$

특정 자산의 베타는 자산의 시장포트폴리오 위험에 대한 기여도를 나타낸 값으로 시장포트폴리오 수익률 대비 자산의 수익률의 민감도를 나타내기도 한다. 쉽게 말해서 시장포트폴리오를 코스피지수라고 했을 때 특정 자산은 특정 주식이 되고 코스피지수를 1이라고 가정했을 시 특정 주식의 베타가 0.5가 나왔다면 코스피지수의 움직임에 비해 특정 주식의 움직임은 절반정도 밖에 움직이지 못했다는 결과이다.

반대로 특정 주식의 베타가 1.5가 나왔다면 코스피지수의 움직임에 비해 절반 이상 빠르게 움직인다는 의미이다. 보통 경제상황과 맞물려 가는 섹터(IT, 자동차, 건설 등)의 경우 시장상황의 변동에 따라서 코스피지수보다 더 민감하게 움직이는 경우가 많고 경제상황과 무관한(식음료, 의류 등) 섹터는 코스피지수보다 덜 민감하게 움직이는 경우가 많다.

베타의 몇 가지 특성들을 살펴보면 다음과 같다. 첫째, 시장포트폴리오의 베타는 1이다. 또한 시장에서 거래되는 모든 자산의 베타를 가중 평균한 값도 1이 된다. 앞에서 언급했듯이 베타가 1보다 커서 시장포트폴리오보다 민감한 움직임을 보이는 투자를 공격적 투자라고 하고, 1보다 작은 움직임을 보이는 투자를 방어적 투자라고 한다. 공격적 투자의 경우 시장상황이 좋으면 큰 수익률을 낼 수 있지만 시장상황이 좋지 않다면 큰 손실을 낼 수 있다. 반대로 방어적 투자는 시장상황에 관계없이 수익률은 작을지라도 위험도 작게 가져가는 투자이다.

둘째, 음(-)의 값을 갖는 베타도 있다. 음의 베타 값을 갖는 자산의 경우 시장포트폴리오의 움직임과 반대 방향임을 의미한다. 즉 경제가 호황일 때 자산이 수익률이 낮고, 경제가 불황이라면 수익률이 좋다는 의미이다.

셋째, 공분산이 0일 경우 베타도 0이 된다. 즉, 특정 자산이 시장포트폴리오와 무관하게 움직인다는 것을 의미한다.

3 자본자산가격결정모형의 도출

자본자산가격결정모형(CAPM)은 자본시장이 균형을 이룰 때 자본자산의 기대수익과 위험의 관계를 설명하는 모형이다. 증권시장이 경쟁적이라면 예상 위험프리미엄은 시장위험, 즉 베타계수에 따라 비례해서 변화한다고 설명한다. 즉 자본자산평가모델은 개별종목의 총위험을 시장에 연관되어 나타나는 위험(체계적 위험)과 시장과 상관없이 나타나는 위험(비체계적 위험)으로 분류하고 시장과 상관없이 나타나는 위험은 분산투자에 의해 제거할 수 있다고 본다. 따라서 체계적 위험에서 보상받을 수 있는 방법은 시장과 관련된 베타계수뿐이다. 이런 의미에서 모든 투자자는 동시에 동일한 내용의 정보를 입수할 수 있다는 **효율적 시장가설**을 전제로 하고 있다.

CAPM은 균형상태에서 자산 i와 체계적 위험인 베타, 그리고 기대수익률과의 관계를 나타내는데 이를 그림으로 나타낸 것이 증권시장선(SML ; Security Market Line)이라고 한다. SML은 시장균형 하에서 자산 i에 대한 기대수익률은 무위험이자율에 자산 i에 대한 위험프리미엄을 더한 값으로 계산되며 자산 i의 위험프리미엄은 시장위험프리미엄에 체계적 위험의 측정치인 베타를 곱하여 계산된다는 것을 알 수 있다.

$$E(r_1) = r_f + \left[E(r_m) - r_f \right] \times \beta_i$$

- r_f : 무위험이자율
- $E(r_m) - r_f$: 시장위험프라임
- β_i : 체계적 위험

더 알아두기 🔍

정규분포

정규분포는 통계학에서 대표적인 연속 확률분포(continuous probability distribution)로 매우 널리 사용되며, 가우스 분포라고도 불린다. 정규분포는 통계학에서뿐만 아니라 자연과학 및 사회과학에서 어떤 변수가 무작위로 가질 수 있는 실제 값에 관한 분포를 기술하는데 매우 유용하게 쓰이는데, 이는 중심극한정리(central limit theorem)에 기인한다. 중심극한정리가 뜻하는 바는 확률분포를 알 수 없는 어떠한 변수라도 정해진 횟수 만큼 독립적으로 추출하는 작업을 반복했을 때, 추출된 값들의 평균 값은 이 커짐에 따라 정규분포에 접근한다는 정리이다.

물리학에서 측정할 때 발생하는 오차와 관련해서 예를 들어보면, 측정값과 참값의 차이를 측정오차(error of measurement, measurement error, observational error)라고 하는데, 이 측정오차는 보통 마구잡이 오차(random error) 혹은 우발오차와 계통오차(systematic error) 혹은 조직적 오차로 나눈다.

마구잡이 오차는 측정을 여러 번 하였을 때 각 측정 사이에 아무런 연관이 없이 마구잡이로 생기는 오차로, 충분히 많은 측정을 한 후 평균을 하면 보통 0이 되어 없어지는(average-out) 오차이다. 여기서 마구잡이 오차는 원인을 잘 알지 못하고 예측할 수 없는 경우가 대부분이지만, 측정을 여러 번 반복해서 평균값을 내면 측정 횟수가 커질수록 그 평균값들은 0을 중심으로 하는 정규분포를 하게 된다.

정규분포의 확률밀도함수(probability density function)에서 μ는 이 밀도함수의 평균값 또는 기대값이고 σ는 표준편차(standard deviation), σ^2는 분산(variance)이다. 이 확률밀도함수는 종 모양의 곡선인데, 평균값과 표준편차에 따라 종의 위치와 폭이 달라지는 것을 알 수 있다. 정규분포 곡선의 특징을 보면 평균값을 기준으로 좌우가 대칭이면서 좌우 극단으로 나아갈수록 급격하게 수치가 낮아지는 특징을 지닌다.

정규분포의 특징

① 전체적인 모양은 종모양이다.
② 평균 = 중앙값 = 최빈값이고 평균에서 가장 큰 값을 가지며 평균에서 좌우대칭을 보인다.
③ 평균과 표준편차에 따라서 구분된다.
④ 측정오차는 정규분포를 따른다.
⑤ 분포의 특징으로 (μ, σ) 규정

OX로 점검하자

※ 다음 지문의 내용이 맞으면 O, 틀리면 ×를 체크하시오. [1~30]

01 기업의 재무의사결정은 현재 투자활동 및 자금조달활동으로 인해 이루어지지만 이로 인한 수익창출은 현재시점에만 이루어진다. (   )

02 소비자들은 미래의 불확실한 현금보다는 현재의 소비를 더 선호하는데 이를 유동성 선호라고 한다. (   )

03 인플레이션에 따른 구매력 감소로 인해 현재의 소비를 더 선호한다. (   )

04 미래의 확실성으로 인한 위험 때문에 현재의 소비를 더 선호하게 된다. (   )

05 서로 다른 시점에서 발생하는 현금흐름은 같은 금액이라도 발생되는 시점에 따라 서로 다른 가치를 갖게 되는데 이를 화폐의 시간가치(time value of money)라고 한다.
(   )

06 현가라고도 하며 미래의 특정 기간에 발생할 현금흐름을 현재시점의 가치로 환산한 것을 현재가치(PV ; Present Value)라고 한다. (   )

07 위험선호형 투자자들은 미래의 불확실성에 대한 위험부담을 요구하게 되는데 이를 위험프리미엄(risk premium)이라고 한다. (   )

08 순현가법은 투자안의 순현가를 계산하여 양(+)일 경우 투자안을 기각하고, 음(−)일 경우에는 채택한다. (   )

정답과 해설   01 ×   02 O   03 O   04 ×   05 O   06 O   07 ×   08 ×

01 현재 투자활동 및 자금조달활동으로 인해 이루어지지만 이로 인한 수익창출은 미래의 어느 시점에서 이루어진다.

04 불확실성으로 인한 위험 때문에 현재의 소비를 더 선호하게 된다.

07 위험회피형 투자자들은 미래의 불확실성에 대한 위험부담을 요구하게 되는데 이를 위험프리미엄(risk premium)이라고 한다.

08 양(+)일 경우 투자안을 채택하고, 음(−)일 경우에는 기각한다.

09 순현가는 투자안으로부터 예상되는 미래현금흐름을 적정할인율로 할인하여 현재가치를 계산하고 투자비용을 차감하면서 정의된다. (   )

10 할인율은 자본기회비용으로 기업이 현재 추진하려고 하는 사업 대신 위험이 같은 다른 사업을 추진하였을 때 기대할 수 있는 수익률이다. (   )

11 내부수익률(IRR ; Internal Rate of Return)은 미래의 현금 유입액이 현재의 투자가치와 상이하게 만드는 수익률이다. (   )

12 어떤 새로운 투자안에서 발생하는 비용과 편익의 흐름이 있을 때 해당 투자안의 현재가 치를 '1'로 만드는 할인율을 내부수익률(IRR)이라고 한다. (   )

13 채권은 상환기간이 정해져 있는 무기한부증권이며 대체로 안정성이 낮은 것이 특징이 다. (   )

14 채권의 액면가에 대한 연간 이자지급액의 비율을 나타내는 수익률을 표면이자율(coupon rate)이라고 하며 연간 이지지급액을 채권의 액면가로 나눈 값이다. (   )

15 이자율의 기간구조는 흔히 수익률곡선(yield curve)으로 나타내는데 상이한 위험구조 를 가진 채권들의 만기별 수익률을 나타낸 그래프이다. (   )

16 장기이자율이 단기이자율보다 높으면 우하향곡선의 형태를 취하며, 장기이자율이 단기 이자율과 같다면 수직곡선, 장기이자율이 단기이자율보다 낮다면 우상향곡선의 형태를 취한다. (   )

정답과 해설 09 O 10 O 11 × 12 × 13 × 14 O 15 × 16 ×

11 미래의 현금 유입액이 현재의 투자가치와 동일하게 되는 수익률이다.
12 해당 투자안의 현재가치를 '0'으로 만드는 할인율을 내부수익률(IRR)이라고 한다.
13 채권은 상환기간이 정해져 있는 기한부증권이며 대체로 안정성이 높은 것이 특징이다.
15 동일한 위험구조를 가진 채권들의 만기별 수익률을 나타낸 그래프이다.
16 장기이자율이 단기이자율보다 높으면 우상향곡선의 형태를 취하며, 장기이자율이 단기이자율과 같다면 수평곡선, 장기이자율이 단기이자율보다 낮다면 우하향곡선의 형태를 취한다.

17 우선주는 의결권은 없지만 보통주보다 먼저 배당을 받을 수 있는 것이 특징이다. (　　)

18 배당평가모형을 적용하기 위해선 몇 가지 변수들이 필요한데 할인율, 배당성장율의 값, 향후 배당의 예측 값이 필요하다. (　　)

19 주가수익비율(PER ; Price Earnings Ratio)은 주가를 주당순자산으로 나눈 값으로 기업이 벌어들인 수익만큼 주가가 얼마만큼 형성이 되었는지 나타내주는 식이다. (　　)

20 일정 시점에 여러 기간에 걸쳐 금융자산 및 실물자산에 투자하여 얻는 수익률을 보유기간 수익률이라고 하며 재투자가 불가능하다. (　　)

21 기하평균수익률은 연평균복리수익률이라고도 하며 매 기간 동안의 수익률이 주어지면, 보유기간 동안 총수익률을 계산하여 기하평균을 계산한 후 1을 뺀 값이다. (　　)

22 확률변수 X의 기댓값(expectation)은 (X)로 표시하며, 기댓값(X)은 여러 상태의 수익률을 그 확률로서 더한 값이다. (　　)

23 분산은 변수의 흩어진 정도를 나타내는 지표이다. 어떤 변수 x에 대해서 평균값을 중심으로 얼마나 떨어져있는가를 판단한다. (　　)

24 분산의 제곱을 하여 확률변수의 단위와 같도록 표준화한 값을 표준편차(standdard deviation)라고 한다. (　　)

25 공분산(covariance)은 두 자산 사이의 수익률이 서로 얼마만큼 관련이 있는지의 척도로서 사용이 된다. (　　)

정답과 해설　17 O　18 O　19 ✕　20 ✕　21 O　22 ✕　23 O　24 O　25 ✕

19 주가를 주당순이익으로 나눈 값이다.

20 재투자가 가능하다.

22 확률변수 X의 기댓값(expectation)은 E(X)로 표시하며, 기댓값 E(X)은 여러 상태의 수익률을 그 확률로서 곱한 값이다.

25 공분산(covariance)은 두 자산 사이의 수익률의 변동성이 서로 얼마만큼 관련이 있는지의 척도로서 사용이 된다.

안심Touch

26 상관계수는 공분산을 표준편차로 나누어 두 확률변수가 얼마만큼 밀접하게 관련되어 움직이는지를 나타낸 것으로 무한대에서 무한대 사이의 값을 갖는다. (　　)

27 수익률의 측정지로 표준편차를 사용했을 시 기대효용이 다른 평균-표준편차의 조합을 연결한 선을 평균-분산 무차별곡선이라고 한다. (　　)

28 두 주식 간에 기대수익률이 같다면 위험이 작은 주식을, 위험이 같다면 기대수익률이 높은 주식을 선택하게 되는데 이러한 투자안의 선택기준을 지배원리라고 한다. (　　)

29 아무리 분산투자를 하여도 제거할 수 없는 위험을 비체계적 위험, 시장위험, 분산불가능 위험이라고 한다. (　　)

30 시장포트폴리오와 무위험자산을 결합하여 구성된 자본배분선을 증권시장선(CML ; Capital Market Line)이라고 부른다. (　　)

실전예상문제

01 다음 중 화폐의 시간가치에 관한 설명으로 **틀린** 것은?

① 소비자들은 미래의 불확실한 현금보다는 현재의 소비를 더 선호하는데 이를 유동성 선호라고 한다.

② 소비자들은 시차선호로 인해 현재의 소비를 더 선호한다.

③ 인플레이션에 따른 구매력 증가로 인해 현재의 소비를 더 선호한다.

④ 현재의 재투자로 인하여 수익을 극대화 할 수 있다.

01 인플레이션에 따른 구매력 감소로 인해 현재의 소비를 더 선호한다.

02 다음 설명 중 옳은 것은?

① 현재의 특정 기간에 발생할 현금흐름을 미래시점의 가치로 환산한 것을 현재가치라고 한다.

② 현재가치의 계산법을 현금흐름모형이라고 한다.

③ 현재가치는 기간에 따라 이자율이 상이할 경우에도 적용되는 현금흐름의 할인율은 같아진다.

④ 위험회피형 투자자들은 미래의 불확실성에 대한 위험부담을 요구하게 되는데 이를 위험프리미엄이라고 한다.

02 ① 미래의 특정 기간에 발생할 현금흐름을 현재시점의 가치로 환산한 것을 현재가치라고 한다.
② 할인현금흐름모형이라고 한다.
③ 기간에 따라 이자율이 상이할 경우 적용되는 현금흐름의 할인율도 달라진다.

정답 01③ 02④

안심Touch

해설 & 정답
checkpoint

03 위험프리미엄은 위험이 클수록 또 위험회피성향이 강할수록 증가하게 된다.

03 다음 설명 중 틀린 것은?

① 위험프리미엄은 위험이 작을수록 또 위험회피성향이 약할수록 증가하게 된다.

② 금융자산으로부터의 기대수익률은 시장상황을 반영한 명목이자율과 위험프리미엄의 합으로 결정된다.

③ 투자안에 대한 의사결정을 내릴 때 투자안을 평가하는 여러 방법 중 가장 많이 쓰이는 것이 순현가법이다.

④ 순현가법은 투자안의 순현가를 계산하여 양(+)일 경우 투자안을 채택하고, 음(−)일 경우에는 기각한다.

04 ① 투자안에서 발생하는 현금흐름은 대부분이 불확실하기 때문에 기대현금흐름과 위험을 반영한 할인율을 사용한다.
② 할인율은 자본기회비용으로 기업이 현재 추진하려고 하는 사업대신 위험이 같은 다른 사업을 추진하였을 때 기대할 수 있는 수익률이다.
③ 위험이 같은 사업안에 대해 투자자들이 기대하는 수익률과 일치할 것이기 때문에 기대수익률 또는 요구수익률이라고 부른다.

04 다음 설명 중 옳은 것은?

① 투자안에서 발생하는 현금흐름은 대부분이 확실하기 때문에 기대현금흐름만을 반영한 할인율을 사용한다.

② 할인율은 자본기회비용으로 기업이 현재 추진하려고 하는 사업대신 위험이 다른 사업을 추진하였을 때 기대할 수 있는 수익률이다.

③ 위험이 다른 사업안에 대해 투자자들이 기대하는 수익률과 일치할 것이기 때문에 기대수익률 또는 요구수익률이라고 부른다.

④ 내부수익률은 미래의 현금 유입액이 현재의 투자가치와 동일하게 되는 수익률이다.

정답 03 ① 04 ④

05 다음 중 채권에 관한 설명으로 **틀린** 것은?

① 채권(bond)은 정부와 기업이 자금조달을 위해 발행하는 증서로서 일정 시점에 약속된 금액(원금 + 이자)상환을 목적으로 한다.

② 발행의 목적에 따라서 국·공채, 회사채, 특수채로 구분이 된다.

③ 채권은 상환기간이 정해져 있는 기한부증권이며 대체로 안정성이 높은 것이 특징이다.

④ 이자율에 따른 이자수익과 시세차익에 따른 자본수익을 얻을 수 있으며 현금화 할 수 있는 유동성이 크다.

05 발행의 주체자에 따라서 국·공채, 회사채, 특수채로 구분이 된다.

06 다음 중 이자율의 기간구조에 관한 설명으로 **틀린** 것은?

① 채권금리는 만기가 길수록 금리도 높아지는 우상향의 모양을 보인다.

② 기간에 따라 달라질 수 있는 이자율 사이의 관계를 이자율의 기간구조라고 부른다.

③ 이자율의 기간구조는 흔히 수익률곡선(yield curve)으로 나타낸다.

④ 장기이자율이 단기이자율보다 높으면 우하향곡선의 형태를 취한다.

06 장기이자율이 단기이자율보다 높으면 우상향곡선의 형태를 취한다.

07 다음 중 만기수익률에 관한 설명으로 **옳은** 것은?

① 채권의 만기수익률은 상환 받을 이자와 원금을 만기까지 보유하지 않더라도 얻을 수 있는 수익률을 말한다.

② 채권의 수요와 공급에 의해서 채권가격이 형성된 이후 만기수익률로 연평균수익률을 계산한다.

③ 만기수익률은 기간수익률로 정의가 되어 진다.

④ 내부수익률은 순현가(NPV)를 1로 만드는 할인율을 의미한다.

07 ① 채권의 만기수익률은 상환 받을 이자와 원금을 만기까지 보유했을 시 얻을 수 있는 수익률을 말한다.
③ 만기수익률은 내부수익률로 정의가 되어 진다.
④ 내부수익률은 순현가(NPV)를 0으로 만드는 할인율을 의미한다.

정답 05 ② 06 ④ 07 ②

안심Touch

08 우선주가 아닌 보통주이다. 우선주는 의결권은 없지만 보통주보다 먼저 배당을 받을 수 있는 것이 특징이다.

08 다음 중 주식에 관한 설명으로 <u>틀린</u> 것은?

① 금융자산 중 주식은 시장에서 거래되는 중요한 자본조달방법이다.

② 기업이 발행하는 주식의 종류는 보통주와 우선주, 후배주, 혼합주로 나뉜다.

③ 우선주는 우리나라에서 가장 많이 발행되는 자금조달방법으로 재무관리에서는 주로 우선주를 중심으로 가치평가를 한다.

④ 보통주의 투자로 얻을 수 있는 수익은 배당과 주가상승으로 인한 차익을 기대할 수 있다.

09 ② 시장상황과 기업 고유의 상황으로 인해 수익이 될 수도 있지만 때로는 손실이 일어날 수도 있다.
③ 채무자가 아닌 투자자다.
④ 하나의 기간이 아닌 여러 기간에 걸쳐 금융자산 및 실물자산에 투자하여 얻는 수익률을 보유기간 수익률이라고 한다.

09 다음 설명 중 옳은 것은?

① 금융자산의 투자로 인한 배당, 이자, 금융차익으로 인한 수익과 투자에서 얻는 이러한 성과를 수익이라고 한다.

② 시장상황과 기업 고유의 상황으로 손실만 발생한다.

③ 수익은 채무자가 투입한 자금만큼 얼마나 성과를 일으켰는지의 지표로서 사용이 된다.

④ 일정 시점에 하나의 기간에만 걸쳐 금융자산 및 실물자산에 투자하여 얻는 수익률을 보유기간 수익률이라고 한다.

10 기하평균을 계산한 후 1을 뺀 값이다.

10 다음 설명 중 <u>틀린</u> 것은?

① 여러 기간에 걸쳐 투자가 이루어지는 경우 연평균수익률을 사용하여 투자성과를 계산한다.

② 연평균수익률은 계산방법에 따라 산술평균수익률, 기하평균수익률, 그리고 내부수익률 등이 있다.

③ 산술평균수익률은 여러 기간에 걸쳐 투자 시, 각 기간마다의 수익률을 단순하게 산술평균한 것이다.

④ 기하평균수익률은 보유기간 동안 총수익률을 계산하여 기하평균을 계산한 후 1을 더한 값이다.

정답 08 ③ 09 ① 10 ④

11 다음 설명 중 옳은 것은?

① 기하평균수익률은 매기마다의 수익률로 재투자하여 투자 가치가 감소되는 효과를 낸다.

② 산술평균수익률과 기하평균수익률은 매기의 수익률에 주 어지는 가중치가 동일하지 않기 때문에 두 연평균수익률 모두 시간가중수익률이라고 한다.

③ 내부수익률은 향후 발생하는 투자수익의 현재가치와 투자 비용의 현재가치를 일치시키는 할인율로, 금액가중수익률 이라고도 불린다.

④ 어떤 새로운 투자안에서 발생하는 비용과 편익의 흐름이 있 을 때 해당 투자안의 현재가치를 '1'로 만드는 할인율이다.

11 ① 투자가치가 증대되는 효과를 낸다.
② 가중치가 동일하기 않기 때문에 두 연평균수익률 모두 시간가중 수익률이라고 한다.
④ 해당 투자안의 현재가치를 '0'으 로 만드는 할인율이다.

12 다음 설명 중 틀린 것은?

① 주식의 경우 현재시점에 투자한다면 미래에 정확하게 얼마 의 차익을 얻을 수 있는지 분명하다.

② 특정 투자로부터 미래에 얻을 수 있는 결과를 확실하게 알 지 못하는 상황을 불확실성 또는 위험이 있는 상황이라고 한다.

③ 미래의 상태에 따라 다양한 값을 갖는 것을 확률변수라고 한다.

④ 과거경험과 패턴에 의해 미래에 발생 가능한 결과 값을 추 론하여 확률분포를 만들어 예상해 볼 수 있다.

12 미래에 정확하게 얼마의 차익을 얻 을 수 있는지 불분명하다.

13 ① 확률분포가 나오면 기댓값을 계산할 수 있다.
② 확률변수 X의 기댓값(expectation)은 E(X)로 표시한다.
③ 기댓값 E(X)은 여러 상태의 수익률을 그 확률로서 곱한 값이다.

14 기댓값이 아닌 평균값이다.

15 ① 예측값이 아닌 실현값이다.
② 표준편차에 관한 설명이다.
④ 수익률의 변동성이 서로 얼마만큼 관련이 있는지의 척도이다.

13 다음 중 기대수익률에 관한 설명으로 옳은 것은?

① 확률분포가 나와도 기댓값을 계산할 수 없다.
② 확률변수 X의 기댓값은 X로 표시한다.
③ 기댓값 E(X)은 여러 상태의 수익률을 그 확률로서 더한 값이다.
④ 기대수익률은 미래에 발생 가능한 여러 수준의 확률을 가중치로 사용하여 평균으로 나타낸 지표이다.

14 다음 중 분산에 관한 설명으로 틀린 것은?

① 분산은 변수의 흩어진 정도를 나타내는 지표이다.
② 어떤 변수 x에 대해서 기대값을 중심으로 얼마나 떨어져있는가를 판단한다.
③ 확률변수 X의 분산(variance)은 σ^2_x 혹은 Var(X)로 표시한다.
④ 위험의 정도를 계산하기 위하여 사용되며 실현값이 기댓값의 평균으로부터 많이 벗어나 있다는 것은 변동성이 크다는 것을 의미한다.

15 다음 설명 중 옳은 것은?

① 표준편차는 예측값이 평균으로부터 얼마나 벗어나 있는지를 나타내는 값으로 분산과 위험을 측정하는 지표와 비슷하다.
② 분산의 제곱을 하여 확률변수의 단위와 같도록 표준화한 값을 편차라고 한다.
③ 분산 또는 표준편차와 같이 위험의 척도로 나타내는 통계치로 공분산이 사용된다.
④ 공분산은 두 자산 사이의 수익률의 변동성이 서로 얼마만큼 관련이 없는지의 척도로서 사용이 된다.

정답 13 ④ 14 ② 15 ③

16 다음 중 공분산과 상관계수에 관한 설명으로 <u>틀린</u> 것은?

① 공분산은 두 변수가 얼마만큼 관련이 있는지의 측정값이 너무 광범위하게 퍼져있어 판단하기에 쉽지 않다.

② 공분산을 표준화한 값인 상관계수를 사용한다.

③ 상관계수는 공분산을 표준편차로 나누어 두 확률변수가 얼마만큼 밀접하게 관련되어 움직이는지를 나타낸 것으로 0에서 +1 사이의 값을 갖는다.

④ 상관계수가 +1인 경우 두 확률변수는 양(+)의 기울기를 갖는 직선관계로 나타낼 수 있고, 이 값이 −1인 경우에는 음(−)의 기울기를 갖는 직선관계로 나타낼 수 있다.

17 다음 중 평균−분산 무차별곡선에 관한 설명으로 옳은 것은?

① 현재수익의 평균과 분산(표준편차)이 두 가지 통계함수를 이용하여 투자자의 기대효용을 계산할 수 있는 모형을 평균−분산 모형이라고 한다.

② 투자자의 효용함수가 수익대비 증가함수라면 기대효용은 평균(기대수익)이 커질수록 증가하고 분산(위험)이 커질수록 감소한다.

③ 투자자는 기대효용의 극대화를 위해선 같은 값이라면 높은 기대수익(평균)을 선호하고, 높은 분산(위험)을 선호하게 된다.

④ 위험의 측정지로 표준편차를 사용했을 시 기대효용이 같은 평균−표준편차의 조합을 연결한 선을 자본시장선이라고 한다.

16 −1에서 +1 사이의 값을 갖는다.

17 ① 현재수익이 아닌 미래수익이다.
③ 낮은 분산(위험)을 선호하게 된다.
④ 평균−분산 무차별곡선에 관한 설명이다. 시장포트폴리오와 무위험자산을 결합하여 구성된 자본배분선을 자본시장선이라고 부른다.

정답 16 ③ 17 ②

안심Touch

18 기대수익률과 위험(분산)을 알아내야
    한다.

18 다음 중 포트폴리오의 기대수익률과 위험에 관한 설명으로 틀린 것은?

① 투자자의 선호도에 따라서 투자대상을 보유하게 되고 이러한 투자대상의 집합을 포트폴리오라고 한다.

② 투자자들의 기대효용을 극대화시키기 위해서는 최적 포트폴리오를 구성하면 된다.

③ 포트폴리오 수익률의 확률분포로부터 기대수익률과 분산을 구한 다음 지배원리를 구성하여 선택할 수 있는 자산의 범위를 구성하고 무차별곡선을 이용하여 최적 포트폴리오를 결정하게 된다.

④ 최적 포트폴리오를 구성하려면 첫 번째 포트폴리오의 평균값과 위험(분산)을 알아내야 한다.

19 ① 하나의 자산이 아닌 다양한 자산
    을 편입시켜 위험을 상쇄한다.
    ③ 비체계적 위험이 아닌 체계적 위
    험에 관한 설명이다.
    ④ 체계적위험이 아닌 비체계적 위
    험에 관한 설명이다.

19 다음 중 체계적 위험과 비체계적 위험에 관한 설명으로 옳은 것은?

① 투자자는 포트폴리오를 구성할 때 하나의 자산만 편입시켜 위험을 상쇄한다.

② 2개 이상의 자산으로 포트폴리오를 구성했을 시 기대수익률은 유지하면서 위험만 줄일 수 있는데 이를 포트폴리오 효과 또는 분산효과라고 한다.

③ 아무리 분산투자를 하여도 제거할 수 없는 위험을 비체계적 위험이라고 한다.

④ 어느 특정 기업만이 가질 수 있는 사건이나 상황의 변동 등에서 발생되는 위험을 체계적 위험이라고 한다.

정답 18 ④ 19 ②

20 다음 중 자본자산가격결정모형(CAPM)에 관한 설명으로 **틀린** 것은?

① 자본자산가격결정모형(CAPM)은 자산의 수익률에 따라 기대수익률이 어떻게 결정되는지를 보여주는 균형이론이다.

② CAPM은 균형가격의 결정과정을 밝히는 여러 자산가격결정모형 중 가장 널리 알려진 모형이다.

③ CAPM은 마코위츠의 평균-분산 포트폴리오 이론의 가정에 몇 가지 가정을 추가하여 설명된다.

④ 증권의 공급이 고정되어 있다는 가정은 증권가격이 증권을 발행하는 공급자보다는 증권의 수요자인 투자자의 의사에 따라 결정된다.

21 다음 빈칸에 들어갈 알맞은 단어는?

> 위험프리미엄은 위험이 (A) 또 위험회피성향이 (B) 증가하게 되며 위험회피 정도에 따라 위험프리미엄도 상이하다.

	A	B
①	클수록	약할수록
②	클수록	강할수록
③	작을수록	강할수록
④	작을수록	약할수록

22 미래의 현금유입액이 현재의 투자가 치와 동일하게 되는 수익률이다. 어떤 새로운 투자안에서 발생하는 비용과 편익의 흐름이 있을 때 해당 투자안의 현재가치를 '0'으로 만드는 할인율을 내부수익률(IRR)이라고 한다. 내부수익률은 시장이자율과 비교하여 투자안을 채택 혹은 기각을 결정하는데 내부수익률이 시장이자율보다 높다면 투자할 가치가 있다고 판단하여 투자안을 채택하며, 반대로 시장이자율보다 낮으면 기각한다.

22 다음 빈칸에 들어갈 알맞은 단어는?

(A)은 새로운 사업안(투자안)에 소요되는 유출금액의 현재가치가 그 사업안으로부터 기대되는 (B)의 현재가치와 동일하게 만드는 할인율이다.

	A	B
①	내부수익률	부채
②	할인율	현금유입액
③	내부수익률	현금유입액
④	할인율	부채

23
- $P_0 = D_1 / (k - g)$에서 $g = b \times r$
  $= 0.3 \times 0.1 = 0.03$
- D_0 = 주당순이익 $\times$ (1 – 사내유보율)
  $= 3,000 \times (1 - 0.3) = 2,100$원
- $D_1 = D_0 \times (1 + g)$
  $= 2,100 \times (1 + 0.03) = 2,163$원
- $P = 2,163 / (0.2 - 0.03) = 12,723$원

23 다음 자료를 이용하여 이 회사의 주식가치를 구하시오.

- 사내유보율 = 30%
- 자기자본이익률(ROE) = 10%
- 자기자본비용 = 20%
- 당기의 주당순이익 = 3,000원

① 12,723원

② 13,250원

③ 14,500원

④ 15,670원

정답 22 ③   23 ①

24 주식 X, Y의 기대수익률에 대한 확률분포가 다음 표와 같다. 주식 X에 20%, 주식 Y에 40%를 투자 시 기대수익률은 얼마인가?

경제상황	확률	주식 X	주식 Y
불황	0.3	0.01%	0.10%
정상	0.2	0.03%	0.03%
호황	0.4	0.05%	0.01%

① 1.45%

② 1.89%

③ 2.00%

④ 2.18%

24
$$E(X) = P_1 \times X_1 + P_2 \times X_2 + \dots + P_s \times X_s$$
$$= \sum P_j \times X_j$$

$0.3 \times [(20\% \times 0.01\%) + (40\% \times 0.10\%)] + 0.2 \times [(20\% \times 0.03\%) + (40\% \times 0.03\%)] + 0.4 \times [(20\% \times 0.05\%) + (40\% \times 0.01\%)] = 2.18\%$

25 다음 빈칸에 들어갈 알맞은 단어는?

> 아무리 분산투자를 하여도 제거할 수 없는 위험을 (A), 시장위험, 분산불가능위험이라고 한다. 반대로 경영진의 변동, 파업, 법적소송, 신사업 성패 등 어느 특정 기업만이 가질 수 있는 사건이나 상황의 변동 등에서 발생되는 위험을 (B) 또는 기업고유의 위험이라고 한다.

	A	B
①	체계적 위험	비체계적 위험
②	비체계적 위험	체계적 위험
③	체계적 위험	시장 위험
④	기업 위험	비체계적 위험

25 체계적 위험에 미치는 영향은 경기와 관련된 위험, 금리의 변동, 정치적 변화 등 기업차제가 제거할 수 없는 위험으로 구성되어 있다. 반대로 경영진의 변동, 파업, 법적소송, 신사업 성패 등 어느 특정 기업만이 가질 수 있는 사건이나 상황의 변동 등에서 발생되는 위험을 비체계적 위험 또는 기업고유의 위험이라고 한다. 이러한 위험은 분산투자를 통하여 제거할 수 있는 위험이다. 처음 포트폴리오 자산수가 증가함에 따라 포트폴리오의 위험이 급격히 감소하다가 점차 서서히 감소한다. 이는 무수한 분산투자로도 위험은 모두 사라지지 않으며 체계적 위험만 남는다.

26 PER = 주가 / 주당순이익
= 30,000 / 20,000 = 1.5

27 자본자산가격결정모형(CAPM)
= $r_f + \{E(r_m) - r_f\} \times \sigma_m$
= $0.05 + (0.18 - 0.05) \times 0.5$
= 11.5%

28 주식수익률
$= \dfrac{D_1 + P_1 - P_0}{P_0}$
$= \dfrac{D_1}{P_0} + \dfrac{P_1 - P_0}{P_0}$
= (1,000 / 10만원) + {(11만원 − 10만원) / 10만원} = 0.11

26 A기업의 주가는 30,000이며, 주당순이익은 20,000이다. A기업의 PER을 계산하시오.

① 1배
② 1.5배
③ 2.5배
④ 2배

27 다음 정보를 통해 자본자산가격결정모형(CAPM)을 이용하여 A 주식의 기대수익률을 계산하시오.

- 시장무위험수익률 : 5%
- 시장기대수익률 : 18%
- 베타 : 0.5

① 9.35%
② 10.25%
③ 10.45%
④ 11.5%

28 A투자자는 현재가격이 10만원인 주식을 1년간 투자하여 1년 후 11만원이 되었다. 배당금이 1,000원이라고 했을 시 보유기간 수익률을 계산하시오.

① 9%
② 10%
③ 11%
④ 12%

정답 26 ② 27 ④ 28 ③

29 액면가가 10,000원, 만기가 5년, 표면이자율이 0%인 채권의 듀레이션은 얼마인가?

① 5년

② 6년

③ 7년

④ 8년

29 순할인채의 듀레이션은 만기와 일치한다.

30 다음 빈칸에 들어갈 알맞은 단어는?

> 기하평균수익률은 (A)이라고도 하며 매 기간 동안의 수익률이 주어지면, 보유기간 동안 총 수익률을 계산하여 기하평균을 계산한 후 (B)을 뺀 값이다.

	A	B
①	연평균복리수익률	2
②	연평균단리수익률	1
③	연평균복리수익률	1
④	연평균단리수익률	2

30 기하평균수익률은 매기마다의 수익률로 재투자하여 투자가치가 증대되는 효과를 낸다. 기하평균수익률은 매기의 수익률에 주어지는 가중치가 동일하기 때문에 연평균수익률은 시간가중수익률이라고 한다.

checkpoint 해설 & 정답

주관식 문제

01

정답 A : 유동성 선호, B : 시차선호, C : 인플레이션

해설 서로 다른 시점에서 발생하는 현금흐름은 같은 금액이라도 발생되는 시점에 따라 서로 다른 가치를 갖게 되는데 이를 화폐의 시간가치(time value of money)라고 한다. 소비자들은 유동성 선호를 반영하여 화폐의 시간가치를 판단하는 기준으로 시장이자율을 사용하는데, 시장이자율은 다른 화폐의 가치를 비교하는 수단으로 사용이 된다. 따라서 시장이자율은 앞에서 언급한 시차선호, 인플레이션, 재투자기회, 미래의 불확실성으로 인한 위험 등을 고려하여 결정된다.

02

정답 ① 소비자들은 시차선호로 인해 현재의 소비를 더 선호한다. 즉 인간의 생명은 유한하기 때문에 현재의 소비를 더 선호한다.
② 인플레이션에 따른 구매력 감소로 인해 현재의 소비를 더 선호한다.
③ 현재의 재투자로 인하여 수익을 극대화 할 수 있다.
④ 미래의 불확실성으로 인한 위험 때문에 현재의 소비를 더 선호하게 된다.

01 다음 빈칸에 들어갈 알맞은 단어는?

> 소비자들은 미래의 불확실한 현금보다는 현재의 소비를 더 선호하는데 이를 (A)라고 한다. 첫째, 소비자들은 (B)로 인해 현재의 소비를 더 선호한다. 즉 인간의 생명은 유한하기 때문에 현재의 소비를 더 선호한다. 둘째, (C)의 따른 구매력 감소로 인해 현재의 소비를 더 선호한다.

02 소비자들이 현재의 소비를 선호하는 경우에 관한 4가지 요인은?

03 다음 빈칸에 들어갈 알맞은 단어는?

> 다른 시점에서 발생하는 현금흐름은 같은 금액이라도 발생되는 시점에 따라 서로 다른 가치를 갖게 되는데 이를 (A)라고 한다. 소비자들은 유동성 선호를 반영하여 화폐의 시간가치를 판단하는 기준으로 (B)을 사용하는데, 다른 화폐의 가치를 비교하는 수단으로 사용이 된다.

03

정답 A : 화폐의 시간가치, B : 시장이자율

해설 어느 기업이 자금조달 및 투자활동을 했을 시 기업내부로 유입되는 현금흐름과 외부로 유출되는 현금흐름의 가치의 발생시기가 다르기 때문에 이들을 동일 시점의 가치로 환산해주어야 한다.

04 현재가치에 대해서 간략하게 설명하시오.

04

정답 현가라고도 하며 미래의 특정 기간에 발생할 현금흐름을 현재시점의 가치로 환산한 것을 현재가치(PV)라고 한다. 이러한 계산법을 할인현금흐름모형이라고 한다.

해설&정답

05

정답
- 정의 : 투자안에 대한 의사결정을 내릴 때 투자안을 평가하는 여러 방법 중 가장 많이 쓰이는 것이 순현가법(NPV)이다.
- 특징 : 순현가법은 투자안의 순현가를 계산하여 양(+)일 경우 투자안을 채택하고, 음(−)일 경우에는 기각한다.

06

정답 할인율은 자본기회비용으로 기업이 현재 추진하려고 하는 사업대신 위험이 같은 다른 사업을 추진하였을 때 기대할 수 있는 수익률이다. 위험이 같은 사업안에 대해 투자자들이 기대하는 수익률과 일치할 것이기 때문에 기대수익률(expected rate of return) 또는 요구수익률(required rate of return)이라고 부른다.

07

정답
- 정의 : 채권의 경우 만기가 정해져 있고 상환 받을 이자와 원금을 알 수 있기 때문에 만기까지 보유한다면 얻을 수 있는 수익률을 알 수 있다. 이것을 채권의 만기수익률(YTM)이라고 한다.
- 특징 : 통상 채권의 연평균수익률을 계산해야 할 경우가 있는데 채권시장에서 채권의 수요와 공급에 의해서 채권가격이 형성된 이후 만기수익률로 연평균수익률을 계산한다. 또한 만기수익률은 내부수익률로 정의된다.

05 순현가의 정의와 특징에 대해서 간략하게 설명하시오.

06 할인율에 대해서 간략하게 설명하시오.

07 만기수익률의 정의와 특징에 대해서 간략하게 설명하시오.

08 분산의 정의와 특징에 대해서 간략하게 설명하시오.

정답 • 정의 : 분산은 변수의 흩어진 정도를 나타내는 지표이다. 어떤 변수 x에 대해서 평균값을 중심으로 얼마나 떨어져있는가를 판단한다.
• 특징 : 확률변수 X의 분산은 σ^2_x 혹은 Var(X)로 표시하며 위험의 정도를 계산하기 위하여 사용된다. 실현값이 기댓값의 평균으로부터 많이 벗어나 있다는 것은 변동성이 크다는 것을 의미하며 이는 곧 위험이 크다는 것을 뜻한다.

09 공분산의 정의와 특징에 대해서 간략하게 설명하시오.

정답 • 정의 : 공분산은 두 자산 사이의 수익률의 변동성이 서로 얼마만큼 관련이 있는 지의 척도로서 사용된다.
• 특징 : 공분산은 σ_{xy}또는 Cov(X, Y)로 표시되며, 두 확률변수의 확률분포가 주어지면 각 확률변수의 실현값과 기댓값의 차이인 편차의 곱을 발생확률로 곱하여 모두 더함으로써 계산된다.

10 자본자산가격결정모형(CAPM)에 대해서 간략하게 설명하시오.

정답 자본자산가격결정모형(CAPM)은 자산의 위험에 따라 기대수익률이 어떻게 결정되는지를 보여주는 균형이론이다. 어떤 자산의 기대수익률이 어떻게 결정되는지를 밝히는 것은 해당 자산의 균형가격이 어떻게 결정되는지를 보이는 것과 같은 의미를 갖는다.

안심Touch

11

정답 ① 투자자들은 무차별곡선의 형태와 관계없이 무위험자산과 시장포트폴리오 m만을 투자대상으로 선택한다.

② 모든 투자자는 자본시장선상의 특정 포트폴리오 P를 최적 포트폴리오로 선택하게 되는데, 어떤 최적 포트폴리오도 시장포트폴리오와 무위험자산으로 구성된 것이므로 시장포트폴리오와 완전한 양(+)의 상관관계를 갖는다.

③ 자본시장선의 관계식은 효율적 포트폴리오에만 적용될 따름이며, 비효율적 포트폴리오나 개별자산의 위험-수익률의 관계에 대해서는 아무런 설명을 하지 못한다. 이 관계식에서 나타나는 표준편차 위험은 일반적으로 체계적 위험뿐 아니라 비체계적 위험도 포함한다.

11 자본시장선과 관련한 중요사항에 대해서 기술하시오.

제 **4** 장

자본예산

I wish you the best of luck!

시대에듀
www.**sdedu**.co.kr

자격증 · 공무원 · 취업까지
BEST 온라인 강의 제공

(주)시대고시기획
(주)시대교육
www.**sidaegosi**.com

시험정보 · 자료실 · 이벤트
합격을 위한 최고의 선택

제4장 자본예산

제1절 투자안의 현금흐름 분석

1 현금흐름의 측정

현금흐름의 측정은 자본예산결정과정의 투자안을 측정하는데 매우 중요하다. 단기적인 현금흐름 측정뿐만 아니라 장기적인 현금흐름을 측정하는 데 있어 투자안의 현금 유입과 유출을 측정하고 예측한다는 것은 매우 어렵다.

자본예산에서는 자기자본으로만 소요되는 자금을 조달하는 경우를 가정하여 투자안을 평가해본다. 또한 현금흐름을 투자시점에서 소요되는 현금흐름과 투자 이후 소요되는 현금흐름으로 나누어 분석해본다.

투자시점에서 소요되는 현금흐름은 기계, 공장, 설비 등과 같이 사업을 영위하는데 있어 필요한 현금흐름을 살펴보고, 투자 후에 소요되는 현금흐름은 영업활동을 하는데 있어 현금흐름과 순운전자본의 변동에 따른 현금흐름을 살펴볼 것이다.

따라서 투자시점과 투자 후의 현금흐름을 살펴볼 때 다음과 같은 사항을 염두에 두어야 한다. 첫째, 투자안의 경제성 평가에 사용되는 것은 현금흐름이다. 둘째, 현금흐름은 증분기준으로 측정하여야 한다.

2 현금흐름과 회계이익

자본예산을 책정할 때 사용되는 것은 현금흐름이다. 하지만 재무제표상에 표기되는 회계이익과 현금흐름은 다소 상이하다. 최적의 투자결정을 위해서는 투자시점의 현금흐름을 분석하여 재무제표상에 표기되는 이익을 조정한 이후 투자에 소요되는 영업현금흐름을 계산하게 된다. 자본예산에 소요되는 현금흐름과 회계상의 이익을 비교해보자.

> • 현금흐름 = 현금유입 – 현금유출
> • 회계이익 = 수익 – 비용

여기서 알 수 있는 것은 회계상의 비용과 현금흐름에서의 현금유출 차이가 회계이익과 현금흐름의 차이를 만든다는 것을 알 수 있다. 기업이 기계, 설비 등 고정자산을 사들이기 위해 현금유출이 발생했을 경우 회계상으로는 자산의 취득원가로 표기되지만 이후 고정자산의 비용처리는 감가상각비로 계산된다. 따라서 투자시점에서 투자금액은 비용으로 처리되지는 않지만 현금흐름계산에서의 투자금액은 투자시점에서 현금지출로 처리된다. 투자기간 이후에도 감가상각비는 회계이익상 비용으로 처리되나 현금흐름계산에서는 현금지출로 처리되지 않는다. 따라서 회계이익과 영업현금흐름 간의 차이를 만드는 요소들을 살펴보자.

첫째, 감가상각비는 기계, 설비 등 고정자산의 노후화를 연수에 따라 비용으로 처리하는 과정이기 때문에 실제 현금유출이 나타나는 것은 아니다. 고정자산에 대한 현금유출은 투자시점에서 전액 현금유출이 되었기 때문에 사업연수에 따라서 감가상각비를 현금유출로 계산했을 시 이중계산된다.

둘째, 감가상각비와는 달리 타인자본에 대한 이자비용은 실제 현금지출이 발생한다. 하지만 이자비용의 경우 할인율을 통하여 투자안에 반영이 되기 때문에 현금유출로 계산되지 않는다. 따라서 이자비용이 없다고 가정하고 현금흐름을 측정한다.

셋째, 법인세비용은 사업을 영위하는데 있어서의 세금이기 때문에 현금유출이다. 하지만 영업현금흐름으로 표기했을 시 손익계산서상의 법인세비용이 아니라 영업이익에 법인세율을 곱해서 표기한다. 즉, 이자비용이 없다고 가정하고 법인세비용의 변동치를 책정하여 영업현금흐름을 계산해야 한다. 기업의 영업현금흐름을 정의하면 다음과 같다.

영업현금흐름 = 영업이익 × (1 − 법인세율) + 현금지출이 없는 비용 − 현금수입이 없는 비용

여기에서 현금수입이 없는 비용은 크지가 않으므로 무시하고 현금지출이 없는 비용은 고정자산과 관련된 비용으로 즉 감가상각비가 대표적이므로 이 식을 다르게 표기할 수 있다.

영업현금흐름 = 영업이익 × (1 − 법인세율) + 감가상각비

더 알아두기 Q

1. 현금흐름의 형태에 따른 투자안의 분류

① 대출형 투자안 : 투자초기에 순현금유출이 발생하고, 그 이후에는 순현금유입만 발생하는 형태의 투자안을 말한다. 많은 경우가 이에 속한다.

② 차입형 투자안 : 투자초기에 순현금유입이 발생하고, 그 이후에는 순현금유출만 발생하는 형태의 투자안을 말한다. 주로 자금유치 등 재무활동과 관계가 있는 투자안이 이러하다.

2. 투자안 간의 상호관계에 따른 분류

① **독립적 투자안** : 특정 투자안의 채택여부가 다른 투자안의 채택여부를 결정하는 데 아무런 영향을 미치지 않는 경우를 말한다. 따라서 각 투자안 별로 경제성이 있는지를 판단하는 의사결정을 하면 된다.

② **상호배타적 투자안** : 여러 투자 대안 가운데에서 어떤 투자안을 선택하면 다른 투자안을 선택할 수 없는 관계에 놓인 투자안, 즉 한 투자안을 선택하면 나머지는 모두 기각해야 하는 경우를 말한다. 따라서 가장 유리한 하나의 투자안을 선택하는 의사결정을 해야 한다.

③ **종속적 투자안** : 투자안 A에 투자해야만 투자안 B에 투자 할 수 있는 경우, 투자안 B는 투자안 A에 종속되어있다고 한다. 이러한 경우, 투자안 B는 투자안 A와 결합해서 투자하는 경우에만 투자해야 한다.

제 2 절 투자안의 경제성 평가방법

기업이 투자하려는 투자안의 현금흐름이 측정되었다면 다음 단계는 투자안의 경제성 평가를 통하여 측정된 현금흐름이 적절한지의 평가가 필요하다. 투자안의 경제성 평가는 자본예산기법이라고 하며 적절한 평가를 하기 위해서는 다음과 같은 조건을 갖추고 있어야 한다.

1 화폐의 시간가치 고려

경제성 평가방법에는 적절한 할인율을 책정하여 화폐의 시간가치를 고려해야만 한다. 기업이 투자하고자 하는 투자안이 장기적인 현금흐름을 요구한다면 이를 적절하게 평가하기 위해서는 한 시점을 기준으로 발생시점이 서로 다른 현금흐름의 가치를 동일하게 해야 한다. 현금흐름의 가치를 동일하게 하는 방법은 현재시점을 기준으로 투자안을 평가하는 것이다. 이때 적용되는 할인율은 투자안을 평가하는데 있어서 적절한 할인율이어야 한다. 하지만 이번 장에서는 투자안부터 발생하는 현금흐름이 위험이 없다는 가정 하에 무위험이자율을 사용하기로 하며 모든 자본은 자기자본으로 조달한다고 가정하자.

2 현금흐름반영

경제성 평가방법에서 측정된 모든 현금흐름이 반영되어 있어야 한다. 투자안에서의 모든 현금흐름은 장기간에 걸쳐 발생한다. 투자안을 평가하는데 있어 어떠한 평가방법이든 미래에 발생하는 모든 현금흐름을 반영해야 한다.

3 기업가치 극대화를 위한 투자안 선택

아무 조건 없이 기업이 가치를 극대화 할 수 있는 투자안을 선택하여야 한다. 경제성 평가방법에는 기업 고유의 특징과 문화 등은 고려되어 있지 않기 때문에 단순히 평가방법만을 통해 가업가치를 극대화 시킬 수 있는 투자안을 선택하여야 한다.

투자안의 경제성 평가방법에는 크게 네 가지 기법으로 첫째, 회수기간법(payback period method), 둘째, 회계적 이익률법(accounting rate of return method), 셋째, 순현가법(net present value method), 넷째, 내부수익률법(internal rate of return method)이 사용된다. 회수기간법과 회계적 이익률법은 전통적 분석기법으로 화폐의 시간가치를 고려하지 않은 기법이다. 반대로 순현가법과 내부수익률법은 현금흐름할인법이라고도 부르며 화폐의 시간가치를 고려한 방법이다.

(1) 회수기간법

자본예산에서 투자안의 현금흐름에 따른 가치를 평가하는 기법 중 하나이다. 이 평가방법은 투자에 소요되는 자금을 그 투자안의 현금흐름으로 회수하는 기간이 짧은 투자안을 선택하게 된다. 또한 단일 투자안의 투자의사결정은 기업이 미리 설정한 최장기간 회수기간보다 실제 투자안의 회수기간이 짧으면 선택하게 된다. 그러나 이러한 방법은 화폐의 시간가치를 고려하지 못하고 회수기간 이후의 현금흐름을 무시하고 있다는 점에서 비판을 받고 있다. 만약 기업이 선택할 수 있는 투자안들이 서로 독립적이라면 회수기간법을 이용하여 투자 의사결정을 할 경우, 기업은 목표로 하는 투자 회수기간보다 짧거나 같은 투자안들을 복수로 선택할 수 있다. 그러나 예산이 제한적이거나 기타 제약으로 인해 한 가지 또는 일부만 선택해야 하는 경우 원금회수기간이 가장 짧은 안을 비교하여 선택하게 된다.

회수기간법은 투자안을 평가하는 데 있어 방법이 매우 간단하면서 서로 다른 투자안을 비교하기 쉽고 기업의 자금 유동성을 고려하였다는 장점을 가지고 있다. 따라서 선진국의 많은 기업들이 투자안의 경제성 평가방법으로 회수기간법을 사용하고 있다. 회수기간법의 장점은 첫째, 평가방법이 단순하다는 것과 둘째, 투자안에 대한 투자위험을 제공하고 있다는 것이다.

그러나 화폐의 시간가치를 고려하지 않고, 원금이 회수된 이후의 현금흐름을 고려하지 않는다는 단점이 있다. 투자안의 전체적인 현금흐름을 고려하지 않음으로써 잘못된 투자 의사결정을 내릴 가능성이 있다. 또한 투자안의 현금흐름이 장기간으로 갈수록 위험(불확실성)이 커진다. 하지만 회수기간법은 회수기간이 단기적이기 때문에 미래의 현금흐름에 대한 위험(불확실성)은 작아진다.

(2) 회계적 이익률법

회계적 이익률법은 평균이익률법이라고도 한다. 자본예산에서 투자안 평가를 위한 의사결정기준의 하나로서 이 방법에 의해 투자안을 평가할 경우 단일 투자안은 회계적 이익률이 기업이 미리 설정한 목표이익률보다 높으면 채택하고 다수 투자안의 경우에는 회계적 이익률이 큰 것을 먼저 선택하게 된다. 또한 회계적 이익률법은 회계상의 자료를 그대로 사용할 수 있어 투자안 평가에 있어 간단하며 이해하기가 쉽다. 하지만 이 방법은 화폐의 시간적 가치를 고려하지 못하고, 현금흐름이 아닌 회계이익을 분석대상으로 한다는 단점이 있다. 회계적 이익률법은 다음과 같이 계산된다.

$$\text{회계적 이익률} = \frac{\text{연평균 순이익}}{\text{연평균 투자액}}$$

(3) 순현가법

자본예산기법의 하나로 투자금액을 투자로부터 산출되는 순현금흐름의 현재가치로부터 차감한 것이 순현가법이며 순현가가 0보다 크면 투자안을 선택하고 0보다 작으면 투자안을 기각하는 의사결정기준을 말한다. 이 방법은 기업의 할인율로 현금흐름을 할인한다는 점, 가치가산원칙에 부합한다는 점에서 어떠한 자본예산기법보다 우월한 방법으로 평가받고 있다. 따라서 순현가법의 계산식은 다음과 같이 정의된다.

$$NPV(\text{현금흐름}) = \left[\frac{CF_1}{(1+r)^1} + \frac{CF_2}{(1+r)^2} + \cdots + \frac{CF_n}{(1+r)^n}\right] - I_0$$
$$= \sum_{T=1}^{n} \frac{CF_t}{(1+r)^t} - I_0$$

- CF_t : t시점의 현금흐름
- I_0 : 최초의 투자액
- r : 할인율
- n : 투자안의 내용연수

(4) 내부수익률법

내부수익률이란 어떤 사업에 대해 사업기간 동안의 현금수익흐름을 현재가치로 환산하여 합한 값이 투자지출과 같아지도록 할인하는 이자율을 말한다. 따라서 투자에 관한 의사결정에서 내부수익률을 고려하는 방법이다. 내부수익률과 자본 비용을 비교하여 수익률이 높으면 투자로부터 수익을 얻을 수 있다. 여러 개의 투자안이 있을 때에는 수익률이 높은 쪽을 투자하는 것이 유리하다. 내부수익률법의 계산식은 다음과 같다.

$$\left[\frac{CF_1}{(1+IRR)^1} + \frac{CF_2}{(1+IRR)^2} + \cdots + \frac{CF_n}{(1+IRR)^n} \right] - I_0 = 0$$

$$= \sum_{T=1}^{n} \frac{CF_t}{(1+IRR)^t} - I_0$$

내부수익률의 계산식을 살펴보면 순현가의 계산식과 비슷하다는 점을 발견할 수 있다. 따라서 순현가법과 내부수익률법은 현금흐름을 할인한다는 점에서 같은 맥락에 놓여있다.

제 3 절 자본예산의 실제적용

1 증분기준의 원칙

(1) 매몰비용

매몰비용이란 의사결정을 하고 실행을 한 이후에 발생하는 비용 중 회수할 수 없는 비용을 말한다. 즉 현재 고려 중인 투자안의 채택여부와는 아무런 관련이 없다. 예를 들어 R&D 비용과 광고비의 경우 이미 지출이 끝난 상태여서 회수할 수 없는 경우에 속한다.

예를 들어 5천만 원을 들여 농작물을 키운 농부가 있다. 이 농작물을 거두어들이는데 1천만 원의 비용이 들어간다. 그런데 농작물값 폭락으로 시장에 모두 팔아도 단지 2천만 원을 받을 수 있다. 실망한 농부는 농작물 수확을 아예 포기해 버렸다. 이 농부의 선택은 합리적일까? 결과적으로 말하면 농부의 선택은 비합리적이었다. 농부는 수확을 포기함으로써 5천만 원의 손실을 봤다. 만약 농작물을 수확해서 팔았다면 손실이 4천만 원으로 줄었을 것이다.

농부가 잘못된 선택을 한 이유는 비용과 편익을 계산할 때 선택 시점 이전에 농작물 재배에 들어간 매몰 비용 5천만 원을 비용에 포함했기 때문이다. 이 농부가 합리적이라면 선택 시점부터 들어가는 수확 비용 1천만 원과 시장에서 벌어들일 수 있는 편익 2천만 원만 계산하여 농작물 수확을 선택하고, 합리적 선택으로 손실을 1천만 원 줄일 수 있었을 것이다.

(2) 기회비용

기회비용이란 어떤 선택으로 인해 포기된 기회들 가운데 가장 큰 가치를 갖게 되는 기회를 말한다. 즉, 시간, 돈, 능력 등 제약이 있는 상황에서 다양하게 주어진 기회를 모두 다 선택할수 없게 되는데 하나의 기회선택은 나머지 기회들에 대한 포기를 말한다.

합리적 선택을 하려면 문제를 인식한 후 선택의 대안을 분석하고 각 대안의 편익과 비용을 파악해야 한다. 상품을 구입할 때는 일반적으로 가격과 상품 구매에 따른 만족감을 비교해서 가격보다 만족감이 클 때 구입을 하기 마련이다. 그렇지만 가격보다 만족감이 더 큰 상품을 구매했다고 해서 항상 합리적 선택이라고 볼 수는 없다. 어느 하나를 선택하는 순간, 다른 것을 선택할 기회를 포기하는 비용인 기회비용이 발생하기 때문이다.

"이 세상에 공짜는 없다."라는 말은 이 원리를 잘 나타낸다. 소비를 하면 저축을 할 수 없고, 드라마를 보면 같은 시간대의 뉴스를 볼 수 없다. 일반적으로 어떤 하나를 선택하면 다른 것을 포기해야 한다. 그런데 포기한 모든 것이 기회비용은 아니다. 예를 들어 한 시간 동안 경제를 공부하면 그 시간에 과학, 영어, 수학 등 다른 과목을 공부할 수 없다. 공부할 수 없었던 이 과목들이 모두 경제 공부의 기회비용은 아니다. 경제 때문에 공부하지 못했던 과목 중 수학이 가장 아쉽다면 경제 공부의 기회비용은 수학 공부이다. 이처럼 기회비용은 포기한 가치 전부가 아닌 포기한 가치들 중 가장 최선의 것을 의미한다.

(3) 부수효과

부수효과란 어떤 투자안이 다른 투자안에 영향을 끼치는 것으로 투자안들 사이에서의 관계가 보완적이고 대체가 가능하다면 양(+)의 효과를 나타낼 수도 있고, 반대로 음(−)의 효과를 나타낼 수도 있다. 여기서 양(+)의 효과는 현금유입으로 계산하고 반대로 음(−)는 현금유출로 계산한다.

2 감가상각법과 현금흐름

감가상각비의 경우 현금유출이 아닌 비용으로 처리가 되어 소득을 줄여주는 효과가 있어 감세효과가 나타난다. 감가상각비의 감세효과는 (감가상각비 × 법인세율)로 계산되는데, 만약 법인세가 없다면 모든 기업은 동일한 감가상각법을 사용했을 것이다. 하지만 기업들은 다양한 감가상각법을 선택할 수 있으며 선택한 방법에 따라 감가상각비와 법인세가 상이해 질 수 있다. 감가상각법의 종류에는 정액법, 정률법, 연수합계법, 이중체감잔액법 등이 있으며 이 중 대표적인 감가상법인 정액법과 정률법을 예로 들어보자.

(1) 정액법

감가상각법 중 기업들이 가장 많이 사용하는 방법 중 하나로 감가상각비를 매년 동일하게 배분하는 것이 특징이다. 고정자산의 내용연수 기간 중 매기 동일액을 상각해가는 방법이며, 이 방법에 의한 상각을 정액상각이라고 한다. 이 경우 상각의 대상이 되는 것은 취득가액에서 잔존가액을 뺀 것이 된다. 정률법은 체감잔액법, 미상각잔액법, 잔액비례법이라고도 하며 고정자산의 기초 미상각잔액에 매기마다 일정률을 곱하여 상각액을 계산하는 방법이다. 이 방법에 의한 상각을 정률상각이라고 한다. 이것은 잔액이 체감하게 되어 있으므로 빠른 기간에 많이 상각할 수 있기 때문에 이상적인 상각법이다. 생산액비례법은 비례법이라고도 한다. 이것은 특수한 고정자산의 이용으로 얻은 생산량을 기준으로 상각액을 계상하는 방법이다. 정액법에 따른 감가상각비의 계산법은 다음과 같다.

$$\text{매년의 감가상각비} = \frac{\text{취득원가} - \text{추정잔존가치}}{\text{추정내용연수}}$$

(2) 정률법

정률법은 고정자산의 장부가액에 일정한 상각률을 곱하여 연도별 감가상각비를 계산하는 방법이다. 장부가액은 취득원가에서 감가상각비 누계액인 감가상각충당금을 차감한 잔액이므로 정률법 사용 시 매년 감가상각비는 내용연수가 더해 갈수록 감소하게 된다. 정률법 이용 시의 일정한 상각률인 정률은 내용연수가 다한 후의 고정자산의 장부가액을 잔존가치와 일치시키는 비율을 말한다. 정률법에 의한 감가상각률의 계산법은 다음과 같다.

$$\text{감가상각률} = 1 - \sqrt{\frac{\text{잔존가치}}{\text{취득원가}}}$$

3 인플레이션과 자본예산

(1) 할인율과 인플레이션

인플레이션이란 재화를 구입하기 위한 화폐의 가치가 하락하는 현상을 말한다. 화폐가치는 시간이 지남에 따라 인플레이션으로 인하여 변하게 된다. 만약 은행에 적금을 넣는다고 가정할 때 이자율이 5%라고 하면 연초에 10,000원을 적금한다고 했을 시 연말에는 원금과 이자를 포함한 10,500원의 현금을 갖게 된다. 연초와 연말의 화폐가치가 동일하다면 정확하게 5% 만큼 구매력 증가를 가져오게 되는 것이다. 또한 연초의 10,000원은 개당 100원하는 사탕을 100개를 구입할 수 있는 구매력을 가지며 1년 뒤에는 105개를 구입할 수 있는 구매력을 갖는다. 모든 재화의 인플레이션율이 3%라고 가정했을 시 사탕의 가격은 103원이 되었고 10,500원으로는 101개의 사탕밖에 살수 없다. 따라서 실질적인 현금흐름의 증가율을 실질이자율이라고 하며, 인플레이션에 포함된 이자율을 명목이자율이라고 한다. 실질이자율과 명목이자율의 식은 다음과 같이 계산된다.

> • 실질이자율 = (105 / 103) − 1 = 1.9%
> • 명목이자율 = (1 + 실질이자율) × (1 + 인플레이션율) − 1 = (1.019 × 1.03) − 1 = 4.9%

(2) 수익성 지수

수익성 지수는 투자 금액 대비 회수할 수 있는 금액에 대한 비율로, 지수가 1보다 크면 경제성이 있어 투자할 가치가 있다고 본다. 투자한 금액 1원 당 회수하는 금액이 얼마인지를 나타내는 지수이며, 다음과 같이 계산한다.

$$수익성\ 지수(PI) = \frac{현금유입의\ 현가}{총\ 투자액의\ 현가}$$

수익성 지수는 여러 투자안이 있을 때 어느 투자안이 경제성이 있는지 판단하기 위해 쓰인다. 지수가 1보다 크면 경제성이 있으므로 투자할 가치가 있다고 보며, 1보다 작으면 경제성이 없어 투자할 가치가 없다고 본다. 투자자는 최소한의 금액을 이용해 최대한의 수익을 내려하므로, 수익성 지수가 높은 투자안에 투자할 것이다.

수익성 지수는 투자기간 전체의 현금흐름을 고려하고 화폐의 현재가치를 반영하므로 투자의 효율성을 직관적으로 판단할 수 있다는 장점이 있다. 예를 들어, 어떤 투자안의 수익성 지수가 1보다 크면 1,000원을 투자하여 1,000원보다 많은 돈을 벌 수 있다는 의미이므로 그 투자안은 경제성이 있다고 보는 식이다. 그러나 투자안에 대해 미래의 가치를 현재의 가치로 환산하는 할인율의 결정이 쉽지 않아 투자 및 회수금액의 현재가치를 산출할 때 어려움이 있을 수 있다.

제 **4** 절 위험과 자본예산

1 수익과 수익률

투자자들은 자신들이 투자한 금융자산 및 실물자산에서 기대수익률만큼 수익을 얻기를 원한다. 투자자가 얻는 수익의 형태는 금융자산의 이자 및 배당, 주식의 차익 등이 있다. 따라서 투자자가 투자로부터 얻는 성과를 수익이라고 하며 여러 가지 요인 상 투자의 수익은 이익이 될 수도 있고 손실이 될 수도 있다. 수익률은 모든 수익을 투자금액으로 나누어 계산한 조수익률과 모든 수익에서 투자금액을 뺀 값을 투자금액으로 나누어 계산한 순수익률로 나누어진다.

$$
\bullet\ \text{조수익률}\ =\ \frac{\text{총수익}}{\text{투자금액}}
$$

$$
\bullet\ \text{순이익률}\ =\ \frac{\text{총수익} - \text{투자금액}}{\text{투자금액}}\ =\ \frac{\text{총수익}}{\text{투자금액}}\ -\ 1
$$

재무관리에서는 조수익률 보다는 **순수익률**을 수익률의 개념으로 이용한다.

2 단일기간 투자의 수익률

단일기간의 투자와 여러 기간에 걸친 투자수익률은 상이하게 계산된다. 단일기간의 수익률 계산을 살펴보면 만약 A투자자가 주식을 매수해 1년 후에 다시 매도하기로 할 때 A투자자는 1년간 주식을 보유하는 과정에서 배당과 주식을 매각하고 나서의 차익을 얻을 수 있다. 따라서 현재 가격이 P_0인 주식 1주를 매입하고 이 주식의 배당이 D_1, 1년 후의 가격이 P_1인 경우 다음과 같이 주식의 수익률을 구할 수 있다.

$$
\text{수익률} = \frac{D_1 + P_1 + P_0}{P_0} = \frac{D_1}{P_0} + \frac{P_1 - P_0}{P_0}
$$

다음 식에서 주식가격의 변동분($P_1 - P_0$)을 자본이득 또는 자본손실이라고 한다. 오른쪽 첫 번째 항은 예상되는 배당금과 현재주가의 비율로서 배당수익률이라 하고 두 번째 항은 현재주가에 대한 비율로서 지본이득률이라 한다. 주식투자의 수익률은 배당과 자본이득에 의해 결정된다.

3 여러 기간 투자의 보유수익률

앞에서는 한 기간 동안만 주식을 보유하였을 때의 수익률을 살펴보았다. 이제 주식을 2년 이상 보유하였을 때 수익률이 어떤지 살펴보자. 또한 재투자가 가능하다고 가정해보자.

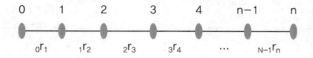

위의 그림을 보면 1년간의 수익률은 $_0r_1$, 두 번째 해의 수익률은 $_1r_2$, n번째 해의 수익률은 $_{n-1}r_n$이라고 하면 현재 100원을 투자 시 $(1+_0r_1)$원의 수익을 계산할 수 있고, 2번째 해에는 $(1+_0r_1)(1+_1r_2)$의 수익을 계산할 수 있다. 이렇게 여러 해에 걸쳐 n년 간 투자하였을 시 n년 말에는 $(1+_0r_1)(1+_1r_2)\cdots(1+_{n-1}r_n)$원의 수익을 계산할 수 있다. 결론적으로 n년 간의 투자수익률, 즉 보유수익률(HPR ; Holding Period Return)의 계산식은 다음과 같다.

$$\frac{수익 - 투자금액}{투자금액} = \frac{(1+_0r_1)(1+_1r_2)...(1+_{n-1}r_n)-1}{1}$$
$$= (1+_0r_1)(1+_1r_2)...(1+_{n-1}r_n)-1 = HPR$$

4 여러 기간 투자의 연평균 수익률

여러 기간에 걸쳐 투자가 지속되는 경우에는 연평균 수익률을 계산해야 한다. 또한 연평균 수익률을 계산하기 위해서는 내부수익률, 산술평균수익률, 기하평균수익률을 사용하여 계산하여야 한다.

(1) 내부수익률

내부수익률(IRR ; Internal Rate of Return)은 미래투자수익의 현재가치와 투자금액을 동일하게 만드는 할인율이다. 또한 서로 다른 시점에서 발생하는 현금흐름의 크기와 화폐의 시간가치를 고려한 개념으로 매 시기마다 발생하는 현금흐름을 투자기간의 말까지 계속 재투자한다는 가정으로 계산된다.

(2) 산술평균수익률

산술평균수익률은 여러 기간에 걸쳐 투자하였을 시 각 기간마다의 수익률을 단순하게 산술평균한 것이다. 산술평균수익률의 식은 다음과 같다.

$$\text{산술평균수익률} = \frac{{}_0r_1 + {}_1r_2 + \cdots + {}_{n-1}r_n}{n}$$

(3) 기하평균수익률

기하평균수익률은 각 기간마다의 수익률을 계산하여 기하평균을 계산한 것이다. 기하평균수익률의 계산식은 다음과 같다.

$$\text{기하평균수익률} = \left[(1 + {}_0r_1)(1 + {}_1r_2)...(1 + {}_{n-1}r_n)\right]^{\frac{1}{n}} - 1$$

○✕로 점검하자

※ 다음 지문의 내용이 맞으면 ○, 틀리면 ✕를 체크하시오. [1~30]

01 현금흐름의 측정은 단기적인 현금흐름 측정뿐만 아니라 장기적인 현금흐름을 측정하는 데 있어 투자안의 현금 유입과 유출을 측정하고 예측한다는 것이 매우 쉽다. (   )

02 투자안의 경제성 평가에 사용되는 것은 현금흐름이다. (   )

03 현금흐름은 증분기준으로 측정하여야 한다. (   )

04 최적의 투자결정을 위해서는 투자시점의 현금흐름을 분석하여 재무제표상에 표기되는 부채를 조정한 이후 투자에 소요되는 영업현금흐름을 계산하게 된다. (   )

05 기업이 기계, 설비 등 고정자산을 사들이기 위해 현금유출이 발생했을 경우 회계상으로는 자산의 취득원가로 표기가 되지만 이후 고정자산의 비용처리는 감가상각비로 계산된다. (   )

06 투자기간 이후에도 감가상각비는 회계이익상 비용으로 처리되고 현금흐름계산에서도 현금지출로 처리된다. (   )

07 감가상각비는 기계, 설비 등 고정자산의 노후화를 연수에 따라 비용으로 처리하는 과정이기 때문에 실제 현금유출이 일어난다. (   )

08 법인세비용은 사업을 영위하는데 있어서의 세금이기 때문에 현금유출이다. (   )

정답과 해설 01 ✕ 02 ○ 03 ○ 04 ✕ 05 ○ 06 ✕ 07 ✕ 08 ○

01 투자안의 현금 유입과 유출을 측정하고 예측한다는 것이 매우 어렵다.
04 재무제표상에 표기되는 이익을 조정한 이후 투자에 소요되는 영업현금흐름을 계산하게 된다.
06 투자기간 이후에도 감가상각비는 회계이익상 비용으로 처리되나 현금흐름계산에서는 현금지출로 처리되지 않는다.
07 고정자산의 노후화를 연수에 따라 비용으로 처리하는 과정이기 때문에 실제 현금유출이 나타나는 것은 아니다.

09 경제성 평가방법에는 적절한 할인율을 책정만 할 뿐 화폐의 시간가치를 고려하지 않아도 된다. (   )

10 경제성 평가방법에서 측정된 모든 현금흐름이 반영되어 있어야 한다. (   )

11 아무 조건 없이 기업이 가치를 극대화 할 수 있는 투자안을 선택하여야 한다. (   )

12 회수기간법과 회계적 이익률법은 전통적 분석기법으로 화폐의 시간가치를 고려한 기법이다. (   )

13 회수기간법은 투자안을 평가하는 데 있어 방법이 매우 간단하면서 서로 다른 투자안을 비교하기 쉽고 기업의 자금 유동성을 고려하였다는 장점을 가지고 있다. (   )

14 회계적 이익률법은 회계상의 자료를 그대로 사용할 수 있어 투자안 평가에 있어 복잡하며 이해하기가 쉽지 않다. (   )

15 순현가법은 순현가가 0보다 크면 투자안을 선택하고 0보다 작으면 투자안을 기각하는 의사결정기준을 말한다. (   )

16 내부수익률이란 어떤 사업에 대해 사업기간 동안의 현금수익흐름을 미래가치로 환산하여 곱한 값이 투자지출과 같아지도록 할인하는 이자율을 말한다. (   )

17 증분현금흐름이란 기업의 투자활동으로 인하여 발생하는 현금의 유입 또는 유출의 순흐름을 말한다. (   )

정답과 해설   09 × 10 ○ 11 ○ 12 × 13 ○ 14 × 15 ○ 16 × 17 ○

09 경제성 평가방법에는 적절한 할인율을 책정하여 화폐의 시간가치를 고려해야만 한다.
12 화폐의 시간가치를 고려하지 않은 기법이다.
14 회계상의 자료를 그대로 사용할 수 있어 투자안 평가에 있어 간단하며 이해하기가 쉽다.
16 사업기간 동안의 현금수익흐름을 현재가치로 환산하여 합한 값이 투자지출과 같아지도록 할인하는 이자율을 말한다.

18 매몰비용이란 의사결정을 하고 실행을 한 이후에 발생하는 비용 중 회수할 수 있는 비용을 말한다. (   )

19 기회비용이란 어떤 선택으로 인해 포기된 기회들 가운데 가장 큰 가치를 갖게 되는 기회를 말한다. (   )

20 부수효과란 어떤 투자안이 다른 투자안에 영향을 끼치는 것으로 투자안들 사이에서의 관계가 배타적이고 대체가 가능하지 않다면 양(+)의 효과를 나타낼 수도 있고, 반대로 음(-)의 효과를 나타낼 수도 있다. (   )

21 감가상각비의 경우 현금유입으로 처리가 되어 소득을 늘여주는 효과가 있어 감세효과가 나타난다. (   )

22 정액법은 기업들이 가장 많이 사용하는 방법 중 하나로 감가상각비를 매년 동일하게 배분하는 것이 특징이다. (   )

23 정률법은 고정자산의 장부가액에 일정한 상각률을 곱하여 연도별 감가상각비를 계산하는 방법이다. (   )

24 인플레이션이란 재화를 구입하기 위한 화폐의 가치가 상승하는 현상을 말한다. (   )

25 수익성 지수는 투자 금액 대비 회수할 수 있는 금액에 대한 비율로, 지수가 0보다 크면 경제성이 있어 투자할 가치가 있다고 본다. (   )

정답과 해설   18 ×   19 ○   20 ×   21 ×   22 ○   23 ○   24 ×   25 ×

18 실행을 한 이후에 발생하는 비용 중 회수할 수 없는 비용을 말한다.
20 투자안들 사이에서의 관계가 보완적이고 대체가 가능하다면 양(+)의 효과를 나타낼 수도 있고, 반대로 음(-)의 효과를 나타낼 수도 있다.
21 현금유출이 아닌 비용으로 처리가 되어 소득을 줄여주는 효과가 있어 감세효과가 나타난다.
24 화폐의 가치가 하락하는 현상을 말한다.
25 지수가 1보다 크면 경제성이 있어 투자할 가치가 있다고 본다.

26 수익성 지수는 투자기간 전체의 현금흐름을 고려하고 화폐의 현재가치를 반영하므로 투자의 효율성을 직관적으로 판단할 수 있다는 장점이 있다. (　　)

27 내부수익률은 현재투자수익의 미래가치와 투자금액을 동일하게 만드는 할인율이다.
(　　)

28 산술평균수익률은 여러 기간에 걸쳐 투자하였을 시 각 기간마다의 수익률을 단순하게 산술평균한 것이다. (　　)

29 기하평균수익률은 한 기간의 수익률을 계산하여 기하평균을 계산한 것이다. (　　)

30 연평균 수익률을 계산하기 위해서는 내부수익률만을 사용하여 계산하여야 한다. (　　)

실전예상문제

01 다음 중 현금흐름에 관한 설명으로 <u>틀린</u> 것은?

① 현금흐름의 측정은 자본예산결정과정의 투자안을 측정하는데 매우 중요하다.

② 현금흐름의 측정은 단기적인 현금흐름만을 측정하는 데 있어 투자안의 현금 유입과 유출을 측정하고 예측한다는 것은 매우 어렵다.

③ 자본예산에서는 자기자본만으로만 소요되는 자금을 조달하는 경우를 가정하여 투자안을 평가해본다.

④ 현금흐름은 증분기준으로 측정하여야 한다.

01 단기적인 현금흐름 측정뿐만 아니라 장기적인 현금흐름을 측정하는 데 있어 투자안의 현금 유입과 유출을 측정하고 예측한다는 것은 매우 어렵다.

02 다음 중 법인세비용 및 영업현금흐름에 관한 설명으로 <u>틀린</u> 것은?

① 법인세비용은 사업을 영위하는데 있어서의 세금이기 때문에 현금유출이다.

② 영업현금흐름 = 영업이익 × (1 − 법인세율) + 현금지출이 없는 비용 − 현금수입이 없는 비용이다.

③ 현금수입이 없는 비용은 크지가 않으므로 무시한다.

④ 식을 다르게 표기하면 영업현금흐름 = 영업이익 × (1 + 법인세율) − 감가상각비이다.

02 영업현금흐름 = 영업이익 × (1 − 법인세율) + 감가상각비

정답 01 ② 02 ④

안심Touch

03 ① 자본예산기법이라고 한다.
　② 적절한 할인율을 책정하여 화폐의 시간가치를 고려해야만 한다.
　④ 아무 조건 없이 기업이 가치를 극대화 할 수 있는 투자안을 선택하여야 한다.

04 ② 단일 투자안의 투자의사결정은 기업이 미리 설정한 최장기간 회수기간보다 실제 투자안의 회수기간이 짧으면 선택하게 된다.
　③ 화폐의 시간가치를 고려하지 못하고 회수기간 이후의 현금흐름을 무시하고 있다는 점에서 비판을 받고 있다.
　④ 투자안을 평가하는 데 있어 방법이 매우 간단하면서 서로 다른 투자안을 비교하기 쉽고 기업의 자금 유동성을 고려하였다는 장점을 가지고 있다.

03 **투자안의 경제성 평가방법 중 옳은 것은?**

① 투자안의 경제성 평가를 자산예산기법이라고 한다.
② 경제성 평가방법에는 적절한 세금을 책정하여 화폐의 시간가치를 고려해야만 한다.
③ 경제성 평가방법에서 측정된 모든 현금흐름이 반영되어 있어야 한다.
④ 여러 조건으로 기업이 가치를 극대화 할 수 있는 투자안을 선택하여야 한다.

04 **회수기간법에 관한 설명 중 옳은 것은?**

① 회수기간법은 투자에 소요되는 자금을 그 투자안의 현금흐름으로 회수하는 기간이 짧은 투자안을 선택하게 된다.
② 단일 투자안의 투자의사결정은 기업이 미리 설정한 최단기간 회수기간보다 실제 투자안의 회수기간이 길면 선택하게 된다.
③ 화폐의 시간가치를 고려하고 있지만 회수기간 이후의 현금흐름을 무시하고 있다는 점에서 비판을 받고 있다.
④ 회수기간법은 투자안을 평가하는 데 있어 방법이 매우 복잡하면서 서로 다른 투자안을 비교하기 어렵고 기업의 자금 유동성을 고려하지 않았다는 단점을 가지고 있다.

정답 03 ③　04 ①

05 다음 빈칸에 들어갈 알맞은 말은?

> 기업이 기계, 설비 등 고정자산을 사들이기 위해 현금유출이 발생했을 경우 회계상으로는 자산의 (A)로 표기가 되지만 이후 고정자산의 비용처리는 (B)로 계산된다.

	A	B
①	취득원가	대손상각비
②	제조원가	감가상각비
③	취득원가	감가상각비
④	제조원가	대손상각비

05 투자시점에서 투자금액은 비용으로 처리되지는 않지만 현금흐름계산에서의 투자금액은 투자시점에서 현금지출로 처리된다. 투자기간 이후에도 감가상각비는 회계이익상 비용으로 처리되어지나 현금흐름계산에서는 현금지출로 처리되지 않는다.

06 회계적 이익률법에 관한 설명 중 틀린 것은?

① 회계적 이익률법은 평균이익률법이라고도 한다.
② 투자안을 평가할 경우 단일 투자안은 회계적 이익률이 기업이 미리 설정한 목표이익률보다 낮으면 채택하고 다수 투자안의 경우에는 회계적 이익률이 큰 것을 먼저 선택하게 된다.
③ 화폐의 시간적 가치를 고려하고 있지 못하는 단점이 있다.
④ 현금흐름이 아닌 회계이익을 분석대상으로 한다는 단점이 있다.

06 회계적 이익률이 기업이 미리 설정한 목표이익률보다 높으면 채택하고 다수 투자안의 경우에는 회계적 이익률이 큰 것을 먼저 선택하게 된다.

07 순현가법은 기업의 할인율로 현금흐름을 할인한다는 점, 가치가산원칙에 부합한다는 점에서 어떠한 자본예산기법보다 우월한 방법으로 평가받고 있다.

07 다음 빈칸에 들어갈 알맞은 말은?

> 자본예산기법의 하나로 투자금액을 투자로부터 산출되는 순현금흐름의 현재가치로부터 차감한 것이 (A)이며 (A)가 (B)보다 크면 투자안을 선택하고 (C)보다 작으면 투자안을 기각하는 의사결정기준을 말한다.

	A	B	C
①	회계적 이익률법	1	1
②	순현가법	0	0
③	회계적 이익률법	0	1
④	순현가법	1	0

08 ① 순현금흐름의 현재가치로부터 차감한 기법이다.
　　② 0보다 크면 투자안을 선택하고 0보다 작으면 투자안을 기각한다.
　　④ 어떠한 자본예산기법보다 우월한 방법으로 평가받고 있다.

08 순현가법에 관한 설명 중 옳은 것은?

① 자본예산기법의 하나로 투자금액을 투자로부터 산출되는 순현금흐름의 미래가치로부터 차감한 기법이다.

② 순현가가 1보다 크면 투자안을 선택하고 1보다 작으면 투자안을 기각하는 의사결정기준을 말한다.

③ 기업의 할인율로 현금흐름을 할인한다.

④ 가치가산원칙에 부합한다는 점에서 어떠한 자본예산기법보다 열등한 방법으로 평가받고 있다.

정답 07 ②   08 ③

09 **내부수익률법에 관한 설명 중 틀린 것은?**

① 어떤 사업에 대해 사업기간 동안의 현금수익흐름을 미래가치로 환산하여 곱한 값이 투자지출과 같아지도록 할인하는 이자율을 말한다.

② 내부수익률과 자본 비용을 비교하여 수익률이 높으면 투자로부터 수익을 얻을 수 있다.

③ 계산식을 살펴보면 순현가의 계산식과 비슷하다는 점을 발견할 수 있다.

④ 순현가법과 내부수익률법은 현금흐름을 할인한다는 점에서 같은 맥락에 놓여있다.

10 **다음 빈칸에 들어갈 알맞은 말은?**

> (A)이란 어떤 사업에 대해 사업기간 동안의 현금수익흐름을 (B)로 환산하여 합한 값이 투자지출과 같아지도록 할인하는 이자율을 말한다.

	A	B
①	내부수익률	미래가치
②	요구수익률	현재가치
③	요구수익률	미래가치
④	내부수익률	현재가치

안심Touch

해설&정답

11 기회비용이란 어떤 선택으로 인해 포기된 기회들 가운데 가장 큰 가치를 갖게 되는 기회를 말한다.

11 **자본예산의 실제 적용에 관한 설명 중 틀린 것은?**

① 자본예산에서 투자안을 고려할 시 모든 현금흐름은 증분현금흐름 기준에 의해서 채택이 된다.

② 증분현금흐름이란 기업의 투자활동으로 인하여 발생하는 현금의 유입 또는 유출의 순흐름을 말한다.

③ 매몰비용이란 의사결정을 하고 실행을 한 이후에 발생하는 비용 중 회수할 수 없는 비용을 말한다.

④ 기회비용이란 어떤 선택으로 인해 포기된 기회들 가운데 가장 작은 가치를 갖게 되는 기회를 말한다.

12 양(+)의 효과는 현금유입으로 계산하고 반대로 음(−)은 현금유출로 계산한다.

12 **다음 빈칸에 들어갈 알맞은 말은?**

(A)란 어떤 투자안이 다른 투자안에 영향을 끼치는 것으로 투자안들 사이에서의 관계가 보완적이고 대체가 가능하다면 (B)의 효과를 나타낼 수도 있고, 반대로 (C)의 효과를 나타낼 수도 있다.

	A	B	C
①	부수효과	양(+)	음(−)
②	분산효과	음(−)	음(−)
③	부수효과	음(−)	양(+)
④	분산효과	양(+)	양(+)

정답 11 ④ 12 ①

13 **감가상각법 및 인플레이션에 관한 설명 중 옳은 것은?**

① 감가상각법 중 연수합계법은 기업들이 가장 많이 사용하는 방법 중 하나로 감가상각비를 매년 동일하게 배분하는 것이 특징이다.

② 정액법은 고정자산의 장부가액에 일정한 상각률을 곱하여 연도별 감가상각비를 계산하는 방법이다.

③ 인플레이션이란 재화를 구입하기 위한 화폐의 가치가 하락하는 현상을 말한다.

④ 실질적인 현금흐름의 증가율을 명목이자율이라고 하며, 인플레이션에 포함된 이자율을 실질이자율이라고 한다.

14 **수익성 지수에 관한 설명 중 틀린 것은?**

① 수익성 지수는 투자 금액 대비 회수할 수 있는 금액에 대한 비율로, 지수가 1보다 크면 경제성이 있어 투자할 가치가 있다고 본다.

② 수익성 지수는 단일 투자안이 있을 때 그 투자안이 경제성이 있는지 판단하기 위해 쓰인다.

③ 수익성 지수는 투자기간 전체의 현금흐름을 고려하고 화폐의 현재가치를 반영하므로 투자의 효율성을 직관적으로 판단할 수 있다는 장점이 있다.

④ 투자안에 대해 미래의 가치를 현재의 가치로 환산하는 할인율의 결정이 쉽지 않아 투자 및 회수금액의 현재가치를 산출할 때 어려움이 있을 수 있다.

---

13 ① 정액법에 관한 설명이다.
② 정률법에 관한 설명이다.
④ 실질적인 현금흐름의 증가율을 실질이자율이라고 하며, 인플레이션에 포함된 이자율을 명목이자율이라고 한다.

14 수익성 지수는 여러 투자안이 있을 때 어느 투자안이 경제성이 있는지 판단하기 위해 쓰인다.

정답 13 ③ 14 ②

15 시간, 돈, 능력 등 제약이 있는 상황에서 다양하게 주어진 기회를 모두 다 선택할 수 없게 되는데 하나의 기회선택은 나머지 기회들에 대한 포기를 말한다.

15 다음 빈칸에 들어갈 알맞은 말은?

> (A)이란 어떤 선택으로 인해 포기된 기회들 가운데 가장 (B)를 갖게 되는 기회를 말한다.

	A	B
①	기회비용	작은 가치
②	매몰비용	큰 가치
③	기회비용	큰 가치
④	매몰비용	작은 가치

16 ① 투자자가 얻는 수익의 형태는 금융자산의 이자 및 배당, 주식의 차익 등이 있다.
② 투자의 수익은 이익이 될 수도 있고 손실이 될 수도 있다.
④ 재무관리에서는 조수익률보다는 순수익률을 수익률의 개념으로 이용한다.

16 위험과 자본예산에 관한 설명 중 옳은 것은?

① 투자자가 얻는 수익의 형태는 주식의 차익뿐이다.

② 투자자가 투자로부터 얻는 성과를 수익이라고 하며 여러 가지 요인 상 투자의 수익은 이익만 존재한다.

③ 모든 수익을 투자금액으로 나누어 계산한 조수익률과 모든 수익에서 투자금액을 뺀 값을 투자금액으로 나누어 계산한 순수익률로 나누어진다.

④ 재무관리에서는 순수익률보다는 조수익률을 수익률의 개념으로 이용한다.

정답 15 ③ 16 ③

17 다음 빈칸 A와 D, 빈칸 B와 C에 공통으로 들어갈 알맞은 말은?

> (A)이란 재화를 구입하기 위한 (B)가 하락하는 현상을 말한다. (C)는 시간이 지남에 따라 (D)으로 인하여 변하게 된다.

	A, D	B, C
①	인플레이션	시간가치
②	인플레이션	화폐가치
③	디플레이션	시간가치
④	디플레이션	화폐가치

17 은행에 적금을 넣는다고 가정할 때 이자율이 5%라고 하면 연초에 10,000원을 적금한다고 했을 시 연말에는 원금과 이자를 포함한 10,500원의 현금을 갖게 된다. 연초와 연말의 화폐가치가 동일하다면 정확하게 5%만큼 구매력증가를 가져오게 되는 것이다.

18 다음 두 투자안에 동시에 투자할 경우 IRR과 NPV는 각각 얼마인가?

투자안	IRR	NPV
A	20%	300
B	40%	200

	IRR	NPV
①	알 수 없음	500
②	30%	200
③	50%	400
④	60%	500

18 IRR은 가산원칙성립이 존재하지 않음, NPV = A(300) + B(200) = 500

19 실질수익률 = (1 + 명목수익률) / (1 + 기대인플레이션) − 1
= 실질수익률 = (1 + 0.15) / (1 + 0.04) − 1
= 10.5%

20 R&D 비용과 광고비의 경우 이미 지출이 끝난 상태여서 회수할 수 없는 경우에 속한다.

19 A투자안의 명목수익률이 15%이고, 기대인플레이션이 4%라면 A투자안의 실질수익률은 얼마인가?

① 9.5%

② 7%

③ 4.2%

④ 10.5%

20 다음 빈칸에 들어갈 알맞은 말은?

(A)이란 의사결정을 하고 실행을 한 이후에 발생하는 비용 중 (B) 비용을 말한다.

	A	B
①	매몰비용	회수할 수 없는
②	기회비용	회수할 수 없는
③	매몰비용	회수할 수 있는
④	기회비용	회수할 수 있는

주관식 문제

01 투자시점과 투자 후의 현금흐름을 살펴볼 때 두 가지 염두해야 할 사항을 기술하시오.

02 감가상각비에 관해서 기술하시오.

03 법인세비용의 특징과 계산식에 관해서 기술하시오.

01

정답 ① 투자안의 경제성 분석에 사용되는 것은 현금흐름이다.
② 현금흐름은 증분기준으로 측정하여야 한다.

02

정답 감가상각비는 기계, 설비 등 고정자산의 노후화를 연수에 따라 비용으로 처리하는 과정이기 때문에 실제 현금유출이 나타나는 것은 아니다. 고정자산에 대한 현금유출은 투자시점에서 전액 현금유출이 되었기 때문에 사업연수에 따라서 감가상각비를 현금유출로 계산했을 시 이중계산이 된다.

03

정답 • 특징: 법인세비용은 사업을 영위하는데 있어서의 세금이기 때문에 현금유출이다. 하지만 영업현금흐름으로 표기했을 시 손익계산서상의 법인세비용이 아니라 영업이익에 법인세율을 곱해서 표기한다.
• 계산식: 영업현금흐름 = 영업이익 × (1 - 법인세율) + 현금지출이 없는 비용 - 현금수입이 없는 비용

04

정답 ① 경제성 평가방법에는 적절한 할 인율을 책정하여 화폐의 시간가 치를 고려해야만 한다.
② 경제성 평가방법에서 측정된 모 든 현금흐름이 반영되어 있어야 한다.
③ 아무 조건 없이 기업이 가치를 극 대화 할 수 있는 투자안을 선택 하여야 한다.

05

정답 • 장점 : 회수기간법은 투자안을 평 가하는 데 있어 방법이 매우 간단 하면서 서로 다른 투자안을 비교 하기 쉽고 기업의 자금 유동성을 고려하였다는 장점을 가지고 있다.
• 단점 : 화폐의 시간가치를 고려하 지 않고, 원금이 회수된 이후의 현 금흐름을 고려하지 않는다는 단점 이 있다. 또한 투자안의 현금흐름 이 장기간으로 갈수록 위험(불확 실성)이 커진다.

06

정답 • 장점 : 자본예산에서 투자안 평가 를 위한 의사결정기준의 하나로서 이 방법의 의해 투자안을 평가할 경우 단일 투자안은 회계적 이익 률이 기업이 미리 설정한 목표이 익률보다 높으면 채택하고 다수 투자안의 경우에는 회계적 이익률 이 큰 것을 먼저 선택하게 된다.
• 단점 : 화폐의 시간적 가치를 고려 하고 있지 못하는 단점이 있다.

04 경제성 평가의 자본예산기법에서 적절한 평가를 하기 위해서 갖추어야 할 조건에 대해서 기술하시오.

05 회수기간법의 장점과 단점에 관해서 기술하시오.

06 회계적 이익률법의 장점과 단점에 관해서 기술하시오.

07 증분기준의 원칙에 관해서 기술하시오.

08 정률법의 정의와 특징에 관해서 기술하시오.

09 수익성 지수에 관해서 기술하시오.

해설 & 정답

checkpoint

10

정답 내부수익률(IRR)은 미래투자수익의 현 재가치와 투자금액을 동일하게 만드 는 할인율이다. 또한 서로 다른 시점 에서 발생하는 현금흐름의 크기와 화폐의 시간가치를 고려한 개념으로 매 시기마다 발생하는 현금흐름을 투자기간의 말까지 계속 재투자한다 는 가정으로 계산된다.

11

정답 100만원

해설 산술평균수익률

$$= \frac{_0 r_1 +_1 r_2 + \cdots +_{n-1} r_n}{n}$$

$= (100 \times 1.3) + [100 \times (-1.3)] / 2$

$= (130 + 70) / 2$

$= 100$만원

12

정답 91만원

해설 기하평균수익률

$$= \left[\begin{matrix} (1+_0 r_1)(1+_1 r_2)... \\ (1+_{n-1} r_n) \end{matrix} \right]^{\frac{1}{n}} - 1$$

$= (100 \times 1.3) + [100 \times (-1.3)]^{\frac{1}{2}}$

$= 91$만원

10 내부수익률에 관해서 기술하시오.

11 A투자자는 어제 A기업에 100만원을 투자하여 30%의 수익률 을 올렸다. 하지만 다음날은 −30%의 손실을 기록했다. 다음 산술평균수익률을 구하시오.

12 A투자자는 어제 A기업에 100만원을 투자하여 30%의 수익률 을 올렸다. 하지만 다음날은 −30%의 손실을 기록했다. 다음 기하평균수익률을 구하시오.

고득점으로 대비하는 가장 똑똑한 수험서!

제 **5** 장

자본구조와 배당정책

I wish you the best of luck!

시대에듀
www.**sdedu**.co.kr

자격증 · 공무원 · 취업까지
BEST 온라인 강의 제공

(주)시대고시기획
(주)시대교육

www.**sidaegosi**.com

시험정보 · 자료실 · 이벤트
합격을 위한 최고의 선택

제 5 장 자본구조와 배당정책

제 1 절 자본비용

1 자본비용의 의의와 종류

자본비용은 기업이 자본을 조달하여 사용하는 것과 관련해 부담해야 하는 비용을 의미한다. 기업의 자본은 원천에 따라 타인자본과 자기자본으로 구분하는데, 타인자본은 차입금이나 사채와 같이 기업 외부로부터 조달한 것을, 자기자본은 유상증자를 통해 주주로부터 조달한 것을 말한다. 기업은 자본을 조달 받기 위하여 투자자에게 대가를 지불하는데, 이것이 자본비용이며, 이자와 배당, 주가상승 등의 형태로 지불된다. 경우에 따라서는 기회비용 개념으로써 기업이 선택하지 않은 대체 투자안으로부터 얻을 수 있는 가장 높은 수익률을 의미하기도 한다.

자본비용은 기업의 투자의사결정에 중요한 영향을 미치는 요인 중 하나이다. 즉, 투자를 했을 때, 최소한 지불해야 하는 자본비용이나 포기한 대체투자안의 기대수익보다는 높은 수익을 얻어야 올바른 투자의사결정을 했다고 볼 수 있기 때문이다. 따라서 자본비용은 투자의사결정 시 목표이익률이나 할인율을 정하기 위한 데이터로 활용된다. 자본비용은 투자안이 가지고 있는 위험(risk premium)을 고려하여 결정되며, 일반적으로 기업의 재무구조가 타인자본과 자기자본으로 구성되어 있기 때문에 **자본구조에 따라 두 가지의 자본비용을 가중 평균한 가중평균자본비용**(WACC ; Weighted Average Cost of Capital)이 널리 사용되고 있다.

한편, 자본비용은 각 투자안이 가지고 있는 위험을 정확하게 측정하는 것이 불가능하기 때문에 주관적 판단의 개입 여지가 많다는 한계점을 가지고 있다.

2 자본비용의 중요성

재무관리에서 자본비용의 중요성을 언급하자면 첫째, 기업의 미래현금흐름을 현재가치로 측정할 시 자본비용이 할인율로 사용되어 기업가치를 계산할 수 있게 한다. 둘째, 투자 시 자본비용을 이용하여 투자로부터 기대되는 현금흐름의 현대가치를 측정할 수 있다. 셋째, 자본비용을 사용하여 기업가치를 최대화하며 자본조달비용을 최소화할 수 있는 자본구조를 채택할 수 있다.

3 기업의 자본비용과 투자안의 자본비용

기업이 여러 개의 투자안을 고려하거나 구성하고 있는 경우 기업 전체의 위험과 개별투자안의 위험은 서로 상이할 수 있기 때문에 기업가치를 평가할 때 사용하는 기업의 자본비용과 투자안을 평가할 때 사용하는 투자안의 자본비용은 구분되어야 한다.

4 자본비용 : 기대수익률, 필수수익률, 자본환원율

자본비용은 기대수익률과 같다. 기대수익률은 투자한 자본에 대해서 투자자들이 요구한 수익률이므로 요구수익률 또는 필수수익률이라고도 부른다. 또한 자본비용은 미래현금흐름을 할인하여 현재가치를 계산하는데 이용되기 때문에 자본환원율이라고도 한다.

5 가중평균자본비용

가중평균자본비용(WACC)은 기업의 자본비용(부채, 우선주, 보통주, 유보이익 등)을 시장가치 기준에 따라 각각이 총자본 중에서 차지하는 가중치(자본구성비율)로 가중 평균한 것이다. 일반적으로 기업의 자본비용은 가중평균자본비용을 의미한다. 가중치를 장부가치 기준의 구성 비율이 아닌 시장가치 기준의 구성 비율로 하는 이유는 주주와 채권자의 현재 청구권에 대한 요구수익률을 측정하기 위해서다. 기업자산에 대한 요구수익률은 자본을 제공한 채권자와 주주가 평균적으로 요구하는 수익률을 의미한다. 자산은 채권자와 주주가 제공한 자본으로 구입하였고, 자본 제공자는 자신이 제공한 자본에 대해 서로 다른 수익률을 기대하고 있기 때문이다. 이것은 기업가치 극대화를 위한 투자결정과 자금조달결정의 기준이 되어 기업의 재무적 의사결정에 있어 가장 중요한 변수가 된다. 가중평균자본비용의 식은 다음과 같다.

$$WACC = \frac{E}{D+E} \times r_E + \frac{D}{D+E} \times r_D(1-t)$$

타인자본비용은 경비로서 과세공제 되지만 자기자본비용은 과세를 받게 되므로 자기자본비용은 타인자본비용을 상회하는 것이 상례이다. 그 때문에 부채비율을 높임으로써 가중평균자본비용은 점차 떨어지게 된다. 그러나 일정한 선을 넘어 부채비율이 상승하면 가중평균자본비용은 상승하는 것으로 보고 있다.

그 이유는 지나친 부채비율에 의해서 자기자본의 위험이 증대하고, 불황기에는 재무상의 지레의 원리가 역작용하여 일거에 기업은 적자로 전락, 주가가 폭락하는 사태가 생기고 그 때문에 주가는 투자가의 신용을 잃게 하고 바닥을 헤매게 되며 자기자본비용은 급상승하기 때문이다. 또 지나친 부채비율은 유동성을 저하시키기 때문에 타인자본비용은 자기자본비용을 포함하여 자본비용을 상승시킨다. 그러나 자본구조와 가중평균자본비용과의 관계에 대해서는 여러 가지 논의의 여지가 있다.

6 타인자본비용

타인자본비용은 기업의 타인자본, 즉 부채를 의미하는 것으로, 부채로 자본조달 시 정해진 기간에 따라 매년 이자를 지급하고 만기일에 원금을 지급하여야 한다. 부채의 이자는 정해진 기간에 따라 일정할 수도 있고 시장이자율의 변동에 따라 달라질 수도 있다. 기업의 입장에서 보면 타인자본의 조달시점에 따라서 이자율이 상이할 수 있으므로 타인자본비용은 계산의 기준시점에 따라 달라진다. 타인자본비용은 자기자본과 비교할 때 자금조달의 원천이 다르고 변제기한이 있으며, 배당이 아닌 이자가 지급된다는 점에서 차이가 있다. 또한 기업경영이 어려울 때도 원칙적으로 원리금 지급이 불가피해 기업의 안정성 면에서 타인자본은 될 수 있는 한 적은 것이 바람직하나 호황기에는 레버리지 효과가 크므로 이를 적절히 조절할 필요가 있다.

일반적으로 타인자본은 비교적 빨리 상환하지 않으면 안 되기 때문에 유동자산의 구매에 충당하는 것이 바람직하며, 자기자본은 기업을 해산할 때까지는 상환할 필요가 없으므로 고정자산의 구매에 충당하는 것이 바람직하다는 자본의 변형상의 원칙이 있기 때문이다.

선진국 기업들은 대체로 자기자본의 비율이 높고 개발도상국일수록 경제성장률이 높아 자기자본의 충실만으로는 도저히 감당할 수 없기 때문에, 은행에서의 차입금으로 자본을 조달하지 않을 수 없다는 사정이 있다. 또한 국민 전체의 소득수준이 낮기 때문에 민간에서의 주식이나 사채의 소화력이 약하여, 금융기관이 영세한 예금을 모아서 이를 기업에 융자하는 간접금융방식에 의존하고 있다.

그 결과, 첫째, 기업이 높은 이자를 금융기관에 지급하기 때문에 상품의 가격도 비싸지고, 국제경쟁력의 약화를 초래하며 둘째, 산업자본이 은행자본에 종속하는 형태가 되어 금융자본이 형성되기가 쉽다.

7 우선주의 자본비용

우선주의 자본비용의 경우 배당에 따라 비용구조가 설립된다. 우선주 배당은 기업이 이익발생 시 보통주보다 먼저 배당을 지급하는 것이 원칙이다. 단점은 보통주는 의결권이 있지만 우선주는 의결권이 없는 것이 단점이다. 확정배당을 가지는 우선주의 경우 미래에 받게 될 확정배당액을 현재가치로 환산하면 다음과 같다.

$$P = \frac{D_p}{1+k_p} + \frac{D_p}{(1+k_p)^2} + \cdots + \frac{D_p}{(1+k_p)^\infty} = \frac{D_p}{K_p}$$

- P_p : 우선주의 현재가격
- D_p : 주당우선주의 확정배당액
- K_p : 우선주의 자본비용

8 자기자본비용

자기자본비용은 기업이 조달한 자기자본의 가치를 유지하기 위해 최소한 벌어들어야 하는 수익률이다. 즉 이 비용 이상으로 수익을 올리지 못하면 자기자본의 가치는 감소하게 된다. 새로운 투자안의 선택에 있어서도 투자수익률이 자기자본비용을 넘어야만 한다. 따라서 새로운 투자안에 요구되는 최소한도의 보수율이라고 할 수 있다.

이 보수율의 계산에는 여러 가지 방법이 있으나 예상적인 시장수익률 비교법이 동태적이고 장기적 부의 변화를 고려한 합리적인 방법이다. 그러나 이 계산에도 예상이익의 산출에 있어서 주관적 판단이 개입된다고 하겠다.

기업이 주식발생을 통해 자금조달을 할 경우 자본이용의 대가로 얼마의 이용 지급료를 산정해야하는 지는 명확하지가 않다. 또한 주주들이 주식투자에 의한 수익률은 기업의 경영성과에 따라 변동하기 때문에 이러한 미래의 불확실성을 부담하는 대가인 위험프리미엄이 포함하게 되며 위험프리미엄을 포함한 자기자본비용 계산 시 자본자산가격결정모형(CAPM)을 이용하는 것이 보통이다.

(1) CAPM을 이용한 자기자본비용 측정

자기자본비용을 계산하는 방식은 자본자산가격결정모형(CAPM)을 이용한 방법이 가장 널리 쓰이는 방식이다.

$$E(r_i) = r_f + [E(r_m) - r_f] \times \beta_i$$

- r_f : 무위험이자율
- $E(r_m) - r_f$: 시장위험프리미엄
- β_i : 체계적 위험

자본비용을 측정하기 위해서 CAPM을 사용하는 경우 현실적으로 타당하다는 전제조건 하에 이루어진다. 또한 베타와 증권시장선을 계산해서 미래의 증권시장선으로 사용하였는데 이는 과거와 비슷한 현상이 미래에도 발생할 수 있다는 가정 하에서만 타당한 방법이다.

이 이론에 따르면 시장의 기대수익률은 무위험자산의 수익률과 시장포트폴리오에 투자하여 발생하는 위험프리미엄의 합으로 계산된다. 어떠한 투자자가 은행 예금, 국채 등과 같이 위험이 거의 없는 자산, 주식과 같은 위험자산으로 구성된 시장포트폴리오에 함께 투자할 때 포트폴리오의 기대수익률이 어떻게 결정되는지를 '자본시장선'이라는 개념을 통해 도출하였다. 이전에 위험이 내재되어 있는 자산만을 대상으로 한 마코위츠의 포트폴리오 이론에 무위험자산까지 고려하여 수익률을 계산하였다.

CAPM은 증권시장이 경쟁적이라면 예상 위험프리미엄은 시장위험, 즉 베타계수에 따라 비례해서 변화한다고 설명한다. 즉 자본자산평가모델은 개별종목의 총위험을 시장에 연관되어 나타나는 위험(체계적 위험)과 시장과 상관없이 나타나는 위험(비체계적 위험)으로 분류하고 시장과 상관없이 나타나는 위험은 분산투자에 의해 제거될 수 있다고 본다. 따라서 체계적 위험에서 보상받을 수 있는 방법은 시장과 관련된 베타계수뿐이다. 이런 의미에서 모든 투자자는 동시에 동일한 내용의 정보를 입수할 수 있다는 효율적 시장가설을 전제로 하고 있으며 어떤 분석에 의해서도 증권시장을 상회하는 것보다 저가의 증권을 계속해서 찾아낸다는 것은 곤란하다고 한다.

(2) 배당평가모형을 이용한 자기자본비용의 계산

주식의 내재 가치를 영속적인 미래의 배당 흐름을 요구수익률로 할인하여 현재 가치로 나타낸 모형이다. 주식의 내재적 가치는 영속적인 배당 수입에 대한 현재 가치이므로 주식을 일시적으로 소유하든 계속 소유하든 보유 기간에 관계없이 이론적 가치는 동일하다.

투자자가 주식으로부터 기대하는 현금흐름을 적절한 할인율로 할인한 것이 현재주가이므로 기대현금흐름과 주가의 관계를 이용하여 자기자본의 기대수익률, 즉 자기자본비용을 찾아낼 수 있다.

따라서 적정주가가 평가되었다면 주주에게 미래현금흐름인 배당이 적절하게 할인된 현가가 현재주식가격이다. 또한 이때의 할인율이 자기자본비용이다. 배당평가모형의 식은 다음과 같다.

$$\cdot \ S_0 = \frac{D}{1+k_s} + \frac{D}{(1+k_s)^2} + \cdots + \frac{D}{(1+k_s)^\infty} = \frac{D}{K_s}$$

$$\cdot \ K_s = \frac{D}{S_0}$$

여기서 배당이 매년 g만큼의 비율로 성장하고, g가 자기자본비용 k_s보다 작다면 현재주가는 다음과 같은 식으로 성립된다.

$$S_0 = \frac{D_1}{K_s - g}$$

이러한 모형을 항상성장배당모형이라고 한다.

$$K_s = \frac{D_1}{S_0} + g$$

제 2 절   자본구조이론과 정책

1   자본구조의 의미

기업이 필요로 하는 자금은 자기자본과 타인자본으로 구성되는데 **자기자본과 타인자본의 비율을 자본구조**라 한다. 일반적으로 타인자본비용은 자기자본보다 낮기 때문에 기업이 타인자본을 많이 조달하게 되면 가중평균자본비용이 낮아지는 효과가 있다. 하지만 주주들의 입장에서는 위험이 증가하게 되고 자기자본비용이 높아지기 때문에 가중평균자본비용이 높아지는 상반된 효과가 발생한다. 전통적 접근법에서는 적당히 부채를 사용하면 가중평균자본비용이 낮아지고 이에 따라 기업가치가 증가한다고 주장하는 반면 MM은 완전자본시장에서는 부채의 사용과 상관없이 가중평균자본비용은 일정하며 이에 따라 기업가치도 일정하다고 주장한다.

2 자본구조와 기업가치

재무관리의 목표는 기업가치를 극대화시키는 것이다. 따라서 자본구조의 주된 관심사는 자본구조가 기업의 가치에 영향을 끼칠 수 있는가 하는 것이다. 여기 A기업과 C기업의 예를 들어보자.

A기업과 C기업은 모든 조건이 동일하고 자본구조만 다르다. A기업은 자기자본 S_A만으로 구성되어 있으며, C기업은 타인자본 B와 자기자본 S_C로 구성되어 있다. 따라서 A기업의 가치는 $V_A = S_A$이며, C기업의 가치는 $V_C = B + S_C$이다.

결국, 재무관리에서는 타인자본의 사용이 기업가치를 극대화시키는데 어떠한 영향을 미치는지에 대한 의문점과 자기자본만으로 기업가치를 얼마나 극대화시킬 수 있는지에 대한 궁금증을 풀기 위한 최적자본구조를 생각해봐야 할 것이다.

3 경영위험과 재무위험

기업의 투자결정과 관련하여 발생하는 위험으로서, **미래 매출액의 불확실성과 영업레버리지로 인한 영업이익의 불확실성을 의미한다.** 즉 경영위험은 미래 영업이익의 변동가능성으로 정의되며, 경영위험은 기업이 어떤 사업에 투자하였느냐에 따라 그 정도가 달라지는 위험이다. 가령 기업이 석유탐사에 투자하였을 때와 아파트 건설에 투자하였을 때 위험이 다르다는 것은 바로 경영위험이 다르다는 것을 뜻한다. **기업의 경영위험은 장래의 경기전망, 소속 산업의 동향, 기업 경영방식 등과 관련하여 발생한다.** 그리고 영업이익을 이자 및 세금차감전이익(EBIT)이므로 경영위험은 기업이 부채를 얼마나 조달하느냐에 따라 결정되는 자본구조와는 관련이 없는 위험이다.

타인자본의 사용으로 인해 나타나는 재무위험은 원금과 이자를 상환하지 못하는 위험으로서 주주에게는 미래의 불확실성이 증가하는 위험이다. 또한 경영위험은 개발위험, 제조위험, 마케팅 위험, 관리위험, 성장위험 등으로 나뉜다. 한편, 재무위험은 기업의 자본조달의사결정으로 나타난 자본구조와 관련된 위험을 말하며, 기업이 타인자본을 사용할 때 부채의 원금상환과 관련하여 나타나는 주주에 대한 미래이익 귀속불확실성과 관련된 위험을 말한다.

4 MM의 자본구조이론

1958년 F. 모딜리아니와 M. H. 밀러에 의하여 발표된 기업금융에 관한 이론으로 기업이 투자계획을 함에 있어서 자기자본(주식)과 부채(사채·차입금) 등을 사용하여 외부에서 자금(자본)을 조달하게 되는데, 여기에는 각기 자본비용이 소요된다. 기업은 이 비용이 서로 상이한 조달방법을 적절히 조합시킴으로써 평균 자본비용을 최소가 되게 하는 최적의 자본구성을 달성할 수 있다는 것이 종래의 생각이었다. 이에 MM이론은 최적의 자본구성은 존재하지 않는 것으로 보고, 다음과 같은 3가지 기본적 명제를 내세우고 있다.

- **제1명제**
  기업이 기업의 가치가 극대화되도록 한다면, 영업이익(이자 지불 이전의 이익)에 관한 예상이 전적으로 같은 기업의 가치는 자본구성 여하에 관계없이 항상 같다.
- **제2명제**
  영업이익이 같은 경우, 타인자본을 이용하는 기업의 주식수익률의 기대치는 자본의 전부를 자기자본으로 조달하고 있는 기업의 주식수익률의 기대치에 차입에 따라 부가되는 위험률을 더한 것과 같다.
- **제3명제**
  주주에게 유리한 최저 수익률을 자본 코스트라 하며, 자본 코스트는 자본구성에는 의존하지 않는다.

이상의 명제는 자본시장이 완전히 경쟁적이어서, 세금이나 거래비용이 존재하지 않는다는 조건을 전제로 도출된 결론이지만, 당시의 표준적 견해와는 전혀 다른 것이었기 때문에 그 후 전문가들 사이에 자본비용논쟁을 일으켰다.

(1) 제1명제

1958년 Modigliani와 Miller에 의해 발표된 것으로서 완전자본시장 하에서는 기업가치가 자본구조에 의해 영향을 받지 않는다는 '자본구조 무관련이론'이다.

$$VU = VL$$

VU는 차입이 없이 자기자본(equity)으로만 이루어진 회사의 가치이고 VL은 자기자본과 차입금으로 이루어진 회사의 가치인데 두 회사의 총자산이 같다면 두 회사의 가치는 자본구조와 관계없이(차입 여부와 관계없이) 동일해야 한다.

만약 어떤 투자자가 위의 두 회사 중 하나를 매입하고자 가정한다면 차입금이 있는 회사(VL)를 매입하는 대신에 차입금이 없는 회사(VU)를 매입하고 '차입금 있는 회사'가 차입하고 있는 금액만큼을 투자자 자신이 직접 차입하여 충당한다면 투자자로 봐서는 어느 회사를 매입하든 동일한 수익률을 얻을 수 있으므로 VU = VL가 성립해야 한다.(MM은 시장에 참여하는 모든 투자자들이 무위험이자율로 제한 없이 자금을 조달할 수 있는 완전자본시장을 가정하고 있다.)

(2) 제2명제

MM의 제2명제는 기업이 부채를 사용할수록 자기자본비용(주주들의 요구수익률)이 증가한다는 것이다. 부채비율이 높을수록 주주들의 요구수익률인 자기자본비용은 높아지는데 이는 차입이 주주들로 하여금 더 큰 위험을 부담하게 만들기 때문이다.

$$K_e = K_0 + \frac{D}{E}(K_0 - K_d)$$

- K_e : 자기자본비용
- K_0 : 무차입기업의 자본비용
- K_d : 차입금의 자본비용
- $\frac{D}{E}$: 부채비율

무차입기업의 K_0는 K_e와 같고, K_0는 무위험이자율에 리스크 프리미엄을 더한 것과 같다. 위 식 우변의 오른쪽 부분인 $D / E(K_0 - K_d)$는 주주가 차입으로 인하여 부담하는 재무위험에 대한 추가적인 요구수익률이며 부채비율(= D / E)에 비례하여 증가한다.

(3) 제3명제

가중평균자본비용에 대한 명제로서, 새로운 투자안에 대한 거부율 즉, 최저필수수익률은 투자에 소요되는 자금을 어떠한 방법으로 조달하느냐와는 관계없이 결정된다. 새로운 투자안에 대한 거부율은 그 투자안으로부터 벌어들여야 하는 최저필수수익률이며, 이는 곧 가중평균자본비용이다. 제1명제에 의하면 가중평균자본비용은 자본구조와 무관하게 결정되므로, 제3명제는 이로부터 쉽게 도출된다.

(4) MM의 수정 제1명제

차입을 하는 경우가 무차입의 경우에 비해 지급이자에 대한 세금 절감액만큼 유리하고, 차입금 사용액이 많을수록 절세혜택이 늘어나 기업가치가 증가하므로 기업은 부채를 최대화함으로서 기업가치를 극대화 시킬 수 있다는 것이다.

$$V_L = V_U + T_C D$$

- V_L : 차입기업의 가치
- V_U : 무차입기업의 가치
- $T_C D$: 영구적으로 발생하는 절세금액의 현가

(5) MM의 수정 제2명제

MM의 수정 제2명제는 세금이 존재하는 경우, 자기자본의 요구수익률은 완전자본시장 가정 하에서의 MM의 제2명제에서 보듯이 차입금이 증가함에 따라 상승하게 되지만 세금효과인 (1-t) 비율만큼 낮게 증가한다는 것이다.

MM의 수정 자본구조이론은, 기업이 차입금을 사용하면 절세효과만큼 기업가치가 증가하게 되므로 자본을 100% 차입하는 경우가 가중평균자본비용(WACC)을 최소화하며 기업가치를 최대화 하는 '최적자본구조'임을 보여주고 있다.

$$r_E = r_0 + \frac{D}{E}(r_0 - r_d)(1 - T_c)$$

- r_E : 주주의 요구수익률
- r_0 : 무차입기업의 주주의 요구수익률
- r_d : 차입금리
- $\frac{D}{E}$: 부채비율
- T_c : 세율

더 알아두기 Q

MM의 고객효과

MM은 고객효과를 통하여 차별적인 세율이 존재하더라도 배당지급이 기업가치에 어떠한 영향도 미치지 않는다고 주장하였다. 즉, 투자자들의 소득세율이 소득수준에 따라 서로 다를 뿐만 아니라 배당소득에 대한 선호도가 서로 다르기 때문에 소득수준이 높은 투자자들은 낮은 배당성향을 갖는 주식에 투자하는 경향이 있으며, 반대로 낮은 투자자들은 높은 배당성향을 갖는 주식을 선호할 것이다.

그럼에도 불구하고 배당성향이 서로 다른 기업의 주식이 시장에서 동시에 거래되고 있는 이유는 투자자들이 그들 자신의 취향에 따라 배당성향이 다른 각각의 주식에 투자하고 있기 때문이다. 이처럼 배당성향에 대한 투자자들의 선호체계가 서로 다르기 때문에 주주들의 유효세율에 따라 배당수준이 조정되는 균형시장에서 어떤 기업이 배당수준을 변경하더라도 주가가 변동하지 않는다는 것이다. 예를 들어, 소득수준이 높은 주주들로 구성되어 있는 기업에서는 배당수준을 낮게 조정하며, 반대로 소득수준이 낮은 주주들로 구성되어 있는 기업에서는 배당수준을 높게 조정할 것이다.

따라서 특정 수준의 배당성향에 대한 초과수요가 존재하는 한 기업의 기업가치를 극대화시키기 위하여 배당성향을 조정하는 활동을 계속할 것이고, 이와 같은 배당수준의 조정활동은 특정 수준의 배당성향에 대한 수요와 공급이 일치하는 수준까지 계속될 것이다.

이러한 과정을 거쳐서 모든 기업의 배당성향이 투자자들의 요구배당성향과 일치하는 시장균형이 실현될 것이다. 시장균형에 도달하는 과정에서 기업이 배당수준을 조정할 때에는 차별적인 세율에 의한 배당효과가 존재할 것이다. 그러나 배당성향을 변경시키는 경우 주주들의 구성분포가 달라질 뿐 기업가치에 어떤 영향도 미치지 않는다는 것이다.

기업은 투자를 위해 자본을 조달해야 하며 자본을 제공한 사람들에게 적절한 대가를 지급해야 하는데 이들에게 지급하는 대가를 자본비용이라 한다.

5 파산비용과 자본구조이론

부채에 대한 이자지급과 원금상환은 기업의 의무이며, 기업이 이러한 의무를 지키지 못하면 재무적 곤경에 처한다. 특히 파산은 재무적 곤경의 극단적 경우로서, 법적으로 기업자산의 소유권이 주주로부터 채권자에게 넘어가게 된다.

기업의 자산가치가 부채와 같아지면 자기자본의 가치는 0이 되고 기업은 파산을 하게 되지만 기업의 자산을 채권자에게 넘겨주는 과정은 법적인 과정이기 때문에 여러 가지 법적 및 행정적 비용은 별도로 책정된다. 이러한 파산과 관련된 비용 때문에 채권자는 자신의 채권을 전부 돌려받지 못하게 되고, 기업자산의 일부는 파산의 법적 처리과정에서 사라지기 마련이다. 이와 같이 **사라지는 자산이 바로 파산과 관련된 법적 및 행정적 비용에 해당하며 이를 파산비용이라 한다.**

부채를 사용하는 기업의 투자자들은 기업이 파산할 수도 있다는 것을 인식하고 있으며, 파산 시 발생하는 비용을 감안하여 기업의 시장가치를 낮게 평가하게 된다. 기업이 당장 파산하는 것이 아니더라도 미래의 파산가능성을 감안하여 현재의 시장가치가 결정되기 때문이다. 이를 부채의 이점과 파산비용을 함께 고려하여 정리하면 다음과 같은 식으로 나타낼 수 있다.

$$V_L = V_U + PV(S) - PV$$

- V_L : 차입기업의 가치
- V_U : 무차입기업의 가치
- $PV(S)$: 이자세금방패의 현재가치
- PV : 파산비용의 현재가치

기업이 일정 수준 이하의 부채를 사용할 경우에는 파산의 가능성이 낮기 때문에 감세효과만 존재하게 된다. 하지만 부채비율이 일정 수준을 넘어서면 높은 파산위험으로 인해 기대파산비용의 현재가치는 이자지급의 법인세 절감효과를 능가하게 되고 이에 따라 기업가치는 감소하게 된다. 특정 부채비율 하에서 나타나는 기대파산비용의 증가와 법인세 감면효과의 상쇄작용이 기업가치를 증가시킬 때 기업의 최적자본구조가 될 것이다. 따라서 **부채비용의 사용에 따라 법인세 감소효과와 기대파산비용의 상충관계에 의해 기업별로 최적자본구조가 달리 결정되는 것을 자본구조의 상충이론이라고 한다.**

6 대리비용과 자본구조이론

기업과 관련된 이해관계자(주주, 채권자, 경영자, 종업원, 소비자, 정부 등)는 서로 자신들의 이익을 극대화하려고 노력한다. 이 과정에서 생기는 이해다툼으로 인해 발생하는 비용을 대리비용이라고 한다. 주주와 경영자 간의 대리관계에서 발생하는 대리비용을 자기자본의 대리비용이라고 하며, 주주와 채권자 간에 발생하는 대리비용을 부채의 대리비용이라고 한다. 부채의 대리비용은 채권자의 경우 기업자산에 대해 고정된 청구권(원금 + 이자)을 가지고 있는 반면, 주주는 잔여재산에 대해서만 청구권을 가지고 있기 때문에 발생한다.

채권자 입장에서는 기업이 안전한 투자를 하여 자신들의 원금과 이자는 보전해주길 원하지만, 주주 입장에서는 투자에 성공 시 원금과 이자 이상의 수익에 대해서만 자신들이 보유하게 되고, 실패 시 자신들의 투자한 금액에 대해서만 유한책임을 지기 때문에 위험은 클지라도 보다 높은 수익을 기대하는 경향이 있다. 이러한 위험유인에 따르는 대리비용은 타인자본의 의존도가 높을수록 증가한다. 따라서 자기자본의 비중이 높아질수록 자기자본의 대리인비용이 증가하고, 부채의 비중이 높아짐에 따라 부채의 대리인비용이 증가한다면, 총대리인비용을 최소화 할 수 있는 부채와 자기자본의 최적 조합이 존재한다.

제 3 절 배당이론과 정책

1 배당의 의미

일반적으로 특정 재물을 일정 기준(비율)에 따라서 분배하는 일을 일컬어 배당이라고 한다. 배당은 민사소송법, 파산법, 그리고 회사법에 의하여 다르게 해석될 수 있다. 민사소송법에 의하면 배당은 금전집행에 있어서 공동압류 또는 배당요구의 결과, 다수의 채권자가 경합하게 되어 압류·환가에 의하여 얻어진 금액이 총채권자를 만족시키기에 부족한 경우에는 각 채권자에게 그 채권의 우선순위 및 채권액에 따라서 하는 배당을 의미한다. 파산법에 따르면 배당은 파산관재인이 파산재단을 환가하여 얻은 금전을 신고채권자에게 그 순위 및 채권액에 따라서 분배함을 의미하며 중간배당, 최후배당, 추가배당의 구별이 있다. 마지막으로 회사법에 따르면 배당은 이익배당과 건설이자로 구분된다. 이익배당은 영리법인으로서의 회사가 영업활동에서 얻은 이익을 사원(출자자 또는 주주)에게 분배하는 일을 말한다.

회사는 이익이 있으면 주주에게 이를 분배하여야 하는데, 이때 분배하는 행위 또는 배당액을 가리킨다. 회사는 영리법인이므로 이익이 있으면 이것을 주주에게 분배하는 것을 원칙으로 하며, 주식회사에서는 주주의 배당청구권은 다수결로도 박탈할 수 없는 고유권으로 되어 있다. 주식회사에서는 우선주, 후배주를 제외하고 주주가 가지는 주식의 수에 따라 이익을 지급한다. 주식회사나 유한회사의 배당은 대차대조표의 순재산액으로부터 자본금, 법정적립금, 당기준비금을 공제한 후가 아니면 할 수 없다. 인적 회사는 배당액이나 분배의 표준·방법을 임의로 정할 수 있으며, 정관에 정한 바에 따라 이익을 배당하며, 법은 보충적 규정을 두고 있는데 지나지 않으나, 물적 회사에서는 일정한 방법으로 산출한 배당가능이익의 범위 내에서만 이익배당이 허용된다.

한편 건설이자는 회사가 철도, 운하, 전력, 축항 등과 같이 건설에 장기간을 요하는 사업을 목적으로 하는 주식회사에 있어서, 일정한 요건 하에 이익의 유무에 관계없이 주주에게 배당되는 이자이다. 이익이 있는 경우에만 하게 되는 배당에 대하여 예외적인 제도이다. 자본의 일부환급이라는 성격을 가지기 때문에 요건도 엄중히 정해지고 있다. 이익배당을 할 시기는 각 회사마다 별도로 정하는 경우를 제외하고 매 영업연도 말에 결산 후 손익이 확정된 다음에만 할 수 있으며 원칙적으로 중간배당은 허용되지 않는다. 그러나 결산기가 연 2회인 회사는 1년에 2번 배당할 수 있다.

또 다른 의미에서의 배당은 기업이 일정 기간 동안 영업활동을 해 발생한 이익 중 일부를 주주들에게 나눠 주는 것을 말한다. 주주에게는 투자 수익면에서, 기업들이나 경영자에게는 경영정책적인 면에서 매우 중요하다.

기업은 배당가능이익이 있을 때만 배당할 수 있다. '배당가능이익'은 대차대조표상의 순이익으로부터 자본의 액, 그 결산기까지 적립된 자본준비금과 이익준비금의 합계액, 그 결산기에 적립하여야 할 이익준비금의 액, 재평가적립금, 임의준비금 등을 공제한 금액이다. 따라서 이익을 많이 내는 회사일수록 배당금을 많이 나눠준다. 그리고 지난해 배당을 많이 했더라도 올해 실적이 악화됐다면 배당금이 낮아진다.

2 배당의 종류

배당에는 현금배당과 주식배당이 있다. 현금배당은 이익을 기존 주주에게 주식 보유비율로 현금으로 나눠주는 것으로 그만큼 현금이 사외로 빠져 나가게 된다. 주주입장에서는 직접 돈을 받는 것이어서 위험부담이 전혀 없다. 회사 입장에서도 수익의 일부를 직접 돈으로 주는 만큼 현금흐름에 대한 자신감을 보여주는 것으로 비쳐질 수 있어 신인도 제고에도 도움이 될 수 있다. 그러나 재무구조가 탄탄치 못할 경우 현금배당은 자칫 회사의 재무위험을 높일 여지도 있다.

주식배당은 현금이 아닌 주식으로 나눠 주는 것이다. 주식배당은 새로 주식을 발행하는 것(증자)이어서 현금유출이 없고 주식증가로 자본금이 늘어나 재무구조 개선에 도움이 된다. 주식으로 지급하는 배당금은 자본금에 합산하게 되어 결국 주식배당금액에 상당하는 금액의 무상증자 효과를 얻게 되는 것이다. 그러나 주식배당은 당장의 자금 유출은 없지만 주식 수의 증가로 인해 장래 더 큰 배당압력을 받게 된다.

(1) 중간배당

상법상 중간배당은 연 1회 결산기를 정한 회사만 할 수 있으며, 중간배당을 허용하는 취지의 정관규정이 필요(상법 제462조의3), 중간배당 규정을 정관에 반영하지 않고 중간배당을 실시할 경우 중간배당금은 업무무관 가지급금이 될 수 있다.

> ※ 한도 = 재무상태표상 자산총액 – (부채총액 + 직전 결산기의 자본액 + 직전 결산기에 적립된 자본준비금과 이익준비금의 합계액 + 직전 결산기의 정기총회에서 이익으로 배당하거나 또는 지급하기로 정한 금액 + 중간배당에 따라 적립하여야 할 이익준비금)

(2) 현물배당

회사는 정관상에 금전 외의 재산으로 배당을 할 수 있다고 정할 수 있다. 현물배당을 결정한 회사는 아래 사항을 정할 수 있다.

① 주주가 배당하는 금전 외의 재산 대신 금전의 지급을 회사에 청구할 수 있도록 한 경우에 그 금액 및 청구할 수 있는 기간
② 일정 수 미만의 주식을 보유한 주주에게 금전 외의 재산 대신 금전을 지급하기로 한 경우 그 일정 수 및 금액

(3) 주식배당

주총결의사항, 비상장법인은 이익배당총액의 50% 한도 내에서 정관에 규정된 수권주식 중, 미발행된 여분이 있어 신주를 발행할 수 있는 조건이 성립될 경우에 한해 주식배당 가능하다.

① 주식배당을 위한 신주는 각 주주의 보유 지분비율에 비례해 균등하게 발행
② 회사가 이미 수종의 종류주식을 발행한 경우 그와 같은 종류주식 발행도 가능
③ 신주의 발생 시기는 주식배당을 결의한 주총 종료 후 지체 없이 즉시 발행
④ 주식배당은 시가가 아닌 액면가로 계산하여 지급

3 배당지급절차 및 규정

주주들에 대한 배당은 결산기 종료일로부터 3개월 이내에 열리는 정기 주총에서 최종 결정된다. 주총 승인을 받은 후 배당금은 주총일로 부터 1개월 이내에 주주들에게 지급된다. 주식배당의 경우 주총 후 1~2개월 내에 주식시장에 상장된다. 이러한 절차 때문에 배당투자로 배당금을 손에 쥐기까지는 대략 4개월 가량이 소요된다. 주식배당은 결산기말 15일 전까지 거래소 공시를 통해 예고하게끔 돼 있다.

상법상 주식배당은 이익배당 총액의 2분의 1을 초과하지 못하도록 되어있어 현금배당과의 혼합배당 형식을 채택하고 있으나 상장법인의 경우는 주가가 액면가를 상회하는 경우에 한하여 상법상의 주식배당 한도에 불구하고 이익배당총액의 전부를 주식으로 배당할 수 있다. 또한 주식배당으로 발생되는 신주의 발행가는 주식의 액면으로 하고 신주발행 효력은 주식배당을 결의한 주주총회가 종결한 때에 발생하는 것으로 하고 있다.

4 배당수준의 지표

(1) 배당수익률

배당수익률은 1주당 배당금을 주식가격으로 나눈 값이다.

$$배당수익률 = (주당배당금 / 주가) \times 100$$

주당배당금이란 주주에게 지급할 배당금을 발행주식 수로 나누어 구한 것이다. 따라서 1주당 지급되는 배당금을 말한다. 주당이익(EPS)과 다른 점은 EPS는 당기순이익을 발행주식 수로 나눈 것인데 반해 주당배당금은 당기의 배당금을 발행주식 수로 나눈 것이다.

(2) 배당성향

배당성향은 당기순이익 중 현금으로 지급된 배당금 총액의 비율이다. 배당지급률 또는 사외분배율이라고도 한다.

$$배당성향 = (배당금 / 당기순이익) \times 100$$

당기순이익 1백억 원 중 배당금으로 20억 원이 지급됐다면 배당성향은 20%가 된다. 배당성향이 높을수록 이익 중 배당금이 차지하는 비율이 높아져 재무구조의 악화요인이 된다. 반면 배당성향이 낮을수록 사내유보율이 높고 다음 기회의 배당증가나 무상증자의 여력이 있음을 나타낸다. 그러나 배당성향이 높을수록 회사가 벌어들인 이익을 주주에게 그만큼 많이 돌려줌을 의미하므로 배당성향이 높은 회사가 투자가치가 높다고 할 수 있다.

5 배당이론

기업이 적절한 배당정책을 실시함으로써 기업가치 혹은 주주의 부를 증가시킬 수 있는가 하는 많은 의문점들이 제기되어 왔다. 이와 관련된 의문점들에 대한 논의는 3가지로 요약할 수 있다.

첫째, 배당정책은 기업가치와 관계가 없다. 즉 주주는 기업의 주인이기 때문에 이익을 기업에 유보하거나, 주주의 소유하고 있으나 별반 차이가 없다는 의미이다.

둘째, 배당은 기업가치를 상승시키는데 영향을 준다는 의미이다. 배당으로 지급하지 않고 사내에 유보시킨 이익은 미래에 재투자를 위해서 사용되는데, 재투자 성과는 불확실하므로 주주들이 소유하고 있는 현금이 더 높게 평가된다는 의미이다.

셋째, 배당은 기업가치를 상승시키는데 불리한 영향을 끼친다는 의미이다. 주식매매차익에 대한 세율보다 배당소득의 세율이 높기 때문에 배당이 불리하다는 의미이다.

(1) MM의 배당무관련이론

모디글리아니와 밀러(MM)는 1963년에 이론적 논문을 발표하여 세금, 거래비용이나 그 밖의 시장불완전성이 없는 세계에서 배당정책이 기업가치와 무관하다는 것을 증명하였다. MM의 무관련이론은 배당정책이 기업의 주가나 자본비용에 전혀 영향을 미치지 못한다고 주장한다. 다음 MM의 배당무관련이론을 예를 들어 살펴보자.

A기업은 자기자본만으로 구성된 기업으로 벌어들이는 이익은 모두 현금배당으로 지출하는 기업이다. 이 기업이 벌어들일 이익은 현재시점에 1억 원, 1년 후 시점에 1.1억 원으로 예상되고 있다. 현재 시장이자율은 10%이며 10%의 이자율로 예금과 차입을 할 수 있다. A기업의 주주들은 올해 1억 원, 그리고 내년에 1.1억 원을 소비하길 원한다. 또한 A기업은 이익을 모두 배당으로 지급하기로 하였다. 이러한 상황에서 A기업의 주주들이 가질 수 있는 총가치는 다음과 같다.

> 주주의 부(기업가치) = 미래배당의 현가 = 1억 원 + (1.1억 원 / 1.1) = 2억 원

A기업의 주주의 부가 앞으로 받을 배당금액의 현재가치는 2억 원이다. A기업의 현재 배당정책은 실현되는 이익을 모두 배당하는 것이므로 A기업의 주주들은 올해 1억 원, 내년 1.1억 원을 배당으로 받게 되고 이를 소비할 수 있으므로 원하는 소비형태를 성취할 수 있다.

A기업의 경영자가 현재의 배당정책이 기업가치를 극대화시키는 최적배당정책이 아니라고 생각하고 있다. 따라서 A기업은 다음과 같은 두 가지 대안을 새로운 배당정책으로 검토하고 있다고 할 때, 새 배당정책이 기업가치에 미치는 영향을 살펴보자.

A대안	• 현재시점에 1.1억원 배당 • 내년시점에 0.99억원 배당
B대안	• 현재시점에 0.9억원 배당 • 내년시점에 1.21억원 배당

A대안은 올해 0.1억 원의 배당을 더 주는 것이다. 이 경우 A기업은 추가배당을 위해서 올해 0.1억 원 신주 발행하여 조달해야 하고 내년에는 새 주주들에게 0.11(= 0.1 × 1.1)억 원을 배당으로 지급해야 하므로 구주주에게는 0.99(= 1.1 - 0.11)억 원밖에 배당할 수 없다.

B대안은 올해에 0.1억 원을 덜 배당하는 것이다. 이 경우 A기업은 배당 후 여유자금 0.1억 원으로 10%의 수익을 얻는 곳에 투자할 수 있으므로 내년도에는 주주에게 0.11억 원을 추가로 배당할 수 있어 총 1.21억 원을 배당할 수 있다.

각각의 경우에 주주의 부는 어떻게 평가되며 주주들은 원하는 소비를 어떻게 달성할 수 있는지를 살펴보자. 먼저 A대안을 새 배당정책으로 선택하는 경우를 살펴보면 A대안이 선택된 경우 기존 주주의 부는 다음과 같다.

$$주주의 \ 부 = 1.1억 \ 원 + (0.99억 \ 원 / 1.1) = 2억 \ 원$$

A기업이 A대안을 새로운 배당정책으로 선택하는 경우에도 기존 주주의 부는 여전히 2억 원이다. 또한 주주들은 올해에 1.1억 원의 배당을 받은 후 1억 원을 소비하고 남은 자금 0.1억 원을 A기업의 주식에 투자할 수 있다. 이 경우 1년 후에 10%의 수익을 얻을 수 있으므로 내년에는 기존 주식의 배당금 0.99억 원과 신주의 투자수익 0.11억 원을 합쳐 1.1억 원을 받을 수 있고 이를 소비할 수 있으므로 원하는 소비형태를 성취할 수 있다.

따라서 A기업이 B대안을 새로운 배당정책으로 선택할 경우를 살펴보면 기존 주주의 부는 다음과 같다.

$$주주의 \ 부 = 0.9억 \ 원 + (1.21억 \ 원 / 1.1) = 2억 \ 원$$

여전히 주주의 부는 2억 원이다. 또한 주주들은 올해 1억 원을 소비해야 하므로 기업으로부터 받은 배당금 0.9억 원에 보유주식을 매각하여 얻은 자금 0.1억 원의 합계 1억 원을 소비한다. 내년에는 기업이 전체 주주에게 지급하는 배당금은 1.21억 원이나, 기존 주주는 올해 매각한 주식에 해당되는 분 0.11억 원을 제외한 1.1억 원을 배당금으로 받게 되고 이를 소비할 수 있다.

결론적으로 기업이 어떤 배당정책을 선택하든지 간에 주주의 부는 변화가 없으며 주주들 또한 시장에서 주식의 매입과 매각이 자유로운 한 기업의 배당정책과 관계없이 원하는 소비형태를 달성할 수 있다.

(2) 저배당선호

시장의 불완전성 가운데 배당정책과 관련된 가장 중요한 요인 중의 하나는 세금이다. 자본구조 결정과는 달리 현재의 법인세제 하에서 법인소득세는 배당정책에 영향을 미치지 않는다. 법인세의 경우, 배당금이 지급되든 지급되지 않든 기업의 이익은 기업 차원에서 과세된다. 배당의 경우에는 법인세 차감 후의 순이익을 어떻게 분배할 것인가가 논의 되는 것이므로, 문제가 되는 세금은 법인세가 아니라 개인소득의 원천에 따라 배당소득세와 자본소득세이다.

기업이 배당을 하게 되면 주주는 배당에 대한 배당소득세를 지불해야 한다. 하지만 배당을 하지 않고 미래의 재투자를 위해 이를 유보할 경우, 그 결과가 주가에 반영되고 이를 매각하게 되면 주주는 자본소득세를 납부해야 한다.

만일 배당소득세와 자본소득세의 세율이 동일하다면, 배당정책은 주주의 부에 직접적인 영향을 주지 못한다. 즉, 세금만을 고려할 때, 배당정책은 기업가치에 영향을 미치지 못할 것이다. 반면 세율에 차이가 있다면, 배당정책은 기업가치에 영향을 줄 것이다.

우리나라에서는 배당소득에 대해서는 소득세가 부과되고 있으나, 상장주식의 자본이득은 과세의 대상이 되지 않는다. 소액투자자의 경우, 배당소득세(주민세를 포함)가 약 24.2% 정도로 과세되고 있으며, 대주주의 경우는 주주들의 개인 종합소득의 크기에 따라 누진적으로 과세되고 있다. 이처럼, 우리나라에서는 자본소득에 비해 배당소득에 대하여 상대적 매우 높은 소득세율이 부과되고 있다.

이와 같이, 일반적으로 배당소득은 자본이득보다 더 무겁게 과세된다. 따라서 세금을 지불하는 투자자의 입장에서는 배당성향이 낮은 기업을 선호하고, 기업은 배당을 지급하기 보다는 이익을 유보하려는 인센티브를 가질 것이다. 이에 따라, 현재의 소득세제 하에서 투자자들은 배당수익률이 낮은 주식에 대해 더 높은 가격을 지불하려고 할 것이다. 기업의 입장에서 단지 배당의 세금효과만을 고려한다면, 기업의 가치를 극대화하는 최적배당정책은 배당을 전혀 지불하지 않는 무배당정책이 될 것이다.

(3) 고배당선호

투자자들이 배당을 선호하는 이유 중에는 배당금 지급이 투자자들의 마음에 불확실성을 해소시킨다는 점이다. 배당금은 수중에 있는 현금이고, 자본이득은 언제 실현될지 모르는 위험한 소득이라고 간주된다는 것이다. 즉 배당은 수중의 새에 해당하고, 자본이득은 숲속에 있는 새에 해당하므로, 투자자들은 보다 안전한 배당을 선호한다는 것이다.

특히, Gordon에 의하면 현재의 높은 배당이 주주의 미래 불확실성에 대한 불안을 감소시키기 때문에 투자자들이 배당을 자본이득보다 높게 평가한다고 주장한다. 즉, 미래의 배당은 현재의 배당에 비해 훨씬 불확실하기 때문에 현재의 배당을 희생하여 미래의 배당을 증가시키는 경우 증가된 위험에 의해 주주들의 요구수익률이 더 높아지고, 그 결과 기업의 주가가 감소하게 된다는 것이다. 그러나 MM은 Gordon의 위와 같은 논리의 오류를 지적하고 요구수익률은 배당정책과 무관하다고 논증하였다. MM에 의하면, 투자 및 차입정책이 일정한 한 그 기업의 총현금흐름과 위험은 배당정책에 의해 영향을 받지 않는다. 배당의 증가는 단지 구주주와 신주주 사이에 소유권의 이전을 가져온다. 구주주들은 불확실한 미래이득을 안전한 배당수입으로 교환하였다. 그러나 불확실한 미래이익의 현재가치는 배당금과 같고, 구주주는 주식을 매도하여 그 자금을 은행에 예치함으로써 배당을 지급 받았을 때와 마찬가지로 안전한 포지션을 달성할 수 있을 것이다. 미래의 자본소득 대신에 현재 배당을 받게 됨으로써 구주주의 부가 증가한다는 것은 신주를 매입한 신주주의 부가 감소한다는 것을 의미한다. 그러나 이것은 이치에 맞지 않는다. 왜냐하면, 신주주들은 위험을 부담하고 있지만, 이 위험을 보상할 만큼 충분한 수익을 얻는 경우에만 신주를 매입하고자 할 것이기 때문이다.

6 배당유형

(1) 주식배당

회사가 주주들에게 배당을 실시함에 있어서 현금 대신 주식을 나누어 주는 것을 말한다. 주주의 입장에서 본다면 주금의 납입 없이 주식 수가 증가하므로 무상증자와 유사하지만 무상증자가 자본준비금이나 이익준비금과 같은 법정준비금을 자본 전입하는 것임에 비하여 주식배당은 배당가능성이익, 즉 미처분이익잉여금을 자본금으로 전환하는 방식이라는 점에서 차이가 있다. 따라서 이익잉여금은 감소하고 자본금은 증가하지만 자기자본에는 변동이 없게 된다. 주식배당은 회사자금을 사내에 유보하는 효과를 가져 오고 장부상 이익은 발생하였지만 신규 투자 등으로 현금이 부족한 경우에도 주주들에게 배당을 줄 수 있는 장점이 있다. 상법에서는 이익배당총액의 50%를 초과하지 않는 범위 내에서만 주식배당을 허용하고 있으나 상장법인은 자본시장 육성에 관한 법률에 의거하여 이익배당총액의 100% 까지 주식배당이 가능하다. 우리나라는 배당률을 표기함에 있어서 주식의 시가가 아닌 액면가 기준을 적용하고 있는바, 현재 대부분의 주식들이 액면가를 크게 상회하고 있기 때문에 비록 배당률이 같더라도 주식배당을 한 회사가 현금 배당만을 실시한 회사에 비하여 배당락의 폭이 크게 나타난다. 즉, 현금배당이 액면기준 배당임에 비하여 주식배당은 시가기준의 배당효과가 있는 것이다.

(2) 주식분할

자본금의 증가 없이 주식액면을 낮추고 주식 수를 증가시키는 것을 말한다. 따라서 주식분할을 하여도 자본구성에는 전혀 변동이 없고, 다만 발행주식 수만 늘어날 뿐이다. 주식분할은 무상증자와 마찬가지로 주식의 시가가 너무 높게 형성되어 유통성이 떨어진다고 판단될 때 하는 것으로 주식의 유통성을 높이고 자본조달을 손쉽게 할 수 있다는 장점이 있다.

(3) 자사주매입

회사가 자기 회사의 주식을 주식시장 등에서 사들이는 것을 뜻한다. 자사주 매입은 주식 유통 물량을 줄여주기 때문에 주가 상승 요인이 되고 자사주 매입 후 소각을 하면 배당처럼 주주에게 이익을 환원해 주는 효과가 있다. 하지만 자사주 매입은 투자활동으로 성장해야 하는 기업이 자기주식을 사는데 돈을 쓰는 것은 성장할 만한 사업영역을 못 찾고 있다는 의미로도 해석될 수 있기 때문에 주가에 대한 영향이 단기적이라는 시각도 있다.

제 4 절 운전자본관리

1 운전자본관리의 의미와 목표

(1) 운전자본관리의 의의

운전자본관리는 영업자본·경영자본이라고도 하며 3가지로 요약해 볼 수 있다.

① 유동자산의 총액을 운전자본으로 보는 것으로, 특히 총운전자본이라고도 하지만 이와 같은 의미로 쓰이는 일은 드물다.

② 현금·예금·받을 어음·외상매출금과 같이 거래활동에 즉시 동원될 수 있는 환금성이 높은 자산만을 운전자본으로 보는 것으로, 이는 내용적으로는 거의 당좌자산에 해당한다. 일상적인 원재료의 매입, 임금이나 제경비의 지불에는 이와 같은 의미의 운전자본이 반드시 필요한 데, 일반적으로는 이런 의미의 운전자본을 운전자금이라고 한다.

③ 유동자산의 총액에서 유동부채의 총액을 공제한 것을 순운전자본이라고 하며, 기업의 재무관리상 이러한 순운전자본이 중시된다. 순운전자본에 상당하는 부분은 단기간에 상환을 고려하는 일 없이 운용할 수 있는 자본 부분으로 재무유동성의 유지에 공헌하기 때문이다. 따라서 기업의 운전자본관리에는 우선 소요운전자본액을 산출하고 그것을 유지하기 위하여 자본의 증가, 출자나 장기대부의 회수, 고정부채의 증가 등에 의하여 유입되는 자금과 고정자산의 증가, 배당금의 지급, 고정부채의 상환 등에 유출되는 자금을 계획화하여 그것의 실현과 유지에 노력하여야 한다.

(2) 운전자본관리의 목표

기업에서 운전자본관리가 큰 주목을 받는 이유는 기업의 유동성이 수익성 못지않게 중요하기 때문이다. 유동성은 자산이 적정한 가격으로 얼마나 빨리 현금화 될 수 있는가를 의미하는데, 기업의 단기부채의 지급능력이란 의미로 사용된다. 이 유동성의 근원은 현금을 비롯한 유동자산에 있다. 그러나 유동자산을 과다하게 보유하다 보면 유동성은 높아지지만 기업의 수익성을 감소시킬 우려가 있다. 이유는 유동자산은 대부분이 이익을 가져오지 않는 비수익성자산이기 때문이다.

현금을 비롯한 유동자산을 많이 보유하면 풍부한 유동성을 유지할 수 있어 갑작스럽게 현금지출이 필요한 경우에도 잘 대응할 수 있으나, 많은 자본이 수익성 있는 곳에 투자되지 못하므로 수익성은 낮아진다. 반대로 유동자산을 적게 보유할 때에는 나머지 자금을 수익성 있는 곳에 투자하여 수익성은 상승시킬 수 있으나 낮은 유동성으로 인해 갑작스런 현금지출 상황에 잘 대응하지 못하여 지급불능상태에 빠질 위험이 커진다. 결론적으로 운전자본관리의 목표는 적절한 유동성을 유지하여 지급불능위험을 줄이며 동시에 수익성을 극대화시키는 점이라고 할 수 있다.

(3) 순운전자본관리

유동자산에서 유동부채를 차감한 잔액으로 정의되는데 일상적인 영업활동에 필요한 자금으로서 단기부채를 지급하는 데 사용할 단기자산이며 단기 채권자를 보호하기 위한 자금이라고 할 수 있다. 따라서 장기목적으로 투자되는 자산인 투자자산은 순운전자본에 속하지 않는다. 순운전자본이 중요한 자금 개념으로 여겨지는 원인은 다음과 같다.

① 기업의 단기 지급능력을 표시하는 자금 개념이다.
② 기업의 영업활동을 표시하는 자금 개념이다.
③ 총재무자원에 의한 자금 개념은 비운전자본 거래가 없을 경우 순운전자본과 일치한다.

순운전자본관리는 유동성 확보를 위해 생산 및 판매를 원활하게 진행하면서 지급불능의 리스크를 피할 수 있는 것이 목적인데, 이에 공격적 전략과 방어적 전략으로 나눌 수 있다. 공격적 전략은 유동자산을 유동부채와 같은 수준으로 유지하는 전략이다. 반대로 방어적 전략은 유동자산을 유동부채 이상으로 유지하는 방법을 말한다.

(4) 현금전환사이클

현금전환사이클이란 회사가 제품 생산 및 서비스 제공을 위해 투입된 자원(resource)이 고객의 구매로 연결되어 현금으로 회수하는데 걸리는 시간을 말한다. 현금주기 또는 영업주기라고도 불리는 현금전환사이클을 계산하기 위해서는 재고 판매를 위해 필요한 시간, 매출채권 등을 회수하는데 필요한 시간을 알아야 한다.

일반적으로 회사들은 원재료를 구매하는데 현금을 바로 지급하지 않는데(보통 월말/익월 말/어음 결제), 회계상 이를 외상매입금이라고 한다. 최종 제품이나 서비스를 판매할 때도 즉시 현금이 회수되는 경우는 많지 않은데(월말/익월 말/어음 결제가 대부분), 이를 매출채권이라고 한다. 즉, 회사가 매출채권을 회수한 뒤 외상매입금을 상환하고 나서야 비로소 현금이 계좌 잔고에 남게 되는 것이다.

이 관점에서 볼 때 현금전환사이클은 제품 생산을 위해 원재료를 매입하여 외상매입금이 발생되는 시점부터 상품/서비스 판매 후 매출채권을 회수한 뒤 외상매입금을 상환하고 계좌 잔고로 현금이 남기까지 그 기간을 측정하는 것이다.

현금전환사이클은 유통업이나 소매업에 있어 매우 중요하다. 현금전환사이클이 짧으면 짧을수록 자본이 영업을 영위하는데 묶여있는 시간이 적고(운전자본소요액 감소), 차입의 필요성이 감소하기 때문이다.

다음 현금전환사이클의 예를 들어보자. A기업의 재고자산, 외상매출금, 외상매입금, 매출액과 매출원가는 다음과 같다.

구분	2018	2019
재고자산	3,000	4,000
외상매출금	1,500	1,800
외상매입금	700	800
매출액	10,000	12,000
매출원가	7,000	8,000

먼저 평균재고자산의 식은 다음과 같다.

평균재고자산 = (4,000 + 3,000) / 2 = 3,500

다음 재고자산회전율의 식은 다음과 같다.

재고자산회전율 = 매출원가 / 평균재고자산 = 8,000 / 3,500 = 2.28

다음 재고자산회전기간의 식은 다음과 같다.

재고자산회전기간 = 365 / 2.28 = 160

다음과 같은 방법으로 매출채권회전기간과 외상매입금회전기간을 계산할 수 있다.

- 평균외상매출금 = (1,800 + 1,500) / 2 = 1,650
- 매출채권회전율 = 매출액 / 평균외상매출금 = 12,000 / 1,650 = 7.27
- 매출채권회전기간 = 365 / 7.27 = 50.2
- 평균외상매입금 = (700 + 800) / 2 = 750
- 매입채무회전율 = 매출원가 / 평균외상매입금 = 8,000 / 750 = 10.6
- 외상매입금회전기간 = 365 / 10.6 = 34.4

결과적으로 현금전환사이클의 식은 다음과 같다.

- 영업사이클 = 재고자산회전기간 + 매출채권회전기간 = 160 + 50.2 = 210.2
- 현금전환사이클 = 영업사이클 − 외상매입금회전기간 = 210.2 − 34.4 = 175.8

A기업의 경우 현금전환사이클은 175.8일이다. 즉 원재료구입으로 인한 현금의 유출 및 매출채권회수로 인한 현금의 유입 사이에는 약 175.8일의 시간차가 생긴다. 기업의 유동성은 이러한 시간적인 간격에 큰 영향을 받는다. 현금의 유출과 현금의 유입 사이의 간격을 어떻게 단축시

키는가가 바로 운전자본관리의 핵심이라고 할 수 있다. 따라서 운전자본관리의 목표는 영업활동에 지장을 주지 않는 선에서 현금전환사이클을 줄이는 것이다.

더 알아두기 🔍

현금전환사이클(cash-to-cash cycle, cash conversion cycle)

현금전환사이클(C2C)은 상품을 얼마나 빨리 현금으로 바꾸어 유지하는 지를 평가하는 지표이다. 이는 다시 현금유입(cash inflow)과 현금유출(cash outflow)로 나누어지고 다음과 같이 정의된다.

> 현금회전주기(C2C) = 현금유입(cash inflow) − 현금유출(cash outflow)

현금유입은 매입한 상품을 매출로 연결하고, 이 매출을 현금으로 바꾸는 데까지 걸리는 시간이다. 결국, 재고일수와 수금일수의 합이다. 재고일수는 재고 회전율의 역수이고, 수금일수는 매출채권 회전율의 역수이다. 현금유출은 매입한 상품에 대한 상환일수이다. 상환일수는 매입채무회전율의 역수이다. 현금유입은 짧으면 짧을수록 현금 창출을 더 빨리하게 된다. 현금유출은 길면 길수록 현금 보유를 더 오래 하게 된다. 현금회전주기는 낮으면 낮을수록 현금유동성이 좋아진다. 즉, +보다 −값이 유동성에 도움이 된다.

제 5 절 　장기자본조달

1 　장기자본조달의 의의

장기자본조달은 기업이 존속하는데 있어 중요한 원천 중 하나이다. 장기자본의 조달시장은 단기자본의 조달시장과 비교하였을 때 복잡하며 체계화된 기능과 구조를 가지고 있다. 장기자본과 관련된 시장을 자본시장이라고 한다. 장기자본조달의 이슈는 자본조달에 따른 비용만의 문제가 아니라 기업의 지배권과도 관련이 깊기 때문에 더욱 복잡하다. 장기자본은 일반적으로 회사채, 은행차입, 주식 등을 이용하여 조달한다.

2 　장기자본조달의 결정요인

(1) 자본비용

기업의 자본조달방법 중 가장 먼저 고려해야 할 부분이 자본비용이다. 장기자본조달을 위하여 발행하는 증권은 각각의 특징에 따라 서로 다른 자본비용을 가지고 있다. 되도록 기업입장에서는 비용이 가장 적게 드는 자본조달방법을 택해야 한다. 또한 자본비용을 계산하는데 있어 꼭 고려해야 할 부분이 세금효과이다. 이외에 자본조달에 소요되는 경비도 고려하여야 할 것이다.

(2) 조달기간과 자본의 용도

자본의 필요시기를 고려하여 자본조달원천을 택한다. 이 시기의 문제는 자본의 조달기간과 용도를 감안해야 한다. 예컨대 자금이 매우 급히 필요할 경우 자본의 조달기간이 짧고(빠른) 단기적 용도로 사용한다면 단기성자본으로 조달한다.

(3) 기업지배권의 문제

기업은 자본조달을 하기 위해서 여러 가지 방법을 통해 자본조달을 하지만 가장 대표적인 자본조달은 주식(보통주)과 채권을 통한 자금조달이다. 채권을 통한 자본조달의 경우는 은행이자와 마찬가지로 만기에 원금과 약속된 이자를 상환하면 부채에 대한 부분은 해결이 되기 때문에 사실상 기업지배권에 간섭을 받지 않는다. 하지만 **주식(보통주)의 경우에는 자금조달을 위해 주식을 발행하면 기존 주주들의 지분이 감소하여 다른 주주들에 의해 기업의 지배권을 간섭받기 쉬워진다.** 또한 전환사채(CB)나 상환전환우선주(RCPS)의 경우 발생한 시점에는 의결권 없이 채권처럼 약속된 이자 및 배당을 받지만 일정 기간 후 이미 정해진 약속에 따라 보통주로 전환할 수 있는 권리를 가지고 있기 때문에 보통주로 전환한다면 기업지배권의 문제가 생길 수 있게 된다.

3 채권과 주식

(1) 채권

채권은 정부, 공공단체와 주식회사 등이 일반인으로부터 비교적 거액의 자금을 일시에 조달하기 위하여 발행하는 차용증서이며, 그에 따른 채권을 표창하는 유가증권이다.

채권은 **상환기한이 정해져 있는 기한부 증권**이며, **이자가 확정되어 있는 확정이자부증권**이라는 성질을 가진다. 그리고 채권은 대체로 정부 등이 발행하므로 안전성이 높고, 이율에 따른 이자소득과 시세차익에 따른 자본소득을 얻는 수익성이 있으며, 현금화할 수 있는 유동성이 크다. 이러한 특성에 의하여 채권은 만기와 수익률에 따라 주요한 투자자금의 운용수단으로 이용되기도 한다.

채권은 대규모 자금조달수단이라는 점에서 주식과 유사하기도 하다. 그러나 채권은 타인자본이며, 증권소유자가 채권자로서 이익이 발생하지 않아도 이자청구권을 갖고, 의결권의 행사에 의한 경영참가권이 없고, 상환이 예정된 일시적 증권인 반면 주식은 자기자본이며, 증권소유자가 주주로서 이익이 발생하여야 배당청구권을 갖고, 의결권의 행사에 의한 경영참가권이 있고, 장차 상환이 예정되지 않은 영구적 증권이라는 점에서 크게 다르다.

채권은 발행주체에 따라 국채·지방채·특수채·금융채·회사채, 이자지급방법에 따라 이표채·할인채·복리채, 상환기간에 따라 단기채·중기채·장기채, 모집방법에 따라 사모채·공모채, 보증유무에 따라 보증사채·무보증사채 등으로 분류된다.

(2) 주식

① 보통주

우선주·후배주·혼합주 등과 같은 특별주식에 대립되는 일반적인 주식을 말한다. 또한 채권과 함께 기업의 장기자금조달의 가장 중요한 원천이다. 채권은 타인자본으로 부채의 성격을 띠는 반면에 주식은 자기자본을 조달하기 위해 발행하는 것을 자기자본의 성격을 띤다.

보통주주는 주주총회에서 임원의 선임 및 기타 사항에 대해서 주식의 소유비율만큼 의결권을 행사할 수 있으며, 이익배당을 받을 권리가 있다. 일반적으로 주식이라 할 때는 보통주를 말한다.

주주평등의 원칙에 의해 현재 발행되는 한국의 주식은 대부분이 보통주이다. 그러나 이 주식은 회사의 손실에 대한 위험을 부담해야 하므로 사업부진 때는 배당을 받지 못하게 되고, 잔여재산 분배에 확정적인 지위를 갖지 못한다. 반대로 사업이 호전되면 고율의 배당을 받을 수 있어 투기적인 색채가 농후한 주식이라 할 수 있다.

② 우선주

우선주는 보통주에 대비되는 주식이다. 보통주란 말 그대로 보통 주식이다. 주식 소유자는 주주총회에 참석해 기업의 주요 경영 사항에 대해 의결권을 행사하고 배당을 받고, 발행되는 신주를 인수하는 등 주주로서의 권리를 행사한다. 반면 우선주는 보통주의 특징 중 일부를 빼고 다른 내용을 첨가했다. 이 때문에 주주 입장에서 보통주보다 나은 점도 있고, 못한 점도 있다. 우선주는 일반적으로 보통주보다 재산적 내용(이익, 이자배당, 잔여재산 분배 등)에 있어서 우선적 지위가 인정되는 주식이다. 그 대가로 우선주 소유자는 주주총회에서의 의결권을 포기해야 한다. 회사 경영에는 참여할 수 없다는 의미다. 이 때문에 우선주는 대개 회사의 경영참가에는 관심이 없고, 배당 등 자산소득에 관심이 높은 투자자를 대상으로 발행된다. 투자자 입장에서는 많은 배당을 기대할 수 있고, 회사 입장에서는 경영권 위협 없이 자금을 조달할 수 있다.

(3) 은행차입

은행차입은 기업들이 가장 많이 이용하는 금융수단으로 채권 발행과 마찬가지로 약속된 시기에 약정한 이자율에 따라 원금과 이자를 지급하는 금융형태이다. 은행은 기업의 사업계획, 회계자료 및 재무자료 등을 바탕으로 그 기업의 채무상환 가능성을 평가하고, 그에 따라 대출 여부, 대출 이자율 및 대출 기간 등을 결정한다.

은행대출의 장점은 채권 발행과 같이 이윤의 증가, 감소와 관계없이 기업은 고정된 이자와 원금만을 상환하면 되고 이윤을 채권자에게 분배할 필요가 없는 것이다. 그리고 은행대출은 안정적이며 손쉬운 자금조달 수단으로써 채권이나 주식처럼 직접 자금을 차입해오는 수고로움을 덜 수 있다. 하지만 은행대출 역시 채권 발행과 마찬가지로 정해진 이자를 지불해야 한다는 단점을 가지고 있으며, 회사의 규모가 작거나 회계자료가 부실한 경우 이용할 수 없어 이용에 따른 많은 제한이 따른다.

(4) 리스금융

① 리스의 의의

대개 지대의 형태로 비용을 지불하고 일정 기간 부동산, 설비, 기타 고정자산을 이용하는 계약으로, 리스된 자산의 소유자는 임대인이라고 불리며 이용자를 임차인이라 한다. 우리 나라에서 리스는 시설대여법상의 '시설대여'를 뜻하며 시설대여이용자(일반기업)가 선정한 특정 물건을 시설대여(리스)회사가 새로 취득하거나 대여 받아 일정 기간 이상 사용하게 하고 일정 대가를 정기적으로 분할하여 지급받으며 물건의 처분에 관하여는 당사자 간의 약정으로 정하는 물적 금융이라고 정의한다. 리스가 통상적 의미의 '임대차'가 아닌 설비금융의 한 형태인 '물적 금융'이라는 것을 분명히 하고 있다. 리스의 형태는 금융리스(finance lease)와 운용리스(operation lease)로 나뉜다.

금융리스는 리스의 가장 기본적인 형태로 리스 이용자가 필요로 하는 기계, 설비, 동산 등을 리스제공자(리스회사)가 구입하여 이용자에게 리스하여 주고 리스 기간 동안 이용자로부터 리스회사의 구입자금 원금과 금융비용 및 이윤을 전액 회수하는 거래형태다. 리스회사의 투입자금이 리스 기간 중 전액 회수된다는 게 특징이다. 우리나라에선 대부분의 리스가 기능상 금융리스에 속한다. 운용리스는 금융리스 이외의 리스(렌털 포함)를 총칭한다. 자동차, 컴퓨터, 복사기 등 가동률이 높은 범용물건을 리스회사가 구입해놓고 불특정 다수를 대상으로 단기간 임대하는 것으로 전형적인 임대차계약이라고 할 수 있다.

② 리스의 유형

㉠ 운용리스

임차인이 임차자산을 필요한 기간 동안에만 이용하고 리스회사에 반환하는 비교적 단기간의 리스로 서비스리스 또는 유지리스라고도 한다. 운용리스는 금융리스와는 달리 계약기간 만료 이전이라도 임차인의 희망에 따라 언제라도 중도 해약할 수 있다. 운용리스의 대상자산은 컴퓨터, 사무용 기계, 의료기기, 자동차, 항공기 등과 같이 진부화의 위험이 큰 자산이 보통이며 금융리스와는 달리 주선 및 유지관리 비용과 책임을 임대인이 부담한다.

ⓛ 금융리스

자본리스라고도 하는 것으로 임차인이 임차자산에 대한 유지·보수에 관한 책임을 지는
리스계약이며, 중도 해약이 불가능한 리스이다. 금융리스는 성격상 해당자산의 내용연
수와 거의 일치하는 장기계약의 성격을 띠므로 임대인이 자기 책임 하에 자산구입에 소
요되는 자본을 출자하고 이를 임대료의 형식으로 분할 회수하게 된다. 임차료는 통상
선급되며, 계약기간 만료 시 해당 자산의 반환여부 의사결정은 임차인이 하는 것이 보통
이다.

금융리스는 계약의 형식보다는 거래의 실질에 따라 분류하며, 한국채택국제회계기준
(K-IFRS)은 다음의 경우 중 하나 또는 그 이상을 충족시키면 금융리스로 분류하도록
예시하고 있다.

- 소유권이전약정으로서, 리스계약의 종료 시점에 자산의 소유권이 그것을 임차하여 사
  용한 리스이용자에게로 이전되는 경우
- 리스이용자가 자산을 시가보다 훨씬 저렴한 가격으로 구매할 수 있는 선택권(염가구
  매선택권)을 가지고 있으며, 처음 리스계약을 체결할 당시(리스약정일)부터 리스이용
  자가 그 선택권을 행사하여 자산을 취득할 것이 거의 확실한 경우
- 리스자산의 소유권이 이전되지 않더라도, 리스이용자가 자산을 사용하는 기간이 해당
  자산을 경제적으로 사용할 수 있는 예상 기간의 대부분(약 75% 이상)을 차지하는 경우
- 리스이용자가 계약기간 동안 사용대가로 리스제공자에게 지급할 금액(최소 리스료)의
  현재가치 합이 자산 시가의 대부분(약 90% 이상)에 달하는 경우
- 리스자산이 일반적으로 누구나 이용할 수 있는 자산이 아니라 리스이용자만이 사용할
  수 있는 특수한 성격의 자산(범용성 없는 자산)인 경우

예를 들어, A기업(리스이용자)이 B제조회사(공급자)와 성능·설계·품질 등을 직접 협의하
여 맞춤형 기계장치를 제작하고, 이에 대해 C리스회사(리스제공자)가 대신 자산을 구매하
여 A기업과 리스계약을 맺는다고 가정한다. 이 경우 거래 형태는 A기업이 C리스회사로부
터 자산을 빌리는 임대차 계약이지만, 실질은 해당 자산이 A기업에게만 가치가 있고 재판
매될 확률이 적어 A기업이 종료 시점에 자산을 취득하는 할부거래와 같아진다. 따라서 리
스계약은 금융리스로 분류되며, A기업이 리스료뿐 아니라 자산의 감가상각 등에 대해서도
비용을 인식한다.

금융리스에 대응하는 개념으로서 운용리스는 비교적 단기간의 계약인 경우가 많으며 계약
기간 만료 이전이라도 중도해약이 가능하다. 이에 비해 금융리스는 리스자산의 경제적 내
용연수 대부분에 걸쳐 이루어지는 장기간의 리스이며, 중도 해약이 불가능하다. 또한 리스
자산의 유지·보수에 대한 책임이 운용리스는 리스제공자에게 있는 반면 금융리스는 리스이
용자에게 있다.

OX로 점검하자

※ 다음 지문의 내용이 맞으면 ○, 틀리면 ✕를 체크하시오. [1~22]

01 기업의 자본은 원천에 따라 타인자본과 자기자본으로 구분하는데, 자기자본은 차입금이나 사채와 같이 기업 외부로부터 조달한 것을, 자기자본은 유상증자를 통해 주주로부터 조달한 것을 말한다. (   )

02 자본비용은 투자안이 가지고 있는 위험을 고려하여 결정되며, 일반적으로 기업의 재무구조가 타인자본과 자기자본으로 구성되어 있기 때문에 자본구조에 따라 두 가지의 자본비용을 가중 평균한 가중평균자본비용(WACC)이 널리 사용되고 있다. (   )

03 가중평균자본비용(WACC)은 기업의 자본비용(부채, 우선주, 보통주, 유보이익 등)을 시장가치 기준에 따라 각각이 총자본 중에서 차지하는 가중치(자본구성비율)로 가중 평균한 것이다. (   )

04 자기자본비용은 부채를 의미하는 것으로, 부채로 자본조달 시 정해진 기간에 따라 매년 이자를 지급하고 만기일에 원금을 지급하여야 한다. (   )

05 자본자산가격결정모형(CAPM)은 주식의 내재 가치를 영속적인 미래의 배당 흐름을 요구수익률로 할인하여 현재 가치로 나타낸 모형이다. (   )

06 기업이 필요로 하는 자금은 자기자본과 타인자본으로 구성되는데 자기자본과 타인자본의 비율을 자본구조라 한다. (   )

정답과 해설 01 ✕ 02 ○ 03 ○ 04 ✕ 05 ✕ 06 ○

01 타인자본은 차입금이나 사채와 같이 기업 외부로부터 조달한 것, 자기자본은 유상증자를 통해 주주로부터 조달한 것이다.

04 타인자본비용에 관한 설명이다. 자기자본비용은 기업이 조달한 자기자본의 가치를 유지하기 위해 최소한 벌어들어야 하는 수익률이다.

05 배당평가모형에 관한 설명이다. 자본자산가격결정모형(CAPM)은 자본시장이 균형을 이룰 때 자본자산의 기대수익과 위험의 관계를 설명하는 모형이다.

07 MM의 자본구조이론은 1858년 F. 모딜리아니와 M. H. 밀러에 의하여 발표된 기업금융에 관한 이론으로 기업이 투자계획을 함에 있어서 자기자본(주식)을 사용하여 외부에서 자금(자본)을 조달하게 되는데, 여기에는 각기 자본비용이 소요된다는 이론이다. (　　)

08 MM의 제1명제는 1958년 Modigliani와 Miller에 의해 발표된 것으로서 완전 자본시장 하에서는 기업가치가 자본구조에 의해 영향을 받지 않는다는 '자본구조 무관련이론'이다.
(　　)

09 MM의 제2명제는 기업이 자기자본 사용할수록 자기자본비용(= 주주들의 요구수익률)이 증가한다는 것이다. (　　)

10 기업과 관련된 이해관계자(주주, 채권자, 경영자, 종업원, 소비자, 정부 등)는 서로 자신들의 이익을 극대화 하려고 노력한다. 이 과정에서 생기는 이해다툼으로 인해 발생하는 비용을 대리비용이라고 한다. (　　)

11 일반적으로 특정 재물을 일정기준(비율)에 따라서 분배하는 일을 일컬어 배당이라고 한다. (　　)

12 주식배당은 이익을 기존 주주에게 주식 보유비율로 현금으로 나눠주는 것으로 그만큼 현금이 사외로 빠져 나가게 된다. (　　)

13 현금배당은 현금이 아닌 주식으로 나눠 주는 것이다. 주식배당은 새로 주식을 발행하는 것(증자)이어서 현금유출이 없고 주식증가로 자본금이 늘어나 재무구조 개선에 도움이 된다. (　　)

14 주당배당금이란 주주에게 지급할 배당금을 발행주식수로 나누어 구한 것이다. 따라서 1주당 지급되는 배당금을 말한다. (　　)

정답과 해설   07 ✕   08 ○   09 ✕   10 ○   11 ○   12 ✕   13 ✕   14 ○

07 1958년 F. 모딜리아니와 M. H. 밀러에 의하여 발표된 기업금융에 관한 이론으로 기업이 투자계획을 함에 있어서 자기자본(주식)과 부채(사채·차입금) 등을 사용하여 외부에서 자금(자본)을 조달하게 되는데, 여기에는 각기 자본비용이 소요된다는 이론이다.
09 기업이 부채를 사용할수록 자기자본비용(= 주주들의 요구수익률)이 증가한다는 것이다.
12 현금배당에 관한 설명이다.
13 주식배당에 관한 설명이다.

15 MM의 배당무관련이론은 모디글리아니와 밀러(MM)가 1954년에 이론적 논문을 발표하여 세금, 거래비용이나 그 밖의 시장불완전성이 없는 세계에서 배당정책이 기업가치와 무관하다는 것을 증명하였다. (　　)

16 주식분할은 자본금의 증가없이 주식액면을 낮추고 주식수를 증가시키는 것을 말한다. (　　)

17 자사주매입은 회사가 자기 회사의 주식을 주식시장 등에서 사들이는 것을 뜻한다. (　　)

18 유동자산의 총액에서 유동부채의 총액을 공제한 것을 순자본이라고 하며, 기업의 재무관리상 이러한 순자본이 중시된다. (　　)

19 단기자본조달의 이슈는 자본조달에 따른 비용만의 문제가 아니라 기업의 지배권과도 관련이 깊기 때문에 더욱 복잡하며 단기자본은 일반적으로 회사채, 은행차입, 주식 등을 이용하여 조달한다. (　　)

20 주식은 상환기한이 정해져 있는 기한부 증권이며, 이자가 확정되어 있는 확정이자부 증권이라는 성질을 가진다. (　　)

21 보통주는 일반적으로 재산적 내용(이익, 이자배당, 잔여재산 분배 등)에 있어서 우선적 지위가 인정되는 주식이다. 그 대가로 보통주 소유자는 주주총회에서의 의결권을 포기해야 한다. (　　)

22 은행차입은 기업들이 가장 많이 이용하는 금융수단으로 채권 발행과 마찬가지로 약속된 시기에 약정한 이자율에 따라 원금과 이자를 지급하는 금융형태이다. (　　)

정답과 해설　　15 ✕　16 ○　17 ○　18 ✕　19 ✕　20 ✕　21 ✕　22 ○

15　1961년에 이론적 논문을 발표하였다.
18　순자본이 아닌 순운전자본에 관한 설명이다.
19　단기자본이 아닌 장기자본에 관한 설명이다.
20　주식이 아닌 채권에 관한 설명이다.
21　우선주에 관한 설명이다. 보통주는 우선주·후배주·혼합주 등과 같은 특별주식에 대립되는 일반적인 주식이다.

01 다음 중 자본비용에 관한 설명으로 **틀린** 것은?

① 기업이 자본을 조달하여 사용하는 것과 관련해 부담해야 하는 비용을 의미한다.

② 자기자본은 차입금이나 사채와 같이 기업 외부로부터 조달한 것을 의미한다.

③ 기업은 자본을 조달 받기 위하여 투자자에게 대가를 지불하는데, 이것이 자본비용이며, 이자와 배당, 주가상승 등의 형태로 지불된다.

④ 자본비용은 투자 의사결정 시 목표이익률이나 할인율을 정하기 위한 데이터로 활용된다.

02 다음 중 자본비용에 관한 설명으로 **옳은** 것은?

① 기업의 현재현금흐름을 미래가치로 측정할 시 자본비용이 할인율로 사용되어 기업가치를 계산할 수 있게 한다.

② 투자 시 자본비용을 이용하여 투자로부터 기대되는 현금흐름의 미래가치를 측정할 수 있다.

③ 자본비용을 사용하여 기업가치를 최소화하며 자본조달비용을 최대화할 수 있는 자본구조를 채택할 수 있다.

④ 자본비용은 각 투자안이 가지고 있는 위험을 정확하게 측정하는 것이 불가능하기 때문에 주관적 판단의 개입 여지가 많다는 한계점을 가지고 있다.

해설 & 정답 checkpoint

01 타인자본에 관한 설명이다. 자기자본은 유상증자를 통해 주주로부터 조달한 것을 말한다.

02 ① 기업의 미래현금흐름을 현재가치로 측정할 시 자본비용이 할인율로 사용되어 기업 가치를 계산할 수 있게 한다.

② 투자 시 자본비용을 이용하여 투자로부터 기대되는 현금흐름의 현재가치를 측정할 수 있다.

③ 자본비용을 사용하여 기업가치를 최대화하며 자본조달비용을 최소화할 수 있는 자본구조를 채택할 수 있다.

정답 01② 02④

해설 & 정답

checkpoint

03 가중치를 장부가치 기준의 구성 비율이 아닌 시장가치 기준의 구성 비율로 하는 이유는 주주와 채권자의 현재 청구권에 대한 요구수익률을 측정하기 위해서다.

04 $Ks = (D_1 / P_0) + g$
$= (2,000 / 30,000) + 0.04$
$= 0.1$

05 ① 기업이 조달한 자기자본의 가치를 유지하기 위해 최소한 벌어들어야 하는 수익률이다.
② 새로운 투자안의 선택에 있어서도 투자수익률이 자기자본비용을 넘어야만 한다.
③ 기업이 주식발생을 통해 자금조달을 할 경우 자본이용의 대가로 얼마의 이용 지급료를 산정해야 하는지는 명확하지가 않다.

정답 03 ③ 04 ① 05 ④

03 다음 중 가중평균자본비용(WACC)에 관한 설명으로 틀린 것은?

① 가중평균자본비용(WACC)는 기업의 자본비용을 시장가치 기준에 따라 각각이 총자본 중에서 차지하는 가중치로 가중 평균한 것이다.

② 일반적으로 기업의 자본비용은 가중평균자본비용을 의미한다.

③ 가중치를 시장가치 기준의 구성 비율이 아닌 장부가치 기준의 구성 비율로 하는 이유는 주주와 채권자의 현재 청구권에 대한 요구수익률을 측정하기 위해서다.

④ 기업자산에 대한 요구수익률은 자본을 제공한 채권자와 주주가 평균적으로 요구하는 수익률을 의미한다.

04 A기업의 현재 주가는 30,000이며, 차기 주당배당액이 2,000으로 예상되고, 이 기업의 이익과 배당은 매년 4%씩 성장할 것으로 예상될 시 보통주의 자본비용은 얼마인가?

① 10%
② 9%
③ 14%
④ 20%

05 다음 중 자기자본비용에 관한 설명으로 옳은 것은?

① 자기자본비용은 기업이 조달한 자기자본의 가치를 유지하기 위해 최대한 벌어들어야 하는 수익률이다.

② 새로운 투자안의 선택에 있어서도 투자수익률이 자기자본비용을 넘어서는 안 된다.

③ 기업이 주식발생을 통해 자금조달을 할 경우 자본이용의 대가로 얼마의 이용 지급료를 산정해야하는지는 명확하다.

④ 위험프리미엄을 포함한 자기자본비용 계산 시 자본자산가격결정모형(CAPM)을 이용하는 것이 보통이다.

06 다음 중 배당평가모형에 관한 설명으로 **틀린** 것은?

① 주식의 내재 가치를 영속적인 미래의 배당 흐름을 요구수익률로 할증하여 미래 가치로 나타낸 모형이다.

② 주식의 내재적 가치는 영속적인 배당 수입에 대한 현재 가치이므로 주식을 일시적으로 소유하든 계속 소유하든 보유기간에 관계없이 이론적 가치는 동일하다.

③ 투자자가 주식으로부터 기대하는 현금흐름을 적절한 할인율로 할인한 것이 현재주가이므로 기대현금흐름과 주가의 관계를 이용하여 자기자본의 기대수익률, 즉 자기자본비용을 찾아낼 수 있다.

④ 적정주가가 평가되었다면 주주에게 미래현금흐름인 배당이 적절하게 할인된 현가가 현재주식가격이다.

06 영속적인 미래의 배당 흐름을 요구수익률로 할인하여 현재 가치로 나타낸 모형이다.

07 다음 중 자본구조에 관한 설명으로 옳은 것은?

① 기업이 필요로 하는 자금은 자기자본과 자기부채로 구성되는데 자기자본과 자기부채의 비율을 자본구조라 한다.

② 타인자본비용은 자기자본보다 높기 때문에 기업이 타인자본을 많이 조달하게 되면 가중평균자본비용이 높아지는 효과가 있다.

③ 주주들의 입장에서는 위험이 감소하게 되고 자기자본비용이 낮아지기 때문에 가중평균자본비용이 낮아지는 상반된 효과가 발생한다.

④ MM은 완전자본시장에서는 부채의 사용과 상관없이 가중평균자본비용은 일정하며 이에 따라 기업가치도 일정하다고 주장한다.

07 ① 기업이 필요로 하는 자금은 자기자본과 타인자본으로 구성되는데 자기자본과 타인자본의 비율을 자본구조라 한다.
② 타인자본비용은 자기자본보다 낮기 때문에 기업이 타인자본을 많이 조달하게 되면 가중평균자본비용이 낮아지는 효과가 있다.
③ 주주들의 입장에서는 위험이 증가하게 되고 자기자본비용이 높아지기 때문에 가중평균자본비용이 높아지는 상반된 효과가 발생한다.

정답 06 ① 07 ④

 안심Touch

08 최적의 자본구성은 존재하지 않는
   것으로 보고, 3가지 기본적 명제를
   내세우고 있다.

08 다음 중 MM의 자본구조에 관한 설명으로 틀린 것은?

① 1958년 F. 모딜리아니와 M. H. 밀러에 의하여 발표된 기업금융에 관한 이론이다.

② MM이론은 최적의 자본구성은 존재하지 않는 것으로 보고, 2가지 기본적 명제를 내세우고 있다.

③ 제1명제는 완전 자본시장 하에서는 기업가치가 자본구조에 의해 영향을 받지 않는다는 자본구조 무관련이론이다.

④ 제2명제는 기업이 부채를 사용할수록 자기자본비용(= 주주들의 요구수익률)이 증가한다는 것이다.

09 ② 파산시 발생하는 비용을 감안하여 기업의 시장가치를 낮게 평가하게 된다.
   ③ 기업이 일정 수준 이하의 부채를 사용할 경우에는 파산의 가능성이 낮기 때문에 감세효과만 존재하게 된다.
   ④ 부채비용의 사용에 따라 법인세 감소효과와 기대파산비용의 상충관계에 의해 기업별로 최적자본구조가 달리 결정되는 것을 자본구조의 상충이론이라고 한다.

09 다음 중 파산비용과 자본구조이론에 관한 설명으로 옳은 것은?

① 사라지는 자산이 바로 파산과 관련된 법적 및 행정적 비용에 해당하며 이를 파산비용이라 한다.

② 부채를 사용하는 기업의 투자자들은 기업이 파산할 수도 있다는 것을 인식하고 있으며, 파산시 발생하는 비용을 감안하여 기업의 시장가치를 높게 평가하게 된다.

③ 기업이 일정 수준 이하의 부채를 사용할 경우에는 파산의 가능성이 높기 때문에 감세효과만 존재하게 된다.

④ 자본비용의 사용에 따라 법인세 감소효과와 기대파산비용의 상충관계에 의해 기업별로 최적자본구조가 달리 결정되는 것을 자본구조의 상충이론이라고 한다.

정답 08 ② 09 ①

10 다음 중 대리비용과 자본구조이론에 관한 설명으로 <u>틀린</u> 것은?

① 이해관계자의 이해다툼으로 인해 발생하는 비용을 대리비용이라고 한다.

② 부채의 대리비용은 채권자의 경우 기업자산의 대해 고정된 청구권(원금 + 이자)을 가지고 있다.

③ 주주와 경영자 간의 대리관계에서 발생하는 대리비용을 부채의 대리비용이라고 한다.

④ 주주는 잔여재산에 대해서만 청구권을 가지고 있다.

10 자기자본의 대리비용에 관한 설명이다.

11 다음 중 배당이론과 정책에 관한 설명으로 <u>틀린</u> 것은?

① 특정 재물을 일정기준(비율)에 따라서 분배하는 일을 일컬어 배당이라고 한다.

② 이익배당은 영리법인으로서의 회사가 영업활동에서 얻은 이익을 사원(출자자 또는 주주)에게 분배하는 일을 말한다.

③ 주식회사에서는 주주의 배당청구권은 다수결로도 박탈할 수 없는 고유권으로 되어 있다.

④ 주식회사나 유한회사의 배당은 대차대조표의 순재산액으로부터 자본금, 법정적립금, 당기준비금을 공제한 후가 아니어도 가능하다.

11 대차대조표의 순재산액으로부터 자본금, 법정적립금, 당기준비금을 공제한 후가 아니면 할 수 없다.

12 다음 중 배당이론과 정책에 관한 설명으로 옳은 것은?

① 배당에는 채권배당과 주식배당이 있다.

② 주식배당은 현금이 아닌 주식으로 나눠 주는 것이다.

③ 주식배당은 새로 주식을 발행하는 것(증자)이어서 현금유출이 없지만 주식증가로 자본금이 늘어나 재무구조 개선에 도움이 되지 않는다.

④ 주식배당은 당장의 자금 유출은 없지만 주식수의 감소로 인해 장래 더 큰 배당압력을 받게 된다.

12 ① 배당에는 현금배당과 주식배당이 있다.
③ 주식배당은 새로 주식을 발행하는 것(증자)이어서 현금유출이 없고 주식증가로 자본금이 늘어나 재무구조 개선에 도움이 된다.
④ 당장의 자금 유출은 없지만 주식수의 증가로 인해 장래 더 큰 배당압력을 받게 된다.

정답 10 ③ 11 ④ 12 ②

13 배당수익률로서 1주당 배당금을 주식가격으로 나눈 값이다.

13 다음 중 배당수준의 지표에 관한 설명으로 틀린 것은?

① 배당수익률로서 1주당 배당금을 현금가격으로 나눈 값이다.

② 주당배당금이란 주주에게 지급할 배당금을 발행주식수로 나누어 구한 것이다.

③ 배당성향은 당기순이익 중 현금으로 지급된 배당금 총액의 비율로, 배당지급률 또는 사외분배율이라고도 한다.

④ 배당성향이 높을수록 이익 중 배당금이 차지하는 비율이 높아져 재무구조의 악화요인이 된다.

14 기업이 어떤 배당정책을 선택하든지 간에 주주의 부는 변화가 없다.

14 다음 중 MM의 배당무이론에 관한 설명으로 틀린 것은?

① 배당정책이 기업의 주가나 자본비용에 전혀 영향을 미치지 못한다고 주장했다.

② 기업이 어떤 배당정책을 선택하든지 간에 주주의 부는 큰 변화가 따른다.

③ 주주들은 시장에서 주식의 매입과 매각이 자유로운 한 기업의 배당정책과 관계없이 원하는 소비형태를 달성할 수 있다.

④ 모디글리아니와 밀러(MM)는 1961년에 논문을 발표했다.

15 ① 현금 대신 주식을 나누어 주는 것을 말한다.
② 신규투자 등으로 현금이 부족한 경우에도 주주들에게 배당을 줄 수 있는 장점이 있다.
④ 이익배당총액의 100%까지 주식배당이 가능하다.

15 다음 중 주식배당에 관한 설명으로 옳은 것은?

① 회사가 주주들에게 배당을 실시함에 있어서 현금 대신 채권을 나누어 주는 것을 말한다.

② 회사자금을 사내에 유보하는 효과를 가져 오고 장부상 이익은 발생하였지만 신규투자 등으로 현금이 부족한 경우에는 주주들에게 배당을 줄 수 없는 단점이 있다.

③ 상법에서는 이익배당총액의 50%를 초과하지 않는 범위 내에서만 주식배당을 허용하고 있다.

④ 상장법인은 자본시장 육성에 관한 법률에 의거하여 이익배당총액의 200%까지 주식배당이 가능하다.

정답 13 ① 14 ② 15 ③

16 다음 중 운전자본관리에 관한 설명으로 **틀린** 것은?

① 영업자본·경영자본이라고도 불린다.

② 유동자산의 총액을 운전자본으로 보는 것으로, 특히 총운전자본이라고도 한다.

③ 현금, 예금, 받을 어음, 외상매출금과 같이 거래활동에 즉시 동원될 수 있는 환금성이 높은 자산만을 운전자본으로 본다.

④ 비유동자산의 총액에서 비유동부채의 총액을 공제한 것을 순운전자본이라고 하며, 기업의 재무관리상 이러한 순운전자본이 중시된다.

16 유동자산의 총액에서 유동부채의 총액을 공제한 것을 순운전자본이라고 한다.

17 다음 중 순운전자본관리에 관한 설명으로 **틀린** 것은?

① 유동자산에서 유동부채를 더한 잔액으로 정의된다.

② 일상적인 영업활동에 필요한 자금으로서 단기부채를 지급하는 데 사용할 단기자산이며 단기 채권자를 보호하기 위한 자금이라고 할 수 있다.

③ 기업의 단기 지급능력을 표시하는 자금 개념이다.

④ 기업의 영업활동을 표시하는 자금 개념이다.

17 유동자산에서 유동부채를 차감한 잔액으로 정의된다.

정답 16 ④ 17 ①

안심Touch

해설 & 정답 checkpoint

18 재고자산회전기간의 계산식
- 평균재고자산 = (5,000 + 6,000) / 2 = 5,500
- 재고자산회전율 = 매출원가 / 평균재고자산 = 7,000 / 5,500 = 1.27
- 재고자산회전기간 = 365 / 1.27 = 287

매출채권회전기간과 외상매입금회전기간의 계산식
- 평균외상매출금 = (1,500 + 2,000) / 2 = 1,750
- 매출채권회전율 = 매출액 / 평균외상매출금 = 12,000 / 1,750 = 6.85
- 매출채권회전기간 = 365 / 6.85 = 53.2
- 평균외상매입금 = (600 + 700) / 2 = 650
- 매입채무회전율 = 매출원가 / 평균외상매입금 = 7,000 / 650 = 10.7
- 외상매입금회전기간 = 365 / 10.7 = 34

현금전환사이클의 계산식
- 영업사이클 = 재고자산회전기간 + 매출채권회전기간 = 287 + 53.2 = 340.2
- 현금전환사이클 = 영업사이클 − 외상매입금회전기간 = 340.2 − 34 = 306.2

19 증권은 각각의 특징에 따라 서로 다른 자본비용을 가지고 있다.

---

18 다음 표를 이용하여 현금전환싸이클을 계산하면? (소수점 이하는 제외)

구분	2018	2019
재고자산	5,000	6,000
외상매출금	2,000	1,500
외상매입금	600	700
매출액	10,000	12,000
매출원가	6,000	7,000

① 306
② 200
③ 150
④ 360

19 다음 중 장기자본조달에 관한 설명으로 틀린 것은?

① 장기자본조달은 기업이 존속하는데 있어 중요한 원천 중 하나이다.
② 장기자본조달을 위하여 발행하는 증권은 각각의 특징에 따라 서로 비슷한 자본비용을 가지고 있다.
③ 기업입장에서는 비용이 가장 적게 드는 자본조달방법을 택해야 한다.
④ 자본비용을 계산하는데 있어 꼭 고려해야 할 부분이 세금효과이다.

정답 18 ① 19 ②

20 다음 중 채권에 관한 설명으로 옳은 것은?

① 채권은 상환기한이 정해져 있지 않은 무기한부 증권이다.

② 채권은 대체로 정부 등이 발행하므로 안전성이 낮고, 이율에 따른 이자소득과 시세차익에 따른 자본소득을 얻는 수익성이 있다.

③ 채권은 대규모 자금조달수단이라는 점에서 주식과 유사하기도 하다.

④ 채권은 자기자본이며, 증권소유자가 채권자로서 이익이 발생하지 않아도 이자청구권을 갖고, 의결권의 행사에 의한 경영참가권이 없다.

20 ① 채권은 상환기한이 정해져 있는 기한부 증권이다.
② 채권은 대체로 정부 등이 발행하므로 안전성이 높다.
④ 채권은 타인자본에 속한다.

주관식 문제

01 다음 빈칸에 들어갈 알맞은 단어는?

기업의 자본은 원천에 따라 (A)과 (B)으로 구분하는데, (A)은 차입금이나 사채와 같이 기업 외부로부터 조달한 것을, (B)은 유상증자를 통해 주주로부터 조달한 것을 말한다.

01

정답 A : 타인자본, B : 자기자본

해설 기업은 자본을 조달 받기 위하여 투자자에게 대가를 지불하는데, 이것이 자본비용이며, 이자와 배당, 주가 상승 등의 형태로 지불된다. 경우에 따라서는 기회비용 개념으로써 기업이 선택하지 않은 대체 투자 안으로부터 얻을 수 있는 가장 높은 수익률을 의미하기도 한다.

정답 20 ③

안심Touch

02

정답 ① 기업의 미래현금흐름을 현재가치로 측정할 시 자본비용이 할인율로 사용되어 기업가치를 계산할 수 있게 한다.
② 투자 시 자본비용을 이용하여 투자로부터 기대되는 현금흐름의 현대가치를 측정할 수 있다.
③ 자본비용을 사용하여 기업가치를 최대화하며 자본조달비용을 최소화할 수 있는 자본구조를 채택할 수 있다.

03

정답 A : 가중평균자본비용(WACC)
B : 가중치(자본구성비율)

해설 기업의 자본비용은 가중평균자본비용을 의미한다. 가중치를 장부가치 기준의 구성 비율이 아닌 시장가치 기준의 구성 비율로 하는 이유는 주주와 채권자의 현재 청구권에 대한 요구수익률을 측정하기 위해서다. 기업자산에 대한 요구수익률은 자본을 제공한 채권자와 주주가 평균적으로 요구하는 수익률을 의미한다.

04

정답 타인자본비용은 기업의 타인자본, 즉 부채를 의미하는 것으로 부채로 자본조달 시 정해진 기간에 따라 매년 이자를 지급하고 만기일에 원금을 지급하여야 한다. 부채의 이자는 정해진 기간에 따라 일정할 수도 있고 시장이자율의 변동에 따라 달라질 수도 있다.

02 자본비용의 중요성을 3가지를 언급하시오.

03 다음 빈칸에 공통으로 들어갈 알맞은 단어는?

(A)은 기업의 자본비용(부채, 우선주, 보통주, 유보이익 등)을 시장가치 기준에 따라 각각이 총자본 중에서 차지하는 (B)로 가중 평균한 것이다.

04 타인자본비용에 관해서 기술하시오.

05 자기자본비용에 관해서 기술하시오.

05
정답 자기자본비용은 기업이 조달한 자기자본의 가치를 유지하기 위해 최소한 벌어들어야 하는 수익률이다. 즉 이 비용 이상으로 수익을 올리지 못하면 자기자본의 가치는 감소하게 된다. 새로운 투자안의 선택에 있어서도 투자수익률이 자기자본비용을 넘어야만 한다. 따라서 새로운 투자안에 요구되는 최소한도의 보수율이라고 할 수 있다.

06 A기업의 자본구조는 시장가격이 20,000원인 보통주 20,000주와 시장가격이 2억 원인 회사채로 구성되어 있다. A기업의 부채조달비용은 7.5%, 자기자본조달 비용은 15.5%일 때 법인세율이 30%라면 가중평균자본비용(WACC)은 얼마인지 계산하시오.

06
정답 $WACC = E / (D + E) \times r_E + D / (D + E) \times r_D(1 - t)$
$= 4 / (2 + 4) \times 0.155 + 2 / (2 + 4) \times 0.075(1 - 0.3)$
$= 0.067$

07 MM의 수정 제1명제에 관해서 기술하시오.

07
정답 차입을 하는 경우가 무차입의 경우에 비해 지급이자에 대한 세금 절감액만큼 유리하고, 차입금 사용액이 많을수록 절세혜택이 늘어나 기업가치가 증가하므로 기업은 부채를 최대화함으로서 기업가치를 극대화 시킬 수 있다는 것이다.

08

정답 ① 제1명제 : 기업이 기업의 가치가 극대화되도록 한다면, 영업이익(이자지불 이전의 이익)에 관한 예상이 전적으로 같은 기업의 가치는 자본구성 여하에 관계없이 항상 같다.
② 제2명제 : 영업이익이 같은 경우, 타인자본을 이용하는 기업의 주식수익률의 기대치는 자본의 전부를 자기자본으로 조달하고 있는 기업의 주식수익률의 기대치에 차입에 따라 부가되는 위험률을 더한 것과 같다.
③ 제3명제 : 주주에게 유리한 최저수익률을 자본 코스트라 하며, 자본 코스트는 자본구성에는 의존하지 않는다.

09

정답 MM의 수정 제2명제는 세금이 존재하는 경우, 자기자본의 요구수익률은 완전자본시장 가정 하에서의 MM 제2명제에서 보듯이 차입금이 증가함에 따라 상승하게 되지만 세금효과인 $(1-t)$비율만큼 적게 증가한다는 것이다.

10

정답 기업과 관련된 이해관계자(주주, 채권자, 경영자, 종업원, 소비자, 정부 등)는 서로 자신들의 이익을 극대화하려고 노력한다. 이 과정에서 생기는 이해다툼으로 인해 발생하는 비용을 대리비용이라고 한다. 주주와 경영자 간의 대리관계에서 발생하는 대리비용을 자기자본의 대리비용이라고 하며, 주주와 채권자 간의 발생하는 대리비용을 부채의 대리비용이라고 한다.

08 MM이론의 3가지 기본적 명제에 관해서 기술하시오.

09 MM의 수정 제2명제에 관해서 기술하시오.

10 대리비용에 관해서 기술하시오.

11 다음 빈칸에 들어갈 알맞은 단어는?

- (A)은 이익을 기존 주주에게 주식 보유비율로 현금으로 나눠주는 것으로 그만큼 현금이 사외로 빠져 나가게 된다. 주주입장에서는 직접 돈을 받는 것이어서 위험부담이 전혀 없다.
- (B)은 새로 주식을 발행하는 것(증자)이어서 현금유출이 없고 주식증가로 자본금이 늘어나 재무구조 개선에 도움이 된다. 주식으로 지급하는 배당금은 자본금에 합산하게 되어 결국 주식배당금액에 상당하는 금액의 무상증자 효과를 얻게 되는 것이다.

11

정답 A : 현금배당, B : 주식배당

해설 배당에는 현금배당과 주식배당이 있다. 회사 입장에서도 수익의 일부를 직접 돈으로 주는 만큼 현금흐름에 대한 자신감을 보여주는 것으로 비쳐질 수 있어 신인도 제고에도 도움이 될 수 있다. 그러나 재무구조가 탄탄치 못할 경우 현금배당은 자칫 회사의 재무위험을 높일 여지도 있다. 주식배당은 당장의 자금 유출은 없지만 주식수의 증가로 인해 장래 더 큰 배당압력을 받게 된다.

12 주식분할에 관해서 기술하시오.

12

정답 자본금의 증가 없이 주식액면을 낮추고 주식 수를 증가시키는 것을 말한다. 따라서 주식분할을 하여도 자본구성에는 전혀 변동이 없고, 다만 발행주식 수만 늘어날 뿐이다. 주식분할은 무상증자와 마찬가지로 주식의 시가가 너무 높게 형성되어 유통성이 떨어진다고 판단될 때 하는 것으로 주식의 유통성을 높이고 자본조달을 손쉽게 할 수 있다는 장점이 있다.

안심Touch

13

정답 ① 기업의 단기 지급능력을 표시하는 자금 개념이다.
② 기업의 영업활동을 표시하는 자금 개념이다.
③ 총재무자원에 의한 자금 개념은 비운전자본 거래가 없을 경우 순운전자본과 일치한다.

14

정답 • 정의 : 채권은 정부, 공공단체와 주식회사 등이 일반인으로부터 비교적 거액의 자금을 일시에 조달하기 위하여 발행하는 차용증서이며, 그에 따른 채권을 표창하는 유가증권이다.
• 특징 : 채권은 상환기한이 정해져 있는 기한부 증권이며, 이자가 확정되어 있는 확정이자부 증권이라는 성질을 가진다. 그리고 채권은 대체로 정부 등이 발행하므로 안전성이 높고, 이율에 따른 이자소득과 시세차익에 따른 자본소득을 얻는 수익성이 있으며, 현금화할 수 있는 유동성이 크다.

15

정답 • 정의 : 우선주는 일반적으로 보통주보다 재산적 내용(이익, 이자배당, 잔여재산 분배 등)에 있어서 우선적 지위가 인정되는 주식이다.
• 특징 : 그 대가로 우선주 소유자는 주주총회에서의 의결권을 포기해야 한다. 이 때문에 우선주는 대개 회사의 경영참가에는 관심이 없고, 배당 등 자산소득에 관심이 높은 투자자를 대상으로 발행된다.

13 순운전자본관리 자금 개념으로 여겨지는 3가지 원인에 관해서 기술하시오.

14 채권의 정의와 특징에 관해서 기술하시오.

15 우선주의 정의와 특징에 관해서 기술하시오.

제6장

재무관리의 특수과제

제 6 장 재무관리의 특수과제

제 1 절 기업의 지배구조

기업의 지배권 문제는 기업의 합병과 취득에서 빠짐없이 나타나는 문제이다. 이전 M&A 시장이 발달하지 않았던 시기에는 대부분의 경영자는 기업을 소유한 경영자였지만, 최근 들어서는 M&A와 취득에 있어서 새로운 경영자가 나타날 수도 있다.

기업지배구조는 첫째, 기업이라는 경제활동의 단위를 둘러싼 여러 이해관계자들 간의 관계를 조정하는 메커니즘이라고 정의되거나, 둘째, 경영자원의 조달과 운용 및 수익 분배 등에 대한 의사결정과정과 이에 대한 감시기능의 총칭으로 정의되기도 하며, 셋째, 기업가치의 극대화를 위해 기업의 이해관계자 간 대리인 비용(agency cost)과 거래비용(transaction cost)을 최소화하는 메커니즘이라고 정의되기도 하고, 넷째, 기업의 경영을 감시, 규율하는 것 또는 이를 행하는 기구를 뜻하기도 한다.

기업지배구조라는 개념은 1960년대의 미국에서 기업의 비윤리적, 비인도적인 행동을 억제한다는 의미의 문맥에서 사용되기 시작하여, 그 후 분식결산 등 투자자의 관점에서 본 기업 스캔들의 방지 등을 뜻하는 것으로도 사용되었다. 게다가 기업가치, 주주가치를 증대시키기 위해 어떻게 기업 조직을 구축할 것인가 하는 의미도 첨가되었다. 1980년대부터 1990년대의 미국에서는 기업 매수가 진행된 것과 기관 투자가의 발언력이 강해진 것에 의해 지배구조에 관심이 높아졌다. 1990년대 이후에는 유럽여러 나라와 일본에서도 다수의 기업 스캔들이 발각됨과 함께 경제적인 정체가 계속되던 중 지배구조가 주목되기 시작하였다.

현대의 기업에 있어서 기업지배구조가 중요한 이유는 기업의 성장과 규모의 증가에 따라 기업을 소유한 주주와 기업을 경영하는 경영자가 분리되어 주주와 경영자 간 이해상충과 대리인 문제가 발생하기 때문이다. 현재, 기업지배구조의 목적은 기업스캔들을 방지한다는 것과 기업의 수익력을 강화한다는 것, 2가지가 있다. 또한, 이것을 사회 전체의 시점에서 본 논의와 투자가의 시점에서 본 논의가 있다.

그래서 이것 때문에 다양한 법제도 조직 내의 제도 또한 인포멀한 관행이 생겨나고 있다. 이것을 성질에 따라 크게 분류하면, 탑 매니지먼트 조직을 통하여 행하여지는 조직형 지배구조, 증권시장을 통하여 행해지는 시장형 지배구조, 그리고 경영자에 대한 경제적 인센티브를 부여하는 방법이 있다. 한편, 지배구조의 주요한 메커니즘을 법이나 정관 등에 의한 주주권 보호 장치, 이사회의 규율기능, 감사 등의 내부통제기능, 회계 및 공시제도에 의한 경영투명성 확보, 배당 등에 의한 규율기능, M&A 등에 의한 외부규율기능으로 분류하기도 한다.

그러나 이러한 기업지배구조를 위한 여러 제도 관행을 설계하고, 실행하는 것에는 주주, 채권자, 종업원 등이라는 여러 가지 이해관계자(스텍홀더)의 이해가 충돌하는 경우도 있다. 예를 들어, 기업매수에 의하여 새로운 주주가 경영자를 교체하는 것이 가능하다고 말하는 것은 중요한 시장형 지배구조의 제도나 자신들이 회사를 소유하고 있다고 생각하는 종업원들로부터는 반발을 불러일으키는 것도 있다. 그래서 누가 지배구조의 주권자인가라는 문제가 발생한다. 이것은 "회사는 누구의 것인가"라는 문제와도 바꾸어 볼 수 있고, 많은 논의를 불러일으키고 있다. 기업은 설립 배경, 사업특성, 지배주주의 선택 등에 따라 소유 및 지배구조를 선택할 수 있다. 다만, 공기업이 민영화된 기업의 소유지배구조는 자신의 선택이라기보다는 외부적 환경에 의해 주로 결정된다.

1980년대 이후 최근까지 시장과 경제상황의 변화에 따라 최고경영자의 독단적인 지위에 제한이 가해지고 이사회의 기능이 강화되는 지배구조의 획기적인 변화가 진행되고 있다. 즉, 무한경쟁과 급속한 기술발전으로 대표되는 사업환경 속에서 경영자의 독단적 의사결정의 한계에 대한 인식, 소액투자자를 비롯한 투자자 보호와 경영의 투명성 확보에 대한 요구, 기관투자가의 지분확대로 대표되는 소유구조의 변화, 경영자 인력시장이나 공개매수와 같은 시장제도의 변화 등 최근 전개되고 있는 경제와 시장여건의 변화는 최고경영자의 독단적 의사결정체제에 한계를 인식하고 더욱 강화된 이사회의 견제기능을 요구하는 계기가 되었다.

제 2 절 M&A

1 합병의 형태

합병이란 두 개 이상의 회사가 상법의 규정에 따라 청산절차를 거치지 않고 하나의 회사가 되는 것을 말한다. 한 개 이상의 회사가 소멸되면서 소멸되는 회사의 모든 권리가 존속회사에 모두 인수되는 회사 간의 계약을 말한다.

회사의 합병은 그 방법에 따라 하나의 회사가 나머지 회사를 청산하여 권리를 모두 수용하는 흡수합병과 합병 당사회사 모두가 소멸하고 새로 신설함으로써 소멸회사의 모든 권리를 이어받는 신설합병 두 가지로 나눌 수 있다.

또한 합병은 수직적 합병, 수평적 합병, 그리고 다각적 합병으로 나누어진다. 수직적 합병은 같은 업종에서 생산 및 유통 상의 전후 관계에 있는 기업들 간에 이루어지는 합병을 말한다. 예를 들어 자동차 제조업체가 부품업체를 인수하거나 유통업체를 인수하는 것을 의미한다. 수평적 합병은 동일한 산업이나 동일단계의 사업을 영위하고 있는 기업들 간에 이루어지는 합병을 말한다. 다각적 합병은 소속된 산업, 생산, 판매 면에서 상호 관련성이 없거나, 업종이 서로 다른 기업 간에 이루어지는 합병의 형태이다.

(1) 취득

취득은 한 인수기업이 피인수기업의 주식이나 자산을 매수하는 형태를 말한다. 자산의 부분적 매수와 취득의 구분점은 취득의 목적이 피인수기업의 경영권을 확보하는 데 있다는 것이다. 합병과 다른 점은 취득 후에도 피인수기업이 개별기업으로 계속 존속한다는 것이다. 취득은 크게 주식취득과 자산취득으로 구분된다.

주식취득은 기업인수 합병의 한 형태로써 인수기업이 피인수기업을 흡수하거나 합병하지 않고 피인수기업이 주식만을 취득하는 것이다. 피인수기업의 주식을 50% 이상을 취득했을 때 형식상 기업지배권이 가능하지만, 주식이 잘 분산되어 있다면 낮은 지분을 확보하여도 기업지배가 가능하다.

자산취득은 두 기업 간에 체결된 계약에 따라 인수기업이 피인수기업의 자산의 전부 또는 일부를 매수하는 것을 말한다. 자산취득은 자산의 소유권을 취득한 기업으로 피인수기업의 경영권을 확보하는 결과를 가져온다.

(2) 인수

인수는 회사(또는 개인)가 다른 회사의 주식과 경영권을 함께 사들이는 것을 의미한다. 한편, '합병(mergers)'이란 두 회사가 하나로 합쳐지는 것을 말한다. 두 회사가 하나로 합쳐질 경우 여러 가지 형태가 있지만, 한 회사는 그대로 남아 있고 나머지 회사가 남아 있는 회사로 녹아 들어가는 형태가 가장 일반적이다. 이 경우 그대로 남아 있는 회사를 '존속회사'라 하고 존속회사로 녹아 들어가 사라져 버리는 회사를 '소멸회사'라고 한다.

인수란 합병이나 취득뿐만 아니라 백지위임장투쟁(proxy contest), 사기업화(going private), 합작투자, 임원파견 등 피인수기업의 경영권을 취득하는데 사용되는 방법을 포함하는 광의의 개념이다.

(3) 주식공개매수

기업인수 방법 중 하나인 주식공개매수는 회사의 경영권을 확보하거나 강화하기 위하여 불특정 다수인으로부터 주식을 장외에서 매수하는 형태이다. 주식취득의 경우에는 주식을 보유하고 있지만 기업경영에 직접 관여하지 않고 있는 주주들로부터 주식을 매입하여 기업을 인수한다. 즉, 기업의 지배권을 획득하는 방법으로 피인수기업의 주식을 주주들로부터 공개적으로 취득하는 형태이다. 주식공개매수를 추진하는 인수기업은 대상기업의 주식 수, 매수기간, 매수가격 및 방법 등을 공개하고, 이에 허락하는 주주에 한해 대상회사의 주식을 취득하게 된다. 경영권에 관심이 없는 주주는 매수조건이 만족할만한 수준이라고 판단하면 기존 경영진의 뜻과는 상관없이 자신의 주식을 팔게 될 것이다. 이렇게 인수한 주식 수가 기업을 지배할 정도에 이르면 대상기업은 인수기업에 인수된다. 공개매수에서 매수가격은 대상기업의 주주들의 주식을 확보하기 위한 것이므로 현재의 시장가격보다 대부분 높게 요구되는 것이 특징이다.

주식공개매수는 상황에 따라 우호적일수도 있고 반대로 적대적일수도 있다. 통상적으로 경영진의 기업지배권이 강하고 주가가 높은 대상기업의 경우 적대적 M&A가 쉽지 않다. 따라서 인수기업은 대상기업과 우호적인 방식으로 주식공개매수를 협상한다. 하지만 반대로 대상기업의 기업지배권이 부실하고 경영도 제대로 되지 않아 주식이 하락된 대상기업의 경우, 인수기업은 직접 대상기업의 주주들로부터 주식을 인수하는 적대적인 방법을 이용하게 된다.

(4) 백지위임장투쟁

백지위임장투쟁은 인수하고자 하는 기업의 통제권을 확보하는데 쓰이는 기술로 인수기업은 자신에게 유리한 경영진 후보 편을 들어 피인수기업의 주주들로 하여금 현재의 경영진들을 축출하라고 설득한다. 만약 주주들이 동의하면 그들의 지분에 대한 의결권을 인수기업이 행사하는 것을 허락하는 위임장에 서명한다. 따라서 백지위임장투쟁은 취득과는 무관한 대상기업의 기업지배권 싸움이다. 주주들은 주식 1주당 1표의 투표권을 보유한다. 주주총회가 다가오면 경영자들은 주주들을 대상으로 투표권의 위임장을 권유하게 된다. 기업의 현재경영방식에 불만이 없는 주주는 현 경영자가 권유하는 백지위임장을 서명한다. 하지만 반대로 현 경영자에게 불만을 가진 주주는 경영권을 확보하려는 외부인의 권유에 위임장을 서명하게 된다. 이렇게 외부인이 대다수의 백지위임장을 획득하여 이사회의 다수 의결권수를 확보하면, 기업지배권은 외부인에게로 빼앗기게 된다.

(5) 차입매수

차입매수(LBO ; Leveraged Buy Out)란 자금이 부족한 인수기업이 인수대상의 자산과 수익을 담보로 금융기관으로부터 자금을 차입하여 인수합병을 하는 것으로 LBO라고도 부른다. 차입매수는 기업의 소유권이 전가되는 동시에 피인수기업의 부채가 증가하여 재무구조가 변하는 경우가 생긴다.

기업을 인수·합병할 때 인수할 기업의 자산이나 향후 현금흐름을 담보로 은행 등 금융기관에서 돈을 빌려 기업을 인수하는 M&A 기법 중 하나이다. 따라서 적은 자기자본으로 큰 기업매수가 가능하다. LBO 방식은 매입자가 인수대상의 기업을 주가나 배당을 고려하지 않고 불채산 부문의 매각 등 과감한 경영을 할 수 있는 이점이 있으며, 반대로 매수될 듯한 기업의 경영자가 LBO를 사용하여 자사주를 모아 매수를 피할 수도 있다.

2005년 2월 16일 자본금 231억 원에 불과한 리딩투자증권은 브릿지증권을 1310억 원에 인수하기로 브릿지증권의 대주주인 브릿지인베스트먼트홀딩스(BIH)와 계약했다고 공시했다. 리딩투자증권은 매각대금 1310억 원 중에서 20억 원을 계약금으로 지급하고 잔금은 브릿지와 합병한 후, 보유 자산을 팔아 잔금을 갚는 LBO 방식으로 자금 문제를 해결했다. LBO는 외형상 M&A 기법 중 하나에 불과하지만 사모펀드들이 LBO 시장에 경쟁적으로 뛰어들면서 투기펀드들의 고수익 투자수단으로 변질되고 있다. 2007년 8월 22일 한국은행은 서브프라임 모기지 부실 사태로 인해 사모펀드들의 단기 현금 사정이 크게 악화되고 경기마저 둔화될 움직임을 보이면서 구조조정이 실패할 위험이 커지고 있다고 지적하고, 사모펀드들의 기업 M&A을 위한 LBO 펀드 급성장이 새로운 위기를 초래할 수 있다는 문제를 제기했다.

(6) 경영자매수

경영자매수(MBO ; Management Buy Out)는 기업 구조조정 방법 중 하나이며 기업을 매각할 시 그 기업의 경영진 및 임직원이 기업의 전부 또는 일부를 인수하여 신설법인으로 독립하는 방식이다. 기업이 계속해서 적자를 내거나 기업 경영에 한계가 드러나 이를 팔 경우, 해당 기업의 경영진이 기업의 전부 또는 일부 사업부나 계열사를 인수하는 기업 구조조정의 한 방법으로서, 영문 머리글자를 따서 MBO라고도 한다.

경영자매수는 자금조달이 쉽고 성공 확률이 높으며, 정리해고를 완전히 피할 수는 없다 하더라도 다른 방법보다는 해고의 비율이 낮다는 이점 때문에 한국에서도 국제통화기금(IMF) 체제 이후 많은 관심을 모았다. 특히 기업 측면에서는 한계기업을 매각해 자본이 축소되고, 현금의 유입으로 인해 수익성과 기업가치가 높아진다는 장점을 가지고 있을 뿐 아니라, 기업 구조조정과 고용조정, 고용안정 및 경영능력의 극대화를 동시에 이룰 수 있어 영국의 국영기업과 미국의 기업 등에서는 일찍부터 널리 활용되고 있는 방법이다.

매수 형태는 적자기업이 소유권과 경영권을 가지고 책임경영을 하되, 기업인수는 투자은행이나 벤처 캐피털로부터 자금을 대출받아 한다. 이 경우 경영자도 지분참여를 하지만, 경영자가 투자하는 금액이 대출기관이 대출해 준 금액보다 훨씬 적기 때문에 기업의 부채비율은 높아지는 것이 보통이다. 그러나 기업의 가치를 제대로 평가하고, 협상을 통해 매수하며, 이에 따른 법적 문제와 세법상의 문제까지 처리하는 과정에서 정부의 지원 없이는 쉽지 않다는 것이 문제점으로 지적되기도 한다.

MBO는 기업을 매각할 때 해당 사업부나 회사 내에 근무하고 있는 경영진과 임직원이 중심이 되어 기업의 전부 또는 일부 사업부나 계열사를 인수하는 구조조정의 한 방법을 말한다. 대부분 기업인수가 외부의 제3자에 의해 이루어지는 데 반해 MBO는 회사 내의 경영진과 임직원에 의해 이루어진다는 점에서 기업에게 자연스럽게 한계사업을 정리하는 동시에 인원을 조정할 수 있는 기회를 제공한다. 임직원 입장에서도 명예퇴직이나 실업의 공포에서 벗어나 새로운 도전의 기회와 회사의 주인이 될 수 있는 장점이 있다. 보통 매각사업부 임직원들은 우리사주 담보대출이나 회사의 도움을 받아 사업을 인수하게 되며, 퇴직금을 인수자금으로 활용하기도 한다. 고용안정과 기업의 효율성을 동시에 추구할 수 있어 각국에서 많이 활용되고 있으며, 미국이나 영국에서는 금융기관이 고수익을 목적으로 임직원에게 MBO 자금을 빌려주기도 한다.

2 M&A 평가

M&A를 평가할 시 여러 가지 방법이 있지만 그 중 M&A를 평가할 때 순현가(NPV)법을 사용하는 것이 바람직하다. 대상기업의 인수의 순현가가 양(+)이라면 M&A 인수대상이 될 수 있다. 인수기업과 피인수기업을 각각 A와 B로 나타내고 인수 후 합병기업을 AB라고 나타낼 때, 인수기업의 관점에서 M&A의 순현가는 다음과 같이 구해진다.

> M&A의 순현가 = 인수 후의 기업가치 - 인수 전의 기업가치
> = (AB회사의 가치 - 인수비용) - A 회사의 가치

순현가는 투자 후에 현금흐름증가분의 현재가치로부터 투자비용을 뺀 것이다. M&A의 경우 현금흐름증가분의 현재가치에 해당되는 개념을 시너지(synergy)라고 하는데, 이는 인수기업이 피인수기업을 인수한 후에 실현 되는 가치와 인수 이전 두 회사의 가치를 합한 것과의 차이이다.

> 시너지 = 인수 후 기업(AB)의 가치 - 인수 전 두 기업(A + B)의 가치

M&A의 목적은 이러한 시너지가 실현되기 때문이라고 할 수 있다. 시너지가 음(-)이라면 두 기업이 합쳐질 수 없을 것이다. 한편 피인수기업인 B회사가 제시하는 인수가격과 B회사의 가치의 차이를 M&A 프리미엄(premium)이라고 한다.

> M&A 프리미엄 = 인수가격 - 대상기업의(B)의 가치

결론적으로 위의 세 식을 같이 정리하면 M&A의 순현가는 시너지와 M&A 프리미엄의 차이로 정의할 수 있다.

> M&A의 순현가 = 시너지 - M&A 프리미엄

3 M&A의 비용과 인수가격

피인수기업의 주주들의 경우 M&A를 함에 앞서 큰 시너지(차익)가 예상되는 경우 기존 가격보다 훨씬 더 높은 가격에 주식을 매각하려 할 것이다. 따라서 인수기업의 경우에는 예상했던 가격보다 더 높은 가격을 지불하면서 인수를 해야 할 것이다. M&A는 기업의 미래현금흐름에 대한 위험분산효과를 가져와 주주와 채권자 간에 부의 이전 문제를 발생시킬 수 있다. 따라서 인수기업의 주주가 M&A를 하는 과정에서 생기는 불이익을 M&A 비용이라 한다.

인수기업이 피인수기업의 주식을 매수하기 위해서 통상 현재가치보다 높은 가격에 매수하는 것이 일반적이다. 따라서 **피인수기업을 인수할 시 현재가치의 초과적인 가치를 M&A 프리미엄**이라고 한다. 주식공개매수 시 피인수기업을 인수하는 경우 M&A 프리미엄을 염두해야 하는데 반드시 고려해야 할 사항이 **정보비대칭에 따른 신호효과**(signaling effect)이다. 피인수기업에 대해 시장가격에 비해 높은 가격으로 인수한다는 소문은 곧 피인수기업의 주식이 저평가되었다는 신호가 되며, 주식가격은 시장에서 재평가를 받게 된다. 따라서 피인수기업의 주가는 상승하고 그 결과 피인수기업의 인수가격은 높아진다.

> 신호효과를 고려한 M&A 프리미엄 = 종전대상기업의 인수가격 - 대상기업의 가치
> + 신호효과에 따른 주가 상승분

4 적대적 M&A의 방어

(1) 독약조항

적대적 M&A가 있을 경우 이사회 의결만으로 신주를 발행, M&A를 시도하는 세력 이외의 모든 주주들에게 시가의 절반 이하 가격에 인수권을 부여함으로써 M&A를 저지하는 방어 장치를 독약조항(poison pill)이라고 한다. 이 조항은 경영권 방어가 요구되는 대상기업과 이 기업의 증권발행에 관련된 업무를 대행하는 기업 간에 체결되는 문서에 삽입되거나 회사의 정관에 규정될 수 있다. 예를 들어, 적대적 M&A 시 기존 주주에게 새로운 기업 주식을 할인된 가격으로 살 수 있는 콜옵션 또는 신주인수권을 부여하거나, 새로운 기업의 보통주로 전환할 수 있는 권리를 가진 전환사채를 제3자에게 발행할 수 있도록 회사의 정관에 규정할 수 있다.

이 제도는 경영자들이 경영권을 안정적으로 확보하여 외부 세력의 공격에 신경 쓰지 않고 기업경영에 집중할 수 있다는 점이 장점이다. 적대적 M&A 시도나 경영권 침해에 대비하여 자사주 매입이나 우호지분 확보 등으로 소요되는 비용을 절감시키고 이를 투자비용으로 전환할 수 있으며, 회사를 매각하더라도 적대적 M&A 시도자와 가격협상에서 우월한 지위를 확보할 수 있다.

적대적 M&A나 경영권 침해 시도 등 특정 사건이 발생하였을 때 기존 주주들에게 회사 신주를 시가보다 훨씬 싼 가격으로 매입할 수 있는 콜옵션을 부여함으로써 적대적 M&A 시도자로 하여금 지분확보를 어렵게 하여 경영권을 방어할 수 있도록 하는 것이다. 미국과 일본, 프랑스 등지에서 시행하고 있으며, 미국과 일본에서는 이사회 의결만으로 도입할 수 있도록 허용하고 있다.

그 방식에는 적대적 M&A 시도자가 목표기업을 인수한 뒤 이를 합병하는 경우에 해당기업 주주들에게 합병 후 존속회사의 주식을 아주 낮은 가격으로 매수할 수 있는 콜옵션을 배당의 형태로 부여하는 '플립오버 필(flip-over pill)', 적대적 M&A 시도자가 목표기업의 주식을 일정비율 이

상 취득하는 경우에 해당기업 주주들에게 주식을 낮은 가격으로 매수할 수 있는 콜옵션을 부여하는 '플립인 필(flip-in pill)'이 있다. 또 적대적 M&A 시도자가 목표기업 주식을 일정비율 이상 취득하면 해당기업 주주들이 보유주식을 우선주로 전환청구하거나 현금으로 상환 또는 교환해줄 것을 청구할 수 있게 하는 '백엔드 필(back-end fill)'도 '포이즌 필'의 한 방식이다.

이 제도는 경영자들이 경영권을 안정적으로 확보하여 외부 세력의 공격에 크게 신경을 쓰지 않고 기업경영에 집중할 수 있다는 점이 장점으로 꼽는다. 적대적 M&A 시도나 경영권 침해에 대비하여 자사주 매입이나 우호지분 확보 등으로 소요되는 비용을 절감하고 이를 투자비용으로 전환할 수 있으며, 회사를 매각하더라도 적대적 M&A 시도자와 가격협상에서 우월한 지위를 확보할 수 있다.

반면에 기업의 경영권을 지나치게 보호하여 정상적 M&A까지 가로막음으로써 자본시장의 발전을 저해하고 경영의 비효율성을 높일 수 있다는 것이 단점이다. 경영권 강화로 인한 기업 소유주나 경영진 및 대주주의 모럴해저드, 외국인 투자 위축과 주가하락을 불러올 수 있는 점도 단점으로 꼽힌다. '독약조항' 또는 '독소조항'으로 번역되는 '포이즌 필'이라는 명칭이 붙여진 것은 이 때문이다.

(2) 황금낙하산

황금낙하산(golden parachute)이란 피인수기업 대상의 이사가 임기 전에 물러나게 될 경우 일반적인 퇴직금 외에 거액의 특별 퇴직금이나 보너스, 스톡옵션 등을 주도록 하는 형태이다. 피인수기업과의 우호적 인수합병이 아닌 적대적 인수합병의 경우 기업 인수비용을 높게 책정함으로써 사실상 M&A를 어렵게 만들어 경영권을 지키기 위한 수단으로 도입이 되었다. 따라서 기업을 인수하려면 비싼 낙하산을 투입해야 한다는 뜻을 담고 있다.

황금낙하산은 1980년대에 기업다각화 전략의 일환으로 활발하게 전개된 M&A와 관련하여 미국 월가에서 유래한 말로, 비싼 낙하산이라는 뜻에서 생긴 용어이다. 이는 경영자의 신분을 보장하고 기업의 입장에서는 M&A 코스트를 높이는 효과가 있으므로 적대적 M&A를 방어하는 전략으로 활용된다.

그러나 이 방법은 적대적 M&A의 위험이 없는 평상시에는 경영자를 해임하기가 어려우므로 무능한 경영진에게 과도한 혜택을 부여하는 비효율성을 초래할 수 있는 단점이 있다. 한편 경영자가 아닌 일반 직원에게 일시에 많은 퇴직금을 지급하도록 규정하여 기업의 매수 의욕을 떨어뜨리는 경우가 있는데, 이를 황금낙하산과 구별하여 주석낙하산(tin parachute)이라고 한다. 황금낙하산은 국내에서는 생소한 제도였지만 최근에는 많은 상장 기업에서 시행되고 있다. 그러나 경영진의 소신 경영을 지원하기 위해 도입된 이 제도가 부실 경영으로 경영권이 넘어간 금융기관 CEO들에게 엄청난 돈을 안겨주거나 무능한 경영진을 보호해주는 수단으로 전락할 수 있다는 점은 부작용으로 지적되고 있다.

(3) 자사주매입

자사주매입이란 보통 대상기업의 주식가격이 낮게 평가되어 있을 때 적대적 M&A에 대비해 경영권을 보호하고 주가의 안정을 위해서 기업의 자기자금으로 자기주식을 매입하는 형태이다. 대체적으로 자사주매입은 발행주식 수를 줄여 주당순이익과 주당미래현금흐름을 증가시켜 주가를 상승시키는 요인으로 작용한다.

상법에서는 원칙적으로 자사주 취득을 금지하고 있으며 주식을 매입한 뒤 소각하는 경우나 회사의 합병, 주주들의 매입 청구가 있는 경우 등 일부 예외적인 경우에만 허용된다. 그러나 특별법인 '자본시장과 금융투자업에 관한 법률'은 상장법인에 예외적으로 '경영권 안정'과 '주가안정'을 목적으로 자사주를 매입할 수 있는 길을 터놓고 있다. 자사주 매입으로 일단 사들인 주식은 상여금이나 포상용으로 임직원에 주는 것을 제외하고는 6개월 이내에 팔 수 없다. 또한 자사주에 대한 의결권은 인정되지 않는다.

자사주 매입은 적대적 M&A에 대비해 경영권을 보호하는 수단으로 쓰이기도 한다. 자사주가 그 자체로 우호지분으로 쓸 수는 없지만 우호적인 기업과 서로 주식을 교환하는 방식으로 우호지분을 확보할 수 있다. 종업원에게 주식을 지급하거나 회사 소유구조를 개편하기 위해 자사주 매입을 하기도 한다. 자사주를 사는 돈은 자기자금이어야 하고 자사주 취득한도는 자본총계에서 자본금과 자본준비금, 이익준비금을 제외하고 남은 금액인 '상법상 배당 가능한 이익'이어야 한다.

5 M&A의 회계처리

매수, 합병의 결과에 관한 회계처리방법으로 매수법과 지분풀링법이 있다. 우리나라의 경우에는 두 방법 중에서 매수법만 인정되고 있다.

(1) 매수법

매수법에서는 한 기업이 다른 기업을 취득했다고 보기 때문에 피합병된 기업의 자산과 부채를 매수일(매수일이란 피매수회사의 순자산 및 영업활동을 지배하게 된 날을 말한다. 즉, 피매수회사의 순자산 및 영업활동이 매수회사로 이전되고 매수원가가 확정되어 기업결합이 사실상 완료된 날을 지칭한다.)의 공정가액으로 기록한다. 따라서 피합병기업의 이익잉여금은 인수하지 않는다. 합병대가로 합병회사의 주식을 발행 교부하는 지분통합법의 경우와는 달리 매수법에서는 기타의 매수대가 즉, 현금이나 현물로 합병대가를 지급할 수도 있다. 이 경우 합병대가를 공정가액으로 평가하여 기록한다. 공정가액으로 계산한 피합병기업의 순자산가액이 합병대가와 일치하지 않는 경우에는 다음과 같은 회계처리를 한다.

① 합병대가가 피합병회사로부터 취득한 순자산의 공정가액을 초과하면, 그 차액을 영업권으로 기록한다.

② 합병대가가 피합병회사로부터 취득한 순자산의 공정가액에 미달하면, 그 차액을 부의 영업권으로 기록한다.

(2) 지분풀링법

지분통합의 본질은 회사 간의 매수가 아니라 합병 전에 개별적으로 존재하였던 위험과 효익을 결합하여 계속적으로 상호 분담한다는 것이다. **지분통합법은 이러한 본질에 따라 합병참여회사가 결합 이후에도 합병 전과 마찬가지로 지속되고 있는 것처럼 회계처리한다.** 따라서 합병참여회사의 장부가액으로 승계하며 영업권 또는 부의 영업권은 발생하지 않는다. 또한 합병과정에서 소요된 모든 비용은 기간비용으로 처리한다.

합병참여회사의 이익잉여금과 합병참여회사로부터 승계한 자산, 부채와 관련된 자본조정계정은 전액 승계한다. 다만 지분통합을 위하여 발행된 주식의 액면총액이 합병참여회사의 자본금과 차이가 나는 경우에는 그 차이를 다음과 같이 처리한다.

① **액면총액 〉 자본금** : 차이를 결합된 실체의 자본잉여금 총액과 이익잉여금 총액에서 순서대로 차감한다. 따라서 먼저 합병회사와 피합병회사의 자본잉여금 합계를 한도로 차감하고, 이것이 부족하면 합병회사와 피합병회사의 이익잉여금에서 차감한다.

② **액면총액 〈 자본금** : 차이를 결합된 실체의 자본잉여금에 가산한다.

제 3 절　국제재무관리

1　국제재무관리의 의의

국제재무관리란 범세계적 금융 시장에서 기업자금의 조달과 운용에 직접 또는 간접적으로 관련된 의사결정을 효율적으로 지원하는 관리기능이라고 할 수 있다. 국제재무관리는 원래 다국적 기업의 출현과 더불어 급속히 발전되어 왔으나 각국 자본시장의 자유화를 배경으로 전개된 국제금융시장의 범세계적통합화 과정에서 세계적인 자산부채관리전략으로서 그 중요성이 크게 부각되고 있다.

오늘날 기업들의 경영활동이 한 나라에만 국한되어 있지 않고 여러 나라에 걸쳐 경영활동을 하고 있다. 이러한 기업을 다국적 기업이라고 한다. 우리나라 기업의 경우 이전까지는 자국에서 투자를 받아 경영활동을 해왔지만 최근에 와서는 자국뿐만 아니라 해외투자도 진행하고 있어 해외자본시장에서도 자금조달이 이루어지고 있다. 한 나라에서만 작용하는 기업의 재무관리는 국제 재무관리와 차이점이 없다. 하지만 국제재무관리는 여러 나라의 재무관리 변수가 있기 때문에 몇 가지 차이점이 있다. 첫째, 나라마다 사용하는 통화가 다르기 때문에 이에 따른 문제가 발생한다. 따라서 **각 나라 통화 간의 교환비율인 환율이 존재하고 환율이 변함에 따라 기업의 현금흐름이 변화한다.** 이 같은 위험을 환위험이라고 한다.

둘째, 각 나라마다 정치적, 경제적, 문화적인 상황이 다르기 때문에 여러 가지 변수가 있을 수 있다. 이 같은 위험을 국가위험이라고 한다. 따라서 외국기업의 경우 극단적으로 이러한 변수에 의해서 부도가 날 수도 있고 여러 가지 재무적 상황이 안 좋게 흘러갈 수도 있다.

환위험과 국가위험은 기업이 국제기업으로 나아가려고 할 때 가장 고려해야하는 변수이다. 하지만 최근에는 이러한 변수를 줄이거나 없애기 위해 파생상품을 이용한 헤지(hedge)방법을 쓰기도 한다. 국제금융시장의 발전으로 국제기업들은 파생상품을 이용하여 환위험과 국가위험으로부터 벗어날 수 있게 되었다.

2 외환시장

외환시장은 국가와 국가 간의 화폐가 교환되는 시장이다. 기업들은 특정 장소에서 화폐를 교환하는 것이 아닌 은행을 통하여 화폐를 사고팔거나 컴퓨터와 같이 통신기기에서 거래를 할 수 있다. 환율은 한 나라의 화폐와 외국화폐와의 교환비율을 말한다. 환율은 대개 미국 달러를 기준으로 표시된다. 즉 1달러를 구입하는데 필요한 외국화폐의 가격으로 표시된다. 외환거래는 크게 현물거래, 선물환거래, 그리고 스왑거래의 세 가지 형태로 교환된다.

현물거래는 계약과 동시에 외환이 인도되는 거래를 말한다. 외환매매 계약일로부터 2영업일 이내에 외환의 수도결제가 이루어지는 환율을 현물환율이라고 한다. 매일 은행에서는 원화 대 외화의 현물환율을 공시하고 있다. 매매기준율은 전날 한국은행과 은행들 간의 외환거래에서 사용된 환율을 평균하여 공시하는 환율로 각 은행들이 외환거래 시 적용할 환율을 결정할 때 사용된다. 현물거래는 세계적으로 거래되고 있어, 각 국가 간의 환율은 서로 밀접한 관계를 가지고 있다. 또한 현물거래를 함에 있어 환율시장마다 약간의 불균형 상태를 이루는데 여기에서 차익거래가 발생하고 이를 외환차익거래라고 한다. 결론적으로 차익거래가 없어지는 시점에서 외환시장은 균형이 된다.

선물환거래는 외환 거래에서 거래 쌍방이 장래에 특정 외화의 가격을 현재 시점에서 미리 계약한 후 약속한 장래 시점에 이행하는 금융 거래의 일종이다. 주로 기업들이 계약 시점과 외화의 매매 시점 간에 환율 변동에서 초래될 수 있는 환위험을 회피(hedge)하기 위해 선물환 계약을 맺는다. 계약 기간은 일반적으로 6개월 이내이며, 6개월 이상의 장기계약도 있다. 만기일이 되면 약정에 따라 실제 매매가 이루어진다. 선물환거래를 할 경우 환위험을 피할 수는 있으나 환율이 유리하게 변동할 경우 얻을 수 있는 기회 이익도 포기하여야 한다.

통화선물은 선물환거래와 같이 일정 통화를 미래의 일정 시점에서 약정한 가격으로 사거나 파는 금융선물 거래의 일종이나 선물환거래와는 성격이 다르다. 이는 일정 기간 후 실제로 특정 통화를 인수 또는 인도하는 것이 아니고 현물환 포지션과 대칭되는 선물환 포지션을 보유함으로써 환위험을 헤지(hedge)하는 것이다.

스왑거래는 서로 다른 통화 또는 금리표시의 채권·채무를 일정조건 하에 교환하는 거래이다. 스왑거래가 이루어지는 것은 자금조정의 필요성과 환 포지션 조정의 필요성에 기인하는데, 스왑거래가 높은 신장세를 보이고 있는 이유는 첫째, 효과적인 헷징수단, 둘째, 높은 수익성, 셋째, 높은 유동성과 시장의 동질성, 넷째, 신용분석의 용이성 등의 면에서 다른 금융수단에 비해 효과적이기 때문이다.

한편 채권 측면에서의 스왑거래란 본래 단기적인 매매차익을 얻고자 하는 목적에서 보유하고 있는 증권을 다른 증권으로 교체하는 것을 말하는데, 채권교체란 채권의 수익률, 만기, 앞으로의 시장이자율 변동, 세금관계 등 채권가격에 영향을 주는 요인들을 고려하여 현재 보유하고 있는 채권을 수익성이 더 좋다고 판단되는 새로운 채권으로 교체하는 것이다.

3 환율에 대한 시장균형이론

(1) 구매력평가이론

구매력평가이론이란 스웨덴의 '구스타프 카셀'에 의해서 재창조된 이론으로 두 나라의 기대인플레이션에 따라서 두 나라 통화 간의 현물환율이 변동한다는 이론이다. 예를 들어 우리나라의 기대인플레이션이 20%, 미국의 기대인플레이션이 10%라면, 우리나라의 통화의 구매력은 20%, 미국의 통화 구매력은 10%가 떨어지게 되므로 우리나라의 통화는 현물시장에서 미국의 통화에 대하여 10%의 가치가 하락하여 환율이 결정된다. 결국 두 나라의 기대인플레이션의 차이에 따라서 미래의 현물환율가치가 결정된다. 이를 식으로 표현하면 다음과 같다.

$$E(S_1) = S_0(\frac{1+I_W}{1+I_\$})$$

- $E(S_1)$: 원화와 달러 간 1기 후 현물환율의 기대치
- S_0 : 원화와 달러 간 0기 시점의 현물환율
- I_W : 한국의 기대인플레이션
- $I_\$$: 미국의 기대인플레이션

(2) 피셔효과

시중금리와 인플레이션 기대심리와의 관계를 말해주는 이론으로, 시중의 명목금리는 실질금리와 예상 인플레이션율의 합계와 같다는 것을 말한다. 예를 들어 시중의 명목금리가 14%라고 할 때 예상되는 인플레이션율이 연 7%라고 하면 실질금리는 7%에 해당한다고 말할 수 있다. 즉 시중의 명목금리가 상승한다고 할 때 그 원인은 실질금리의 상승 때문일 수도 있고 앞으로 인플레이션율이 높아질 것이라는 예상 때문에 그렇게 될 수도 있다. 따라서 인플레이션 기대심리를 자극하지 않는 범위 내에서 통화를 신축적으로 운용하면 실질금리의 하락을 통한 시중 명목금리의 하락을 가져올 수 있다는 이론이다.

(3) 국제피셔효과

금리와 환율의 상관관계에 대한 이론으로, 두 나라의 금리 차이는 두 나라 통화의 환율변동 폭과 같다는 이론이다. 즉, 표시통화만 다르고 위험과 만기가 동일한 금융상품 간의 금리 차이는 두 통화 간 환율의 기대변동률과 같다는 것이다. 국제자본이동에 대한 통제가 없다면 위험 중립형 투자자들은 기대수익이 가장 큰 곳에 자금을 운용할 것이다. 두 나라 간 이자율이 동일하지 않다면 투자자들은 이자율이 높은 국가로 자금을 이동할 것이므로 결국 전 세계적으로 실질 수익률이 동일하게 되고, 각국의 명목금리 격차는 단지 각국의 인플레이션 예상치의 차이에 불과하게 된다.

예를 들어, 일정 시점에서 한국 금리가 미국 금리보다 5% 높아진다면 원화는 미국 달러화에 대해 5% 절하되며, 현재 환율이 달러당 1,200원이라면 향후 1,260원으로 원화가 5% 떨어지게 된다. 원화 증권에 투자한 미국 투자가들은 만기 시 원화증권의 원리금을 달러로 전환할 때 예상되는 절하 폭을 그만큼 높은 금리로 상쇄하고자 할 것이기 때문이다. 즉, 금리 면에서 원화가 달러화에 비해 유리한 경우, 환율 면에서 원화가 달러화에 비해 같은 크기로 불리할 것으로 예상돼야 시장이 균형을 이룰 수 있다는 이론이다. 따라서 국제피셔효과는 다음과 같은 식으로 나타낼 수 있다.

$$E(S_1) = S_0\left(\frac{1 + r_W}{1 + r_\$}\right)$$

- r_W : 원화의 명목이자율
- $r_\$$: 달러화의 명목이자율

(4) 이자율평가이론

표시통화만 다르고 위험과 만기가 같은 두 가지 금융상품이 있는 경우 이 중 한 금융상품에 투자하고 선물환으로 헤지(hedge)하는 경우의 수익률과 다른 금융상품에 투자한 경우의 수익률이 같아야 한다는 것이 이자율평형조건 혹은 이자율평가이론이다. 즉 여기서 이자율의 차이와 퍼센티지로 표시한 선물환 할증률(혹은 할인율)이 같아야 한다. 그렇지 않으면 이자율의 차이를 이용하여 선물환거래로 헤지(hedge)된 차익거래(이자차익거래)가 발생하게 되고 이러한 차익거래를 통하여 이자율 평가가 다시 성립하게 된다. 따라서 차익거래는 이자율평가가 성립되도록 작용하는 힘이라고 할 수 있다. 실제 차익거래를 하는 데에는 금융거래와 외환거래의 거래비용이 발생하기 때문에 이자율평가이론이 정확하게 성립된다기보다는 거래비용의 크기에 따라서 약간의 편차는 존재할 것이다.

○✕로 점검하자

※ 다음 지문의 내용이 맞으면 ○, 틀리면 ✕를 체크하시오. [1~20]

01 기업지배구조의 목적은 오직 기업스캔들을 방지한다는 것에 있다. (　　)

02 합병이란 두 개 이상의 회사가 상법의 규정에 따라 청산절차를 거치지 않고 하나의 회사가 되는 것을 말한다. 한 개 이상의 회사가 소멸되면서 소멸되는 회사의 모든 권리가 존속회사에 모두 인수되는 회사 간의 계약을 말한다. (　　)

03 수평적 합병은 같은 업종에서 생산 및 유통 상의 전후 관계에 있는 기업들 간에 이루어지는 합병을 말한다. (　　)

04 다각적 합병은 소속된 산업, 생산, 판매 면에서 상호 관련성이 없거나, 업종이 서로 다른 기업 간에 이루어지는 합병의 형태이다. (　　)

05 취득은 한 인수기업이 피인수기업의 주식이나 자산을 매수하는 형태를 말한다. (　　)

06 자산취득은 기업인수 합병의 한 형태로써 인수기업이 피인수기업을 흡수하거나 합병하지 않고 피인수기업이 주식만을 취득하는 것이다. (　　)

07 기업인수방법 중 하나인 주식공개매수는 회사의 경영권을 확보하거나 강화하기 위하여 불특정 다수인으로부터 주식을 장외에서 매수하는 형태이다. (　　)

정답과 해설　01 ✕　02 ○　03 ✕　04 ○　05 ○　06 ✕　07 ○

01 기업지배구조의 목적은 ① 기업스캔들을 방지한다는 것과 ② 기업의 수익력을 강화한다는 것, 2가지가 있다.

03 수직적 합병에 관한 설명이다. 수평적 합병은 동일한 산업이나 동일단계의 사업을 영위하고 있는 기업들 간에 이루어지는 합병을 말한다.

06 주식취득에 관한 설명이다. 자산취득은 두 기업 간에 체결된 계약에 따라 인수기업이 피인수기업의 자산의 전부 또는 일부를 매수하는 것이다.

08 차입매수는 인수하고자 하는 기업의 통제권을 확보하는데 쓰이는 기술로 인수기업은 자신에게 유리한 경영진 후보 편을 들어 피인수기업의 주주들로 하여금 현재의 경영진들을 축출하라고 설득한다. (   )

09 경영자매수(MBO ; Management Buy Out)는 기업 구조조정 방법 중 하나이며 기업을 매각할 시 그 기업의 경영진 및 임직원이 기업의 전부 또는 일부를 인수하여 신설 법인으로 독립하는 방식이다. (   )

10 M&A를 평가할 시 여러 가지 방법이 있지만 그 중 M&A를 평가할 때 순현가(NPV)법을 사용하는 것이 바람직하다. (   )

11 인수기업이 피인수기업의 주식을 매수하기 위해서 통상 현재가치보다 높은 가격에 매수하는 것이 일반적이다. 따라서 피인수기업을 인수할 시 현재가치의 초과적인 가치를 M&A 프리미엄이라고 한다. (   )

12 적대적 M&A가 있을 경우 이사회 의결만으로 신주를 발행, M&A를 시도하는 세력 이외의 모든 주주들에게 시가의 절반 이하 가격에 인수권을 부여함으로써 M&A를 저지하는 방어 장치를 황금낙하산이라고 한다. (   )

13 자사주매입이란 보통 대상기업의 주식가격이 낮게 평가되어 있을 때 적대적 M&A에 대비해 경영권을 보호하고 주가의 안정을 위해서 기업의 자기자금으로 자기 주식을 매입하는 형태이다. (   )

14 환율은 한 나라의 화폐와 외국화폐와의 교환비율을 말한다. 환율은 대개 중국 위안화를 기준으로 표시된다. 즉 1위안화를 구입하는데 필요한 외국화폐의 가격으로 표시된다.
(   )

정답과 해설 08 ✕ 09 ◯ 10 ◯ 11 ◯ 12 ✕ 13 ◯ 14 ✕

08 백지장위임에 관한 내용이다. 차입매수란 자금이 부족한 인수기업이 인수대상의 자산과 수익을 담보로 금융기관으로부터 자금을 차입하여 인수합병을 하는 것으로 LBO라고도 부른다.

12 독약조항에 관한 내용이다. 황금낙하산이란 피인수기업 대상의 이사가 임기 전에 물러나게 될 경우 일반적인 퇴직금 외에 거액의 특별 퇴직금이나 보너스, 스톡옵션 등을 주도록 하는 형태이다.

14 미국 달러화를 기준으로 표시된다. 즉 1달러를 구입하는데 필요한 외국화폐의 가격으로 표시된다.

15 현물거래는 계약과 동시에 외환이 인도되는 거래를 말한다. 외환매매 계약일로부터 2영업일 이내에 외환의 수도결제가 이루어지는 환율을 현물환율이라고 한다. (　　)

16 통화선물에서 거래 쌍방이 장래에 특정 외화의 가격을 현재 시점에서 미리 계약한 후 약속한 장래 시점에 이행하는 금융 거래의 일종이다. (　　)

17 스왑거래는 서로 다른 통화 또는 금리표시의 채권·채무를 일정조건하에 교환하는 거래이다. (　　)

18 소비자평가이론이란 스웨덴의 '구스타프 카셀'에 의해서 재창조된 이론으로 두 나라의 기대인플레이션에 따라서 두 나라 통화 간의 현물환율이 변동한다는 이론이다. (　　)

19 국제피셔효과는 시중금리와 인플레이션 기대심리와의 관계를 말해주는 이론으로, 시중의 명목금리는 실질금리와 예상 인플레이션율의 합계와 같다는 것을 말한다. (　　)

20 이자율평가이론이란 표시통화만 다르고 위험과 만기가 같은 두 가지 금융상품이 있는 경우 이 중 한 금융상품에 투자하고 선물환으로 헤지(hedge)하는 경우의 수익률과 다른 금융상품에 투자한 경우의 수익률이 같아야 한다는 이론이다. (　　)

정답과 해설　15 O　16 ×　17 O　18 ×　19 ×　20 O

16 선물환거래에 관한 내용이다. 통화선물은 선물환 거래와 같이 일정 통화를 미래의 일정 시점에서 약정한 가격으로 사거나 파는 금융 선물 거래의 일종이나 선물환거래와는 성격이 다르다.

18 구매력평가이론에 관한 내용이다. 소비자평가이론은 한정된 소득으로 최대의 만족을 얻을 수 있게 소비하고자 하는 소비자의 선택을 분석하는 이론이다.

19 피셔효과에 관한 내용이다. 국제피셔효과는 금리와 환율의 상관관계에 대한 이론으로, 두 나라의 금리 차이는 두 나라 통화의 환율변동 폭과 같다는 이론이다.

실전예상문제

해설&정답 checkpoint

01 기업의 지배구조에 관한 설명 중 옳지 <u>않은</u> 것은?

① 기업이라는 경제활동의 단위를 둘러싼 여러 이해관계자들 간의 관계를 조정하는 메커니즘이라고 정의된다.

② 경영자원의 조달과 운용 및 수익의 분배 등에 대한 의사결정과정과 이에 대한 감시기능의 총칭으로 정의된다.

③ 기업가치의 극대화를 위해 기업의 이해관계자 간 대리인 비용과 거래비용을 최대화하는 메커니즘이라고 정의된다.

④ 기업의 경영을 감시, 규율하는 것 또는 이를 행하는 기구로 정의된다.

01 비용과 거래비용을 최소화하는 메커니즘이라고 정의된다.

02 기업지배구조의 목적과 이유에 관한 설명 중 옳지 <u>않은</u> 것은?

① 현대의 기업에 있어서 기업지배구조가 중요한 이유는 기업의 성장과 규모의 증가에 따라 기업을 소유한 주주와 기업을 경영하는 경영자가 분리되어 주주와 경영자 간 이해상충과 대리인 문제가 발생하기 때문이다.

② 기업지배구조의 목적은 기업스캔들을 방지한다는 점이 있다.

③ 기업지배구조의 목적은 기업의 판매력을 강화한다는 점이 있다.

④ 다양한 법제도, 조직 내의 제도, 또한 인포멀한 관행이 생겨나고 있다.

02 기업지배구조의 목적은 기업의 수익력을 강화한다는 점이 있다.

정답 01 ③ 02 ③

안심Touch

03 ② 회사의 모든 권리가 존속회사에
　　 모두 인수되는 회사 간의 계약을
　　 말한다.
　③ 합병은 수직적 합병, 수평적 합
　　 병, 그리고 다각적 합병으로 나
　　 누어진다.
　④ 다각적 합병에 관한 설명이다.
　　 수직적 합병은 같은 업종에서 생
　　 산 및 유통상의 전후 관계에 있
　　 는 기업들 간에 이루어지는 합병
　　 을 말한다.

04 인수기업이 피인수기업의 자산의 전
　　 부 또는 일부를 매수하는 것을 말한다.

03 M&A(합병)에 관한 설명 중 옳은 것은?

① 합병이란 두 개 이상의 회사가 상법의 규정 따라 청산절차
　를 거치지 않고 하나의 회사가 되는 것을 말한다.
② 한 개 이상의 회사가 소멸 되면서 소멸되는 회사의 모든 권
　리가 소멸회사에 모두 인수되는 회사 간의 계약을 말한다.
③ 합병은 수직적 합병만이 있다.
④ 수직적 합병은 소속된 산업, 생산, 판매 면에서 상호 관련
　성이 없거나, 업종이 서로 다른 기업 간에 이루어지는 합병
　의 형태이다.

04 취득에 관한 설명 중 옳지 않은 것은?

① 취득은 한 인수기업이 피인수기업의 주식이나 자산을 매수
　하는 형태를 말한다.
② 취득은 크게 주식취득과 자산취득으로 구분된다.
③ 주식취득은 기업인수 합병의 한 형태로써 인수기업이 피인
　수기업을 흡수하거나 합병하지 않고 피인수기업이 주식만
　을 취득하는 것이다.
④ 자산취득은 두 기업 간에 체결된 계약에 따라 피인수기업
　이 인수기업의 자산의 전부 또는 일부를 매수하는 것을 말
　한다.

05 다음 빈칸에 들어갈 알맞은 말은?

> 기업지배구조의 목적은 (A)을 방지한다는 것과 (B)
> 을 강화한다는 것, 2가지가 있다.

	A	B
①	주주의 스캔들	기업의 수익력
②	기업의 스캔들	기업의 조직력
③	기업의 스캔들	기업의 수익력
④	주주의 스캔들	기업의 조직력

05 다양한 법제도, 조직 내의 제도, 또한 인포멀한 관행이 생겨나고 있다. 이것을 성질에 따라 크게 분류하면, 탑 매니지먼트 조직을 통하여 행하여지는 조직형 지배구조, 증권시장을 통하여 행해지는 시장형 지배구조, 그리고, 경영자에 대한 경제적 인센티브를 부여하는 방법이 있다.

06 주식공개매수에 관한 설명 중 옳은 것은?

① 주식공개매수는 회사의 경영권을 확보하거나 강화하기 위하여 특정 다수인으로부터 주식을 장외에서 매수하는 형태이다.

② 주식취득의 경우에는 주식을 보유하고 있지만 기업경영에 직접 관여하지 않고 있는 주주들로부터 주식을 매입하여 기업을 인수한다.

③ 주식공개매수를 추진하는 인수기업은 대상기업의 주식 수, 매수기간, 매수가격 및 방법 등을 공개하지 않고, 이에 허락하는 주주에 한해 대상회사의 주식을 취득하게 된다.

④ 공개매수에서 매수가격은 대상기업의 주주들의 주식을 확보하기 위한 것이므로 현재의 시장가격보다 대부분 낮게 요구되는 것이 특징이다.

06 ① 불특정 다수인으로부터 주식을 장외에서 매수하는 형태이다.
③ 대상기업의 주식 수, 매수기간, 매수가격 및 방법 등을 공개하고, 이에 허락하는 주주에 한해 대상회사의 주식을 취득하게 된다.
④ 현재의 시장가격보다 대부분 높게 요구되는 것이 특징이다.

07 지분에 대한 의결권을 인수기업이 행사하는 것을 허락하는 위임장에 서명한다.

07 백지위임장투쟁에 관한 설명 중 옳지 <u>않은</u> 것은?

① 백지위임장투쟁은 인수하고자 하는 기업의 통제권을 확보하는데 쓰이는 기술이다.

② 인수기업은 자신에게 유리한 경영진 후보 편을 들어 피인수기업의 주주들로 하여금 현재의 경영진들을 축출하라고 설득한다.

③ 주주들이 동의하면 그들의 지분에 대한 의결권을 피인수기업이 행사하는 것을 허락하는 위임장에 서명한다.

④ 백지위임장투쟁은 취득과는 무관한 대상기업의 기업지배권 싸움이다.

08 합병은 수직적 합병, 수평적 합병, 다각적 합병으로 구분된다. 예를 들어 수직적 합병은 자동차 제조업체가 부품업체를 인수하거나 유통업체를 인수하는 것을, 수평적 합병은 A자동차 제조업체가 B자동차 업체를 인수하는 것을, 다각적 합병은 자동차 제조업체가 의류제품 회사를 인수하는 것을 의미한다.

08 다음 빈칸에 들어갈 알맞은 말은?

- (A)은 같은 업종에서 생산 및 유통상의 전후 관계에 있는 기업들 간에 이루어지는 합병을 말한다.
- (B)은 동일한 산업이나 동일단계의 사업을 영위하고 있는 기업들 간에 이루어지는 합병을 말한다.
- (C)은 소속된 산업, 생산, 판매 면에서 상호 관련성이 없거나, 업종이 서로 다른 기업 간에 이루어지는 합병의 형태이다.

	A	B	C
①	수평적 합병	수직적 합병	다각적 합병
②	다각적 합병	수평적 합병	수직적 합병
③	수직적 합병	다각적 합병	수평적 합병
④	수직적 합병	수평적 합병	다각적 합병

정답 07 ③ 08 ④

09 M&A(합병)을 함에 있어 발생하는 문제에 관한 설명 중 옳지 않은 것은?

① M&A는 기업의 미래현금흐름에 대한 위험분산효과를 가져와 주주와 채권자 간에 부의 이전 문제를 발생시킬 수 있다.

② 피인수기업의 주주가 M&A를 하는 과정에서 생기는 불이익을 M&A 비용이라 한다.

③ 피인수기업을 인수할 시 현재가치의 초과적인 가치를 M&A 프리미엄이라고 한다.

④ 주식공개매수 시 피인수기업을 인수하는 경우 M&A 프리미엄을 염두 해야 하는데 반드시 고려해야 할 사항이 정보비대칭에 따른 신호효과이다.

10 다음 빈칸에 들어갈 알맞은 말은?

> • (A)은 기업인수 합병의 한 형태로써 인수기업이 피인수기업을 흡수하거나 합병하지 않고 피인수기업이 주식만을 취득하는 것이다. 피인수기업의 주식을 50% 이상을 취득했을 때 형식상 기업지배권이 가능하지만, 주식이 잘 분산되어 있다면 낮은 지분을 확보하여도 기업지배가 가능하다.
> • (B)은 두 기업 간에 체결된 계약에 따라 인수기업이 피인수기업의 자산의 전부 또는 일부를 매수하는 것을 말한다. (B)은 자산의 소유권을 취득한 기업으로 피인수기업의 경영권을 확보하는 결과를 가져온다.

	A	B
①	자산취득	주식취득
②	주식취득	자산취득
③	주식취득	자본취득
④	배당취득	자본취득

09 인수기업의 주주가 M&A를 하는 과정에서 생기는 불이익을 M&A 비용이라 한다.

10 취득은 한 인수기업이 피인수기업의 주식이나 자산을 매수하는 형태를 말한다. 자산의 부분적 매수와 취득의 구분점은 취득의 목적이 피인수기업의 경영권을 확보하는 데 있다는 것이다. 합병과 다른 점은 취득 후에도 피인수기업이 개별기업으로 계속 존속한다는 것이다. 취득은 크게 주식취득과 자산취득으로 구분된다.

안심Touch

11 ① 독약조항에 관한 설명이다.
② 황금낙하산에 관한 설명이다.
③ 주식가격이 낮게 평가되어 있을 때 적대적 M&A에 대비해 경영권을 보호하고 주가의 안정을 위해서 기업의 자기자금으로 자기 주식을 매입하는 형태이다.

12 외환시장은 국가와 국가 간의 화폐가 교환되는 시장이다. 기업들은 특정 장소에서 화폐를 교환하는 것이 아닌 은행을 통하여 화폐를 사고 팔거나 컴퓨터와 같이 통신기기에서 거래를 할 수 있다.

11 **적대적 M&A 방어에 관한 설명 중 옳은 것은?**

① 황금낙하산은 적대적 M&A가 있을 경우 이사회 의결만으로 신주를 발행하며, M&A를 시도하는 세력 이외의 모든 주주들에게 시가의 절반 이하 가격에 인수권을 부여함으로써 M&A를 저지하는 방어 장치이다.

② 독약조항이란 피인수기업 대상의 이사가 임기 전에 물러나게 될 경우 일반적인 퇴직금 외에 거액의 특별 퇴직금이나 보너스, 스톡옵션 등을 주도록 하는 형태이다.

③ 자사주매입이란 보통 대상기업의 주식가격이 높게 평가되어 있을 때 적대적 M&A에 대비해 경영권을 보호하고 주가의 안정을 위해서 기업의 자기자금으로 자기 주식을 매입하는 형태이다.

④ 자사주매입은 발행주식수를 줄여 주당순이익과 주당 미래현금흐름을 증가시켜 주가를 상승시키는 요인으로 작용한다.

12 **다음 빈칸 A, B에 들어갈 알맞은 말은?**

(A)은 한 나라의 화폐와 외국화폐와의 교환비율을 말한다.
(A)은 대개 미국 달러를 기준으로 표시된다. 즉 (B)를 구입하는데 필요한 외국화폐의 가격으로 표시된다.

	A	B
①	환율	1달러
②	금리	3달러
③	환율	5달러
④	금리	10달러

정답 11 ④ 12 ①

13 국제재무관리에 관한 설명 중 옳은 것은?

① 국제재무관리란 범세계적 금융 시장에서 기업자금의 조달 과 운용에 직접 또는 간접적으로 관련된 의사결정을 효율 적으로 지원하는 관리기능이라고 할 수 있다.

② 오늘날의 기업들의 경영활동이 한 나라에만 국한되어 경영 활동을 하고 있다.

③ 각 나라 통화간의 교환비율인 환율이 존재하지만 기업의 현금흐름에는 영향을 미치지 않는다.

④ 각 나라마다 정치적, 경제적, 문화적인 상황은 크게 다르 지 않다.

13 ② 한 나라에만 국한되어 있지 않고 여러 나라의 걸쳐 경영활동을 하 고 있다.
③ 환율이 존재하고 환율이 변함에 따라 기업의 현금흐름이 변화한다.
④ 각 나라마다 정치적, 경제적, 문 화적인 상황이 다르기 때문에 여 러 가지 변수가 있을 수 있다.

14 외환시장에 관한 설명 중 옳지 <u>않은</u> 것은?

① 외환시장은 국가와 국가 간의 화폐가 교환되는 시장이다.

② 환율은 한 나라의 화폐사이의 교환비율을 말한다.

③ 현물거래는 계약과 동시에 외환이 인도되는 거래를 말한다.

④ 선물환거래는 외환 거래에서 거래 쌍방이 장래에 특정 외 화의 가격을 현재 시점에서 미리 계약한 후 약속한 장래 시 점에 이행하는 금융 거래의 일종이다.

14 환율은 한 나라의 화폐와 외국화폐 와의 교환비율을 말한다.

15 스왑거래에 관한 설명 중 옳은 것은?

① 스왑거래는 서로 같은 통화 또는 금리표시의 채권·채무를 일정조건하에 교환하는 거래이다.

② 효과적인 헷징수단으로 사용된다.

③ 낮은 수익성을 띤다.

④ 낮은 유동성과 시장의 동질성을 띤다.

15 ① 서로 다른 통화 또는 금리표시의 채권·채무를 일정조건하에 교환 하는 거래이다.
③ 높은 수익성을 띤다.
④ 높은 유동성과 시장의 동질성을 띤다.

정답 13 ① 14 ② 15 ②

안심Touch

16 M&A의 순현가 = 인수 후의 기업가치 – 인수전의 기업가치
= (AB 회사의 가치 – 인수비용) – A 회사의 가치

16 다음 빈칸 A, B에 들어갈 알맞은 말은?

> M&A를 평가할 시 여러 가지 방법이 있지만 그 중 M&A를 평가할 때 (A)법을 사용하는 것이 바람직하다. 대상기업의 인수의 (A)가 (B)이라면 M&A 인수대상이 될 수 있다.

	A	B
①	순현가(NPV)	양(+)
②	M&A 프리미엄	음(−)
③	순현가(NPV)	0
④	M&A 프리미엄	1

※ 다음 글을 읽고 물음에 답하시오. [17~18]

> 2020년 9월 1일 현재 미국의 달러화에 대한 원화의 현물가격은 500/\$이며, 90일 만기선물의 선물환율은 505/\$이다. 또한 향후 1년간 한국의 기대물가상승률은 7%, 미국의 기대물가상승률은 4%이고, 실질 이자율은 두 국가 모두 3%이며, 피셔효과가 성립한다고 가정하자.

17 $E(S_1) = S_0 \left(\dfrac{1 + I_\text{₩}}{1 + I_\$} \right)$

$500 \times [(1 + 0.07 / 2) / (1 + 0.04 / 2)] = 514/\$$

17 구매력평가이론에 따른 2021년 1월 1일의 기대현물환율은 얼마인가?

① 420 ② 550
③ 514 ④ 520

18 $E(S_1) = S_0 \left(\dfrac{1 + r_\text{₩}}{1 + r_\$} \right)$

$500 \times [(1 + (0.07 + 0.03) / 2) / (1 + (0.04 + 0.03) / 2)] = 507/\$$

18 국제피셔효과에 따른 2021년 1월 1일의 기대현물환율은 얼마인가?

① 507 ② 420
③ 550 ④ 520

정답 16 ① 17 ③ 18 ①

19 다음 빈칸에 들어갈 알맞은 말은?

19 [문제 하단의 표 참고]

- (A)는 계약과 동시에 외환이 인도되는 거래를 말한다. 외환매매 계약일로부터 2영업일 이내에 외환의 수도결제가 이루어지는 환율을 현물환율이라고 한다.
- (B)는 외환 거래에서 거래 쌍방이 장래에 특정 외화의 가격을 현재 시점에서 미리 계약한 후 약속한 장래 시점에 이행하는 금융 거래의 일종이다.
- (C)은 선물환 거래와 같이 일정 통화를 미래의 일정 시점에서 약정한 가격으로 사거나 파는 금융 선물 거래의 일종이나 선물환거래와는 성격이 다르다.
- (D)는 서로 다른 통화 또는 금리표시의 채권·채무를 일정조건하에 교환하는 거래이다.

	A	B	C	D
①	선물환거래	현물거래	통화선물	스왑거래
②	현물거래	선물환거래	스왑거래	통화선물
③	스왑거래	선물환거래	통화선물	현물거래
④	현물거래	선물환거래	통화선물	스왑거래

외환거래의 형태	
현물 거래	매매기준율은 전날 한국은행과 은행들 간의 외환거래에서 사용된 환율을 평균하여 공시하는 환율로 각 은행들이 외환거래 시 적용할 환율을 결정할 때 사용된다.
선물환 거래	주로 기업들이 계약 시점과 외화의 매매 시점 간에 환율 변동에서 초래될 수 있는 환위험을 회피(hedge)하기 위해 선물환 계약을 맺는다. 계약 기간은 일반적으로 6개월 이내이며, 6개월 이상의 장기계약도 있다. 만기일이 되면 약정에 따라 실제 매매가 이루어진다. 선물환 거래를 할 경우 환위험을 피할 수는 있으나 환율이 유리하게 변동할 경우 얻을 수 있는 기회 이익도 포기하여야 한다.
통화 선물	일정 기간 후 실제로 특정 통화를 인수 또는 인도하는 것이 아니고 현물환 포지션과 대칭되는 선물환 포지션을 보유함으로써 환위험을 헤지(hedge)하는 것이다.
스왑 거래	이루어지는 것은 자금조정의 필요성과 환포지션 조정의 필요성에 기인하는데, 스왑거래가 높은 신장세를 보이고 있는 이유는 효과적인 헷징수단, 높은 수익성, 높은 유동성과 시장의 동질성, 신용분석의 용이성 등의 면에서 다른 금융수단에 비해 효과적이기 때문이다.

정답 19 ④

01

정답 ① 기업이라는 경제활동의 단위를 둘러싼 여러 이해관계자들 간의 관계를 조정하는 메커니즘이라고 정의된다.
② 경영자원의 조달과 운용 및 수익의 분배 등에 대한 의사결정과정과 이에 대한 감시기능의 총칭으로 정의된다.
③ 기업가치의 극대화를 위해 기업의 이해관계자간 대리인 비용(agency cost)과 거래비용(transaction cost)을 최소화하는 메커니즘이라고 정의된다.
④ 기업의 경영을 감시, 규율하는 것 또는 이를 행하는 기구를 뜻한다.

02

정답 합병이란 두 개 이상의 회사가 상법의 규정 따라 청산절차를 거치지 않고 하나의 회사가 되는 것을 말한다. 한 개 이상의 회사가 소멸되면서 소멸되는 회사의 모든 권리가 존속회사에 모두 인수되는 회사 간의 계약을 말한다.

03

정답 • 정의 : 취득은 한 인수기업이 피인수기업의 주식이나 자산을 매수하는 형태를 말한다.
• 구분점 : 자산의 부분적 매수와 취득의 구분은 취득의 목적이 피인수기업의 경영권을 확보하는 데 있다는 것이다.

주관식 문제

01 기업의 지배구조에 관해서 기술하시오.

02 합병(M&A)에 관해서 기술하시오.

03 취득의 정의와 자산의 부분적 매수와의 구분점에 관해서 기술하시오.

04 주식공개매수의 정의를 기술하시오.

05 백지위임장투쟁의 정의와 목적에 관해서 기술하시오.

06 차입매수에 관해서 기술하시오.

안심Touch

07

정답 적대적 M&A가 있을 경우 이사회 의결만으로 신주를 발행, M&A를 시도하는 세력 이외의 모든 주주들에게 시가의 절반 이하 가격에 인수권을 부여함으로써 M&A를 저지하는 방어 장치를 독약조항이라고 한다.

08

정답
- 정의 : 황금낙하산이란 피인수기업 대상의 이사가 임기 전에 물러나게 될 경우 일반적인 퇴직금 외에 거액의 특별 퇴직금이나 보너스, 스톡옵션 등을 주도록 하는 형태이다.
- 특징 : 피인수기업과의 우호적 인수합병이 아닌 적대적 인수합병의 경우 기업 인수비용을 높게 책정함으로써 사실상 M&A를 어렵게 만들어 경영권을 지키기 위한 수단으로 도입이 되었다.

09

정답
- 정의 : 자사주매입이란 보통 대상 기업의 주식가격이 낮게 평가되어 있을 때 적대적 M&A에 대비해 경영권을 보호하고 주가의 안정을 위해서 기업의 자기자금으로 자기 주식을 매입하는 형태이다.
- 특징 : 대체적으로 자사주매입은 발행주식수를 줄여 주당순이익과 주당 미래현금흐름을 증가시켜 주가를 상승시키는 요인으로 작용한다.

07 독약조항에 관해서 기술하시오.

08 황금낙하산의 정의와 특징에 관해서 기술하시오.

09 자사주매입의 정의와 특징에 관해서 기술하시오.

10 국제재무관리의 정의와 특징에 관해서 기술하시오.

10

정답 • 정의 : 국제재무관리란 범세계적 금융 시장에서 기업자금의 조달과 운용에 직접 또는 간접적으로 관련된 의사결정을 효율적으로 지원하는 관리기능이라고 할 수 있다.
• 특징 : 국제재무관리는 원래 다국적기업의 출현과 더불어 급속히 발전되어 왔으나 각국 자본시장의 자유화를 배경으로 전개된 국제금융시장의 범세계적 통합화 과정에서 세계적인 자산부채관리전략으로서 그 중요성이 크게 부각되고 있다.

11 구매력평가이론에 관해서 기술하시오.

11

정답 구매력평가이론이란 스웨덴의 '구스타프 카셀'에 의해서 재창조된 이론으로 두 나라의 기대인플레이션에 따라서 두 나라 통화 간의 현물환율이 변동한다는 이론이다.

12 피셔효과에 관해서 기술하시오.

12

정답 시중금리와 인플레이션 기대심리와의 관계를 말해주는 이론으로, 시중의 명목금리는 실질금리와 예상 인플레이션율의 합계와 같다는 것을 말한다.

안심Touch

13

정답 금리와 환율의 상관관계에 대한 이론으로, 두 나라의 금리 차이는 두 나라 통화의 환율변동 폭과 같다는 이론, 즉, 표시통화만 다르고 위험과 만기가 동일한 금융상품간의 금리 차이는 두 통화 간 환율의 기대변동률과 같다는 것이다.

14

정답 표시통화만 다르고 위험과 만기가 같은 두 가지 금융상품이 있는 경우 이 중 한 금융상품에 투자하고 선물환으로 해지하는 경우의 수익률과 다른 금융상품에 투자한 경우의 수익률이 같아야 한다는 것이 이자율평형조건 혹은 이자율평가이론이다.

13 국제피셔효과에 관해서 기술하시오.

14 이자율평가이론에 관해서 기술하시오.

고득점으로 대비하는 가장 똑똑한 수험서!

재무 관리론

최종모의고사

제1회 최종모의고사

제한시간: 50분 | 시작 ___시 ___분 − 종료 ___시 ___분

🔁 정답 및 해설 239p

01 재무관리에 관한 설명 중 옳지 <u>않은</u> 것은?

① 재무학은 정부 및 기업이 필요로 하는 자금 및 자본의 조달, 관리, 운용에 대해 연구하는 학문분야이다.

② 기업재무론이란 자금의 수요자인 국가와 기업의 자금 및 현금흐름과 관련된 활동을 다루는 학문으로 투자활동과 유동성 관리 등을 연구대상으로 하고 있다.

③ 재무학에서는 대표적인 자금 공급자의 대표적인 경제주체를 투자자로 불린다.

④ 자금의 흐름의 따라 수요자와 이를 수요자에게 제공해주는 공급자로 나눌 수 있다.

02 기업의 재무상태표(대차대조표)에 관한 설명 중 옳은 것은?

① 자본조달결정은 재무상태표의 왼쪽(차변)에 포함되는 것으로서 최적자본구조를 찾는 형태이다.

② 기업의 자산은 재무상태표 오른쪽(대변)에 위치하며 크게 유동자산과 비유동자산으로 구분된다.

③ 필요자금에 대한 출처는 재무상태표 오른쪽(대변)에 나타나며, 조달된 자금은 크게 부채와 자기자본으로 구분된다.

④ 부채(타인자본)와 자기자본의 합리적인 비중을 결정하는 문제와 내부 자금을 적절히 분배하여 필요자금을 조달하는 방법을 결정하는 것이 자본조달결정이다.

안심Touch

03 파마(Fama)가 주장한 효율적 시장가설에 대한 3가지 유형에 관해서 옳지 <u>않은</u> 것은?

① 약형 효율시장이란 현재의 주가는 과거의 주가 및 거래량 변동 등과 같은 역사적 정보를 완전히 반영하고 있는 시장을 의미한다.

② 준강형 효율시장이란 일반에게 공개되는 모든 정보에는 과거의 주가와 거래량 변동에 대한 정보뿐만 아니라 기업의 재무제표, 신제품 개발 등 일반 투자자들에게 이미 알려진 모든 정보를 의미한다.

③ 준강형 효율시장에서는 외부에 공개되지 않은 기업의 비밀 정보도 주가에 반영된다.

④ 강형 효율시장이란 현재의 주식 가격이 기업에 관한 모든 정보, 즉 이미 투자자들에게 공개된 정보뿐만 아니라, 외부에 공개되지 않은 기업의 내부정보까지도 신속 정확하게 반영하는 완벽한 효율시장을 말한다.

04 재무상태표의 구성과 분석에 관한 식이 올바르지 <u>않은</u> 것은?

① 자산 = 부채(타인자본) + 자본(자기자본)
② 사업가치 = 주식의 시장가치 + 부채 - 현금
③ 순운전자본 = 유동자산 - 유동부채
④ 자기자본비율 = 부채 / 자기자본

05 A기업의 투자를 고려하고 있는 가운데 다음과 같은 정보를 가지고 저평가 혹은 고평가를 판단하려 한다. A기업의 PBR을 계산하시오.

- 주가: 10,000원
- 자산: 2,000만원
- 부채: 500만원
- 총 주식발행 수: 1,000주

① 0.66 ② 1.66
③ 1 ④ 2.66

06 최근 A기업의 연간 매출액은 300,000원이고 그 중 외상으로 판매한 금액은 200,000이다. 기초 매출채권 잔액이 50,000원, 기말 매출채권 잔액이 10,000원일 때 A기업의 매출채권회전율을 계산하시오.

① 1 ② 5
③ 10 ④ 8

07 다음 중 자기자본이익률(ROE)에 관한 설명으로 옳지 <u>않은</u> 것은?

① 자기자본이익률(ROE)은 주주의 투자성과를 나타내주는 비율로 경영자가 기업에 투하된 자본을 활용하여 어느 정도의 이익을 올리고 있는가를 보여준다.

② (당기순이익 ÷ 자기자본) × 100의 공식으로 산출된다.

③ ROE가 높다는 것은 부채에 비해 그만큼 당기순이익을 많이 내 효율적인 영업활동을 했다는 뜻이다.

④ 같은 자산으로 사업을 하더라도 자기자본보다 부채가 많을수록 레버리지 효과로 인해 ROE가 높아진다.

08 다음 A기업의 정보를 이용하여 결합레버리지도를 계산하시오.

매출액	100
변동비	50
고정비	20
영업이익	30
이자비용	20
법인세차감전이익	10

① 7.5 ② 4.98
③ 10.2 ④ 13.5

09 다음 정보를 이용하여 A기업의 적정 주식가치를 계산하시오.

- 사내유보율 = 10%
- 자기자본이익률(ROE) = 5%
- 자기자본비용 = 30%
- 당기의 주당순이익 = 2,000원

① 3,150원
② 4,370원
③ 5,000원
④ 6,132원

10 A기업의 투자를 고려하고 있는 가운데 다음과 같은 정보를 가지고 A기업의 PER을 계산하시오.

- 주가 : 50,000원
- 당기순이익 : 3,000만원
- 총 주식발행수 : 10,000주

① 16.6 ② 20.4
③ 5.2 ④ 30

11 자본자산가격결정모형(CAPM)을 이용하여 A주식의 대수익률을 계산하시오.

- 시장무위험수익률 : 7%
- 시장기대수익률 : 20%
- 베타 : 0.3

① 6.9%
② 8.9%
③ 10.9%
④ 12.9%

12 순현가(NPV)에 관한 설명 중 옳은 것은?

① 투자안에 대한 의사결정을 내릴 때 투자안을 평가하는 여러 방법 중 가장 많이 쓰이는 방법이다.
② 투자안의 순현가를 계산하여 양(+)일 경우 투자안을 기각하고, 음(−)일 경우에는 채택한다.
③ 투자안으로부터 예상되는 현재현금흐름을 적정할인율로 할인하여 미래가치를 계산하고 투자비용을 차감하면서 정의된다.
④ 포트폴리오를 구성하는데 드는 비용이 18.08억이고 투자안 A의 투자비용이 15억이라고 하면 투자안 A는 과대평가 된 것이다.

13 듀레이션에 관한 설명 중 옳지 <u>않은</u> 것은?

① 듀레이션(duration)이란 투자자금의 평균회수기간을 말한다.

② 듀레이션이란 채권에서 발생하는 현금흐름의 가중평균만기로서 채권 가격의 이자율 변화에 대한 민감도를 측정하기 위한 척도로서 사용된다.

③ 듀레이션은 만기의 개념에 채권의 현금흐름까지 반영하고 있기 때문에 만기 이외에 다른 특성들을 종합하여 채권 간 비교가 가능하다는 장점이 있다.

④ 이자를 지급하지 않는 무이표채의 경우 듀레이션과 만기는 일치하지 않는다.

14 A투자안의 명목수익률이 10%이고, 기대인플레이션이 6%라면 A투자안의 실질수익률은 얼마인가?

① 1.4% ② 2.8%

③ 3.7% ④ 6.2%

15 현금흐름에 관한 설명 중 옳지 <u>않은</u> 것은?

① 현금흐름의 측정은 자본예산결정과정의 투자안을 측정하는데 매우 중요하다.

② 기업이 기계, 설비 등 고정자산을 사들이기 위해 현금유출이 발생했을 경우 회계상으로는 자산의 취득원가로 표기가 되지만 이후 고정자산의 비용처리는 감가상각비로 계산된다.

③ 감가상각비와는 달리 타인자본의 대한 이자비용은 실제 현금지출이 발생하지 않는다.

④ 영업현금흐름 = 영업이익 × (1 − 법인세율) + 현금지출이 없는 비용 − 현금수입이 없는 비용이다.

16 투자안의 경제성 평가방법 중 옳은 것은?

① 투자안의 경제성 평가는 자본예산기법이라고 한다.

② 경제성 평가방법에는 적절한 세금을 책정하여 화폐의 시간가치를 고려해야만 한다.

③ 회수기간법과 회계적 이익률법은 전통적 평가기법으로 화폐의 시간가치를 고려한 기법이다.

④ 순현가법과 내부수익률법은 현금흐름할인법이라고도 부르며 화폐의 시간가치를 고려하지 않은 방법이다.

17 자본예산의 실제 적용에 관한 설명 중 옳지 <u>않은</u> 것은?

① 자본예산에서 투자안을 고려할 시 모든 현금흐름은 증분현금흐름 기준에 의해서 채택된다.

② 매몰비용이란 의사결정을 하고 실행을 한 이후에 발생하는 비용 중 회수할 수 있는 비용을 말한다.

③ 부수효과란 어떤 투자안이 다른 투자안에 영향을 끼치는 것으로 투자안들 사이에서의 관계가 보완적이고 대체가 가능하다면 양(+)의 효과를 나타낼 수도 있고, 반대로 음(−)의 효과를 나타낼 수도 있다.

④ 인플레이션이란 재화를 구입하기 위한 화폐의 가치가 하락하는 현상을 말한다.

18 다음 두 투자안에 동시에 투자할 경우 IRR과 NPV는 각각 얼마인가?

투자안	IRR	NPV
A	10%	200
B	50%	400

	IRR	NPV
①	알 수 없음	300
②	20%	350
③	알 수 없음	400
④	알 수 없음	600

19 다음 빈칸에 들어갈 알맞은 말은?

> 감가상각비의 경우 (A)이 아닌 비용으로 처리가 되어 소득을 줄여주는 효과가 있어 감세효과가 나타난다. 감가상각비의 감세효과는 (B)로 계산되어진다.

	A	B
①	현금유입	감가상각비 × 법인세율
②	현금유출	감가상각비 × 법인세율
③	현금유입	대손상각비 × 법인세율
④	현금유출	대손상각비 × 법인세율

20 A기업의 현재 주가는 20,000원이며, 차기 주당 배당액이 3,000원으로 예상되고, 이 기업의 이익과 배당은 매년 3%씩 성장할 것으로 예상될 시 보통주의 자본비용은 얼마인가?

① 17% ② 18%
③ 19% ④ 20%

21 A기업의 자본구조는 시장가격이 10,000원인 보통주 10,000주와 시장가격이 3억 원인 회사채로 구성되어 있다. A기업의 부채조달비용은 6.5%, 자기자본조달 비용은 13.5%일 때 법인세율이 20%라면 가중평균자본비용(WACC)은 얼마인지 계산하시오.

① 0.021
② 0.034
③ 0.072
④ 0.1

※ 다음 글을 읽고 물음에 답하시오. [22~23]

> 2020년 9월 1일 현재 미국의 달러화에 대한 원화의 현물가격은 1,100/$이며, 90일 만기 선물의 선물환율은 1,105/$이다. 또한 향후 1년간 한국의 기대물가상승률은 5%, 미국의 기대물가상승률은 2%이고, 실질이자율은 두 국가 모두 3%이며, 피셔효과가 성립한다고 가정하자.

22 구매력평가이론에 따른 2021년 1월 1일의 기대현물환율은 얼마인가?

① 900
② 1,050
③ 1,170
④ 1,132

23 국제피셔효과에 따른 2021년 1월 1일의 기대현물환율은 얼마인가?

① 1,116
② 1,216
③ 1,316
④ 1,416

24 다음 중 M&A의 형태에 관한 설명으로 옳지 <u>않은</u> 것은?

① 합병이란 두 개 이상의 회사가 상법의 규정 따라 청산절차를 거치지 않고 하나의 회사가 되는 것을 말한다.

② 회사의 합병은 그 방법에 따라 하나의 회사가 나머지 회사를 청산하여 권리를 모두 수용하는 흡수합병과 합병 당사회사 모두가 소멸하고 새로 신설함으로써 소멸회사의 모든 권리를 이어받는 신설합병 두 가지로 나눌 수 있다.

③ 수평적 합병은 같은 업종에서 생산 및 유통 상의 전 후 관계에 있는 기업들 간에 이루어지는 합병을 말한다.

④ 다각적 합병은 소속된 산업, 생산, 판매면에서 상호 관련성이 없거나, 업종이 서로 다른 기업 간에 이루어지는 합병의 형태이다.

주관식 문제

01 순운전자본의 중요개념으로 여겨지는 3가지 원인을 기술하시오.

02 이자율의 기간구조에 따른 기대이론, 분할시장이론, 유동성 프리미엄이론에 관해서 기술하시오.

03 투자안의 경제성 평가방법 4가지를 기술하시오.

04 MM의 수정 1명제와 수정 2명제 이론에 관해서 기술하시오.

제한시간: 50분 | 시작 ___시 ___분 – 종료 ___시 ___분

➡ 정답 및 해설 243p

01 재무관리에 관한 설명이 올바르지 <u>않은</u> 것은?

① 자금의 수요자 중 대표적인 경제주체가 국가와 기업이다.

② 재무학에서는 대표적인 자금 공급자의 대표적인 경제주체를 투자자로 불린다.

③ 투자자의 재무의사결정과 투자환경 등을 다루는 연구 분야를 투자론이라고 부른다.

④ 기업재무론이란 자금의 수요자인 국가와 기업의 자금 및 현금흐름과 관련된 활동을 다루는 학문으로 투자활동과 유동성 관리 등을 연구대상으로 하고 있다.

02 다음 중 재무상태표의 차변과 대변의 구성 요소가 옳지 <u>않은</u> 것은?

① 차변은 자산으로 구성되어 있으며 대표적으로 유동자산과 비유동자산이 있다.

② 대변은 부채로 구성되어 있으며 대표적으로 유동부채와 비유동부채가 있다.

③ 재무상태표에서 자산은 왼쪽에 위치해 있다.

④ 재무상태표에서 부채는 오른쪽에 위치해 있다.

03 다음 중 재무관리환경에 관한 설명으로 옳지 <u>않은</u> 것은?

① 직접금융은 최종적인 자금의 수요자(기업)가 금융기관을 개입시키지 않고 자금 수요자가 투자자에게 직접 조달받는 방식이다.

② 금융시장은 증권의 만기에 따라 화폐시장과 자본시장으로 구분된다.

③ 화폐시장에서 거래되는 상품으로는 만기가 1년 이상인 장기채권들이 거래되는데 유동성이 낮고 현금화 및 환금성이 쉽지 않다.

④ 자본시장은 장기증권이 거래되는 곳인데 이는 다시 주식시장과 채권시장으로 분류된다.

04 다음 중 자산에 관한 설명으로 옳지 <u>않은</u> 것은?

① 건물, 기계, 설비와 같은 유형자산과 특허와 같은 무형자산은 매년 감가상각에 따라 금액이 줄어드는데 실제 현금이 지출되는 않는다.

② 감가상각의 비용을 처리하는 식인 정액법과 정률법 등 여러 가지 식에 의해서 장부상의 비용으로 처리가 된다.

③ 각 나라마다 회계기준이 상이함에 따라 기업들의 재무분석 및 재무정보의 직접적인 비교가 어려워 이를 극복하고자 도입한 것이 GAAP이다.

④ 2011년 초부터 상장기업 및 일정 규모 이상의 기업들은 국제회계기준(IFRS)을 채택하도록 의무화시켰다.

05 다음 중 재무상태표 분석에 관한 설명으로 옳지 <u>않은</u> 것은?

① 부채비율은 기업의 재무구조상 타인자본 의존도를 나타내는 지표이다.

② 부채비율 = 부채 / 자산으로 구성된다.

③ 유동비율은 유동자산을 유동부채로 나눈 값으로 기업의 단기지급능력을 나타내는 비율이다.

④ 유동비율 = 유동자산 / 유동부채의 식으로 구성된다.

06 A기업의 자기자본이 30억, 부채가 40억이 있다. A기업의 기업가치를 구하시오.

① −10억
② 1,200억
③ 10억
④ 70억

07 A기업의 현재주가가 5,000원이고, 발행주식수가 3,000,000주이다. A기업의 주주가치를 구하시오.

① 60억
② 100억
③ 150억
④ 200억

08 투자자가 A기업을 인수하려고 한다. 현재 A기업의 주식의 시장가치는 100억이고, 부채가 30억, 현금은 20억을 보유하고 있다. 따라서 A기업의 사업가치를 구하시오.

① 50억
② 90억
③ 110억
④ 150억

09 A기업의 DOL은 5이고, DFL은 3이다. A기업의 매출액이 1%증가했을 시 주당이익을 계산하시오.

① 5% 증가
② 15% 증가
③ 15% 감소
④ 20% 감소

10 A기업의 유동자산은 50억, 유동부채는 30억이 있다. A기업의 유동비율을 구하시오.

① 60%

② 166%

③ 206%

④ 256%

11 채권에 관한 설명 중 옳은 것은?

① 마지막 기에 채권의 이자와 원금(액면가)를 지급하기로 한 날을 만기일이라고 한다.

② 국·공채 및 회사채 권면에 기재되어 있는 금액을 시장가라고 부른다.

③ 채권의 액면가에 대한 연간 원금의 비율을 나타내는 수익률을 표면이자율라고 한다.

④ 이자와 원금을 만기 전에 지급하는 채권을 무이표채권이라 한다.

12 투자자가 4개의 주식 중 하나에 투자를 하려고 한다. 다음과 같은 정보를 토대로 지배원리에 입각하여 어느 주식에 투자를 해야 하는지 고르시오.

주식	기대수익률(%)	표준편차(%)
A	11	14
B	11	13
C	14	15
D	15	15

① A주식

② C주식

③ B와 D 둘 중 위험선호도에 따라 주식을 고를 수 있다.

④ 없음

13 다음 중 마코위츠의 평균-분산 포트폴리오 가정으로 옳지 <u>않은</u> 것은?

① 투자자들은 기대효용을 극대화하고자 하는 위험 회피형 투자자이다.

② 투자자들은 평균-분산 모형에 따라 포트폴리오를 선택한다.

③ 모든 투자자들은 무위험이자율로 아무런 제약 없이 차입 또는 대출할 수 있다.

④ 세금이 있으며 거래비용과 같은 제도적 장애요인도 있다.

14 A기업은 올해 배당을 주당 2,000원씩 했다. 이 배당금은 앞으로 해마다 3%씩 영구적으로 증가할 것으로 예상된다. A기업의 요구수익률이 10%라면 이 기업의 내재가치는 얼마인가?

① 38,820원

② 41,200원

③ 48,200원

④ 52,400원

15 투자자가 A, B증권의 투자를 하려고 한다. 베타가 0.8인 A증권에 500만원을, 베타가 -0.3인 B증권에 500만원을 투자하였을 때 포트폴리오 베타를 구하시오.

① 0.12

② 0.25

③ 0.36

④ 0.57

16 A기업의 현재 주가는 30,000이며, 차기 주당배당액이 2,000원으로 예상되고, 이 기업의 이익과 배당은 매년 4%씩 성장할 것으로 예상될 때 보통주의 자본비용을 구하시오.

① 0.1
② 0.2
③ 0.3
④ 0.4

17 다음 중 현금흐름에 관한 설명으로 옳은 것은?

① 최적의 투자결정을 위해서는 투자시점의 현금흐름을 분석하여 재무제표상에 표기되는 손실을 조정한 이후 투자에 소요되는 영업현금흐름을 계산하게 된다.
② 기업이 기계, 설비 등 고정자산을 사들이기 위해 현금유출이 발생했을 경우 회계상으로는 자산의 취득원가로 표기가 되지만 이후 고정자산의 비용처리는 감가상각비로 계산된다.
③ 감가상각비는 기계, 설비 등 고정자산의 노후화를 연수에 따라 비용으로 처리하는 과정이기 때문에 실제 현금유출이 일어난다.
④ 감가상각비와는 달리 타인자본에 대한 이자비용은 실제 현금지출이 발생하지 않는다.

18 투자안의 경제성 평가방법으로 틀린 것은?

① 투자안의 경제성 평가방법에는 크게 세 가지 기법이 사용된다.
② 회수기간법과 회계적 이익률법은 전통적 평가기법으로 화폐의 시간가치를 고려하지 않은 기법이다.
③ 순현가법과 내부수익률법은 현금흐름할인법이라고도 부르며 화폐의 시간가치를 고려한 방법이다.
④ 회수기간법은 자본예산에서 투자안의 현금흐름에 따른 가치를 평가하는 기법 중의 하나이다.

19 자본예산의 실제 적용에 관한 설명 중 옳은 것은?

① 부수효과란 어떤 투자안이 다른 투자안에 영향을 끼치는 것으로 투자안들 사이에서의 관계가 보완적이고 대체가 가능하다면 양(+)의 효과를 나타낼 수도 있고, 반대로 음(−)의 효과를 나타낼 수도 있다.
② 양(+)의 효과는 현금유출으로 계산하고 반대로 음(−)는 현금유입으로 계산한다.
③ 감가상각비의 경우 현금유출로 처리가 되어 소득을 줄여주는 효과가 있어 감세효과가 나타난다.
④ 감가상각법의 종류에는 정액법, 정률법만 존재한다.

20 위험과 자본예산에 관한 설명 중 <u>틀린</u> 것은?

① 여러 기간의 걸쳐 투자가 지속되는 경우에는 연평균 수익률을 계산해야 한다.

② 내부수익률은 현재투자수익의 미래가치와 투자금액을 동일하게 만드는 할인율이다.

③ 산술평균수익률은 여러 기간에 걸쳐 투자하였을 시 각 기간마다의 수익률을 단순하게 산술평균한 것이다.

④ 기하평균수익률은 각 기간마다의 수익률을 계산하여 기하평균을 계산한 것이다.

21 기업의 지배구조에 관한 설명 중 옳은 것은?

① 기업지배구조라는 개념은 1960년대 미국에서 기업의 비윤리적, 비인도적인 행동을 억제한다는 의미의 문맥에서 사용되기 시작했다.

② 분식결산 등 경영자의 관점에서 본 기업 스캔들의 방지 등을 뜻하는 것으로도 사용되었다.

③ 기업가치만을 증대시키기 위해 어떻게 기업 조직을 구축할 것인가 하는 의미도 첨가되었다.

④ 2000년대 미국에서는 기업 매수가 진행된 것과 기관 투자가의 발언력이 강해진 것에 의해 지배구조에의 관심이 높아졌다.

22 A기업은 B기업을 흡수합병하려고 한다. 두 기업은 모두 무부채기업으로 A기업의 가치는 60억 원, B기업의 가치는 20억 원이며 B기업을 합병한 후 A기업의 가치는 150억 원이 될 것으로 예상이 된다. 따라서 B기업이 주주들은 현재 주가보다 50% 높은 인수가격을 요구하고 있다. 이 경우 합병의 NPV를 구하시오.

① 20억 ② 30억
③ 40억 ④ 50억

23 M&A(합병)에 관한 설명 중 옳은 것은?

① 경영자매수란 자금이 부족한 인수기업이 인수대상의 자산과 수익을 담보로 금융기관으로부터 자금을 차입하여 인수합병을 하는 것으로 LBO라고도 부른다.

② 차입매수는 기업 구조조정 방법 중 하나이며 기업을 매각할 시 그 기업의 경영진 및 임직원이 기업의 전부 또는 일부를 인수하여 신설법인으로 독립하는 방식이다.

③ M&A를 평가할 시 여러 가지 방법이 있지만 그 중 M&A를 평가할 때 순현가(NPV)법을 사용하는 것이 바람직하다.

④ 인수기업인 B회사가 제시하는 인수가격과 B회사의 가치의 차이를 M&A 프리미엄(premium)이라고 한다.

24 투자안의 경제성 평가방법 중 포함되지 <u>않</u>는 것은?

① 회수기간법
② 회계적이익률법
③ 순현가법
④ 원가법

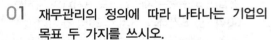 문제

01 재무관리의 정의에 따라 나타나는 기업의
목표 두 가지를 쓰시오.

02 총자본이익률(ROI)의 계산식을 쓰고 정의를
간단하게 기술하시오.

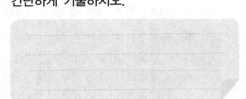

03 자기자본이익률(ROE)의 계산식을 쓰고 정
의를 간단하게 기술하시오.

04 체계적 위험과 비체계적 위험에 관해서 간
단하게 기술하시오.

정답 및 해설

최종
모의고사

제1회

1	2	3	4	5	6	7	8	9	10	11	12
②	③	③	④	①	②	③	②	④	①	③	①
13	14	15	16	17	18	19	20	21	22	23	24
④	③	③	①	②	④	②	②	③	④	①	③

*주관식 문제는 정답 별도 표시

01 정답 ②

투자활동보다는 자금의 조달 및 배분 그리고 유동성 관리 등을 연구대상으로 하고 있다.

02 정답 ③

① 재무상태표의 오른쪽(대변)에 포함되는 것으로서 최적자본구조를 찾는 형태이다.
② 오른쪽(대변)이 아니라 왼쪽(차변)에 위치한다.
④ 외부자금을 적절히 분배하여 필요자금을 조달하는 방법을 결정하는 것이 자본조달결정이다.

03 정답 ③

준강형 효율시장에서는 외부에 공개되지 않은 기업의 비밀 정보는 주가에 반영되지 않는다.

04 정답 ④

부채비율 = 부채 / 자기자본

05 정답 ①

- 주가순자산비율(PBR) = 주가 / 주당순자산(BPS)
  = 10,000원 / 15,000원 = 0.66
- 주당순자산(BPS) = 자기자본 / 발행주식수
  = 1,500만원 / 1,000주 = 15,000원
- 자기자본 = 자산 − 부채 = 2,000만원 − 500만원
  = 1,500만원

06 정답 ②

매출채권회전율 = 매출액 / 매출채권
= {200,000 / (50,000 + 30,000) / 2} = 5

07 정답 ③

자기자본에 비해 그만큼 당기순이익을 많이 내 효율적인 영업활동을 했다는 뜻이다.

08 정답 ②

- 재무레버리지도(DFL) = 영업이익 / (영업이익 − 이자비용) = 30 / (30 − 20) = 3

- 영업레버리지도(DOL) = (매출액 − 영업변동비) / (매출액 − 영업변동비 − 영업고정비)
  = (100 − 50) / (100 − 50 − 20) = 1.66
- 결합레버리지도(DCL) = 영업레버리지도 × 재무레버리지도 = 3 × 1.66 = 4.98

09 정답 ④

- $P_0 = D_1 / (k − g)$에서 $g = b × r = 0.1 × 0.05 = 0.005$
- D_0 = 주당순이익 × (1 − 사내유보율)
  = 2,000 × (1 − 0.1) = 1,800원
- $D_1 = D_0 × (1 + g)$ = 1,800 × (1 + 0.005) = 1,809원
- P = 1,809 / (0.3 − 0.005) = 6,132원

10 정답 ①

- PER = 주가 / 주당순이익(EPS)
  = 50,000원 / 3,000 = 16.6
- 주당순이익(EPS) = 당기순이익 / 총 발행주식수
  = 3,000만원 / 10,000주 = 3,000

11 정답 ③

자본자산가격결정모형(CAPM)
= $r_f + \{E(r_m) − r_f\} × \sigma_m$
= 0.07 + (0.2 − 0.07) × 0.3 = 10.9%

12 정답 ①

② 양(+)일 경우 투자안을 채택하고, 음(−)일 경우에는 기각한다.
③ 투자안으로부터 예상되는 미래현금흐름을 적정 할인율로 할인하여 현재가치를 계산하고 투자비용을 차감하면서 정의된다.
④ 투자안 A는 과소평가된 것이다.

13 정답 ④

이자를 지급하지 않는 무이표채의 경우 듀레이션과 만기는 일치한다.

14 정답 ③

실질수익률
= (1 + 명목수익률) / (1 + 기대인플레이션) − 1
= (1 + 0.1) / (1 + 0.06) − 1 = 3.7%

15 정답 ③

감가상각비와는 달리 타인자본에 대한 이자비용은 실제 현금지출이 발생한다.

16 정답 ①

② 적절한 할인율을 책정하여 화폐의 시간가치를 고려해야만 한다.
③ 화폐의 시간가치를 고려하지 않은 기법이다.
④ 화폐의 시간가치를 고려한 방법이다.

17 정답 ②

매몰비용이란 의사결정을 하고 실행을 한 이후에 발생하는 비용 중 회수할 수 없는 비용을 말한다.

18 정답 ④

- IRR은 가산원칙성립이 존재하지 않음
- NPV = A(200) + B(400) = 600

19 정답 ②

현금유출과 감가상각비 × 법인세율에 관한 내용이다.

20 정답 ②

$K_s = (D_1 / P_0) + g = (3,000 / 20,000) + 0.03 = 0.1$

21 정답 ③

$WACC = E / (D + E) \times r_E + D / (D + E) \times r_D(1 - t)$
$= 1 / (3 + 1) \times 0.135 + 3 / (3 + 1) \times 0.065(1 - 0.2)$
$= 0.072$

22 정답 ④

$1,100 \times [(1 + 0.05 / 2) / (1 + 0.02 / 2)] = 1,132/\$$

23 정답 ①

$1,100 \times [(1 + (0.05 + 0.03) / 2) / (1 + (0.02 + 0.03) / 2)] = 1,116/\$$

24 정답 ③

수평적 합병이 아닌 수직적 합병에 관한 설명이다.

주관식 문제

01 정답 ① 기업의 단기 지급능력을 표시하는 자금개념이다.
② 기업의 영업활동을 표시하는 자금개념이다.
③ 총재무자원에 의한 자금개념은 비운전자본 거래가 없을 경우 순운전자본과 일치한다.

02 정답 ① 기대이론 : 수익률곡선으로 나타나는 이자율의 기간구조가 시점에 따라 왜 변화하는지를 설명해준다.
② 분할시장이론 : 만기가 다른 채권들은 서로 아무런 영향을 주지 않고 해당 만기 채권의 수요와 공급에 의해 가격이 결정된다. 장·

단기채권의 금리는 완전히 별개로 분리된 장기 및 단기 채권시장에서 결정된다. 위험 회피 투자자들이 이자율 위험이 낮은 단기채권을 선호한다면 단기채권 수요가 장기채권 수요보다 많아지며 그에 따라 장기채권의 가격(이자율)이 단기채권 보다 낮아져(높아져) 수익률곡선은 전형적으로 우상향하게 된다.
③ 유동성 프리미엄이론 : 서로 다른 만기들을 가진 채권들을 완전 대체재가 아닌 부분 대체재라고 본다. 특정 만기 채권의 기대수익률은 다른 만기 채권의 기대수익률에 영향을 미치지만 특정 만기 채권을 다른 만기 채권보다 선호할 수 있음을 의미한다. 투자자들은 유동성 위험을 감안하여 장기채권보다 단기채권을 더 선호한다. 곧 다가올 장래에 비해 먼 장래는 잠재적으로 더 많은 불확실성 및 변동성을 수반하는 만큼 채권의 만기가 길어질수록 더 많은 유동성 프리미엄이 필요하다. 장기채권의 이자율은 장기채권의 수명기간 동안 발생할 것으로 예상되는 단기 이자율들의 평균과 장기 채권의 수요와 공급 상황에 반응하는 유동성 프리미엄의 합과 같다.

03 정답 ① 회수기간법 : 투자에 소요되는 자금을 그 투자안의 현금흐름으로 회수하는 기간이 짧은 투자안을 선택하게 된다. 또한 단일 투자안의 투자의사결정은 기업이 미리 설정한 최장기간 회수기간보다 실제 투자안의 회수기간이 짧으면 선택하게 된다. 그러나 이러한 방법은 화폐의 시간가치를 고려하지 못하고 회수기간 이후의 현금흐름을 무시하고 있다는 점에서 비판을 받고 있다.
② 회계적 이익률법 : 자본예산에서 투자안 평가를 위한 의사결정기준의 하나로서 이 방법에 의해 투자안을 평가할 경우 단일 투자안은 회계적 이익률이 기업이 미리 설정한 목표이익률보다 높으면 채택하고 다수 투자

안의 경우에는 회계적 이익률이 큰 것을 먼저 선택하게 된다. 하지만 이 방법은 화폐의 시간적 가치를 고려하고 있지 못하는 단점이 있다.

③ 순현가법 : 자본예산기법의 하나로 투자금액을 투자로부터 산출되는 순현금흐름의 현재가치로부터 차감한 것이 순현가법이며 순현가가 0보다 크면 투자안을 선택하고 0보다 작으면 투자안을 기각하는 의사결정기준을 말한다. 이 방법은 기업의 할인율로 현금흐름을 할인한다는 점, 가치가산원칙에 부합한다는 점에서 어떠한 자본예산기법보다 우월한 방법으로 평가받고 있다.

④ 내부수익률법 : 내부수익률이란 어떤 사업에 대해 사업기간 동안의 현금수익흐름을 현재가치로 환산하여 합한 값이 투자지출과 같아지도록 할인하는 이자율을 말한다. 따라서 투자에 관한 의사결정에서 내부수익률을 고려하는 방법이다.

04 **정답** ① 수정 1명제 : 차입을 하는 경우가 무차입의 경우에 비해 지급이자에 대한 세금 절감액만큼 유리하고, 차입금 사용액이 많을수록 절세혜택이 늘어나 기업가치가 증가하므로 기업은 부채를 최대화함으로서 기업가치를 극대화 시킬 수 있다는 것이다.

② 수정 2명제 : MM의 수정 제2명제는 세금이 존재하는 경우, 자기자본의 요구수익률은 완전자본시장 가정 하에서의 MM의 제2명제에서 보듯이 차입금이 증가함에 따라 상승하게 되지만 세금효과인 $(1-t)$ 비율만큼 낮게 증가한다는 것이다.

1	2	3	4	5	6	7	8	9	10	11	12
④	②	③	③	②	④	③	③	②	②	①	③
13	14	15	16	17	18	19	20	21	22	23	24
④	②	②	①	②	①	①	②	①	③	③	④

*주관식 문제는 정답 별도 표시

01 정답 ④

투자활동보다는 자금이 조달 및 배분 그리고 유동성 관리 등을 연구대상으로 하고 있다.

02 정답 ②

대변은 부채와 자기자본으로 구성되어 있으며 대표적으로 유동부채와 비유동부채가 있다.

03 정답 ③

만기가 1년 이하인 단기채권들이 거래되는데 유동성이 높고 현금화 및 환금성이 쉽다.

04 정답 ③

GAAP가 아닌 국제회계기준(IFRS)에 관한 설명이다.

05 정답 ②

부채비율 = 부채 / 자기자본으로 구성된다.

06 정답 ④

V(기업가치) = Equity(자기자본) + Debt(타인자본)
= 30억 + 40억 = 70억

07 정답 ③

현재주가 × 발행주식수 = 시가총액 = 주주가치
= 5,000원 × 3,000,000 = 150억

08 정답 ③

사업가치 = 주식의 시장가치 + 부채 − 현금
= 100억 + 30억 − 20억 = 110억

09 정답 ②

결합레버리지(DCL)
= 영업레버리지(DOL) × 재무레버리지(DFL)
= 5 × 3 = 15

10 정답 ②

유동비율 = 유동자산 / 유동부채
= 50억 / 30억 = 166%

11 정답 ①

② 국·공채 및 회사채 권면에 기재되어 있는 금액을 액면금액 혹은 액면가라고 부른다.
③ 채권의 액면가에 대한 연간 이자지급액의 비율을 나타내는 수익률을 표면이자율이라고 한다.
④ 이자를 만기 전에 지급하지 않고 만기와 동시에 원금과 이자를 지급하는 무이표채권이다.

12 정답 ③

지배원리에 입각하여 A와 B의 경우 기대수익률은 같지만 표준편차(위험)이 B가 작기 때문에 B를 선택, C와 D의 경우 표준편차(위험)은 같지만 기대수익률이 D가 높기 때문에 D를 선택, B와 D의 경우는 투자자의 위험선호도에 따라 둘 중 하나의 주식을 선택할 수 있다.

13 정답 ④

세금이 없으며 거래비용과 같은 제도적 장애요인이 없다.

14 정답 ②

$V_0 = D_0(1 + g) / k - g$
$= 2,000(1 + 0.03) / 0.1 - 0.05 = 41,200$원

15 정답 ②

$\beta_p = w_A\beta_A + w_B\beta_B = (0.5 \times 0.8) + [0.5 \times (-0.3)]$
$= 0.4 - 0.15 = 0.25$

16 정답 ①

$K_s = (D_1 / P_0) + g = (2,000 / 30,000) + 0.04 = 0.1$

17 정답 ②

① 재무제표상에 표기되는 이익을 조정한 이후 투자에 소요되는 영업현금흐름을 계산하게 된다.
③ 실제 현금유출이 일어나지 않는다.
④ 감가상각비와는 달리 타인자본에 대한 이자비용은 실제 현금지출이 발생한다.

18 정답 ①

네 가지가 사용된다(회수기간법, 회계적 이익률법, 순현가법, 내부수익률법).

19 정답 ①

② 양(+)의 효과는 현금유입으로 계산하고 반대로 음(-)는 현금유출로 계산한다.
③ 현금유출이 아닌 비용으로 처리가 되어 소득을 줄여주는 효과가 있어 감세효과가 나타난다.
④ 감가상각법의 종류에는 정액법, 정률법, 연수합계법, 이중체감잔액법 등이 있다.

20 정답 ②

내부수익률은 미래투자수익의 현재가치와 투자금액을 동일하게 만드는 할인율이다.

21 정답 ①

② 투자자의 관점에서 본 기업 스캔들의 방지 등을 뜻하는 것으로도 사용되었다
③ 기업가치, 주주가치를 증대시키기 위해 어떻게 기업 조직을 구축할 것인가 하는 의미도 첨가되었다.
④ 2000년대가 아닌 1980년대부터 1990년대이다.

22 정답 ③

• NPV = 시너지효과 - 인수프리미엄 = 70 - 30 = 40억
• 시너지효과 = 150 - (60 + 20) = 70억
• 인수프리미엄 = 20 × 1.5 = 30억

23 정답 ③

① 차입매수에 관한 설명이다.
② 경영자매수에 관한 설명이다.
④ 피인수기업인 B회사가 제시하는 인수가격과 B회사의 가치의 차이를 M&A 프리미엄(premium)이라고 한다.

24 정답 ④

투자안의 경제성 평가방법은 회수기간법, 회계적이익률법, 순현가법, 내부수익률법, 수익성 지수, 평균회계이익률법이 있다. 원가법은 포함되지 않는다.

주관식 문제

01 정답 ① 기업가치의 극대화, ② 주주가치의 극대화

해설 • **기업가치의 극대화**

기업의 미래수익이 많을수록 기업가치는 높아지며 미래수익이 적을수록 즉 위험이 클수록 기업가치는 낮아진다. 따라서 기업가치는 내부자산을 잘 사용하여 벌어들일 미래수익의 규모와 불확실성에 따라 결정된다.

• **주주가치의 극대화**

재무관리의 목표는 기업가치를 극대화시켜 주주가치와 채권자의 가치를 높이는 것이다. 그 중에서도 기존 자본과 투자로 인한 지분을 소유하고 있는 즉, 자기자본을 보유하고 있는 주주의 가치를 높이는 일이다. 자기자본과 부채는 회계상 성격을 달리하기 때문에 채권자가 아닌 주주가 회사의 주인임을 뜻한다.

02 정답 계산식 : 총자본이익률 = 당기순이익 / 총자본

기업에 투하·운용된 총자본이 어느 정도의 수익을 냈는가를 나타내는 지표로서 순이익을 총자본으로 나누어 산출하며 수익성 분석의 대표적 비율이다. 이 비율이 높을수록 수익성이 양호하다는 것을 의미하나 업종별, 규모별로 차이가 있을 수 있다.

03 정답 계산식 : 자기자본이익률

= (순이익 / 자기자본) × 100

자기자본이익률(ROE)은 주주의 투자성과를 나타내주는 비율로 경영자가 기업에 투하된 자본을 활용하여 어느 정도의 이익을 올리고 있는가를 보여준다. 따라서 자기자본이익률이 높은 기업은 보유하고 있는 자본을 효율적으로 잘 사용했다는 의미이기 때문에 주가에 긍정적으로 작용하는 경향이 있다.

04 정답 • **체계적 위험** : 포트폴리오의 자산 수가 늘어나면 늘어날수록 포트폴리오의 위험이 감소하는데 자산 수를 무한대로 늘려도 줄어들지 않는 위험이 있다. 아무리 분산투자를 하여도 제거할 수 없는 위험을 체계적 위험, 시장위험, 분산불가능위험이라고 한다.

• **비체계적 위험** : 경영진의 변동, 파업, 법적소송, 신사업 성패 등 어느 특정 기업만이 가질 수 있는 사건이나 상황의 변동 등에서 발생되는 위험을 비체계적 위험 또는 기업고유의 위험이라고 한다. 이러한 위험은 분산투자를 통하여 제거할 수 있는 위험이다.

여기서 멈출 거예요? 고지가 바로 눈앞에 있어요.
마지막 한 걸음까지 시대에듀가 함께할게요!

넘도 전공심화과정인정시험 답안지(객관식)

컴퓨터용 사인펜만 사용

★ 수험생은 수험번호의 응시과목 코드번호를 표기(마킹)한 후 일치여부를 반드시 확인할 것.

전공분야

성명

(1) 3

(2) ① ② ● ④

수험번호

과목코드 / 응시과목

응시과목			
1	①	②	③	④
2	①	②	③	④
3	①	②	③	④
4	①	②	③	④
5	①	②	③	④
6	①	②	③	④
7	①	②	③	④
8	①	②	③	④
9	①	②	③	④
10	①	②	③	④
11	①	②	③	④
12	①	②	③	④
13	①	②	③	④
14	①	②	③	④
15	①	②	③	④
16	①	②	③	④
17	①	②	③	④
18	①	②	③	④
19	①	②	③	④
20	①	②	③	④
21	①	②	③	④
22	①	②	③	④
23	①	②	③	④
24	①	②	③	④

교시코드 ① ② ③ ④

답안지 작성시 유의사항

1. 답안지는 반드시 컴퓨터용 사인펜을 사용하여 다음 보기와 같이 표기할 것.
   보기 잘된 표기: ● 잘못된 표기: ⊗ ⊗ ● ◐ ○ ○ ●
2. 수험번호 (1)에는 아라비아 숫자로 쓰고, (2)에는 "●"와 같이 표기할 것.
3. 과목코드는 뒷면 "과목코드번호"를 보고 해당과목의 코드번호를 찾아 표기하고,
   응시과목란에는 응시과목명을 한글로 기재할 것.
4. 교시코드는 문제지 전면 의 교시를 해당란에 "●"와 같이 표기할 것.
5. 한번 표기한 답은 긁거나 수정액 및 스티커 등 어떠한 방법으로도 고쳐서는
   아니되고, 고친 문항은 "0"점 처리함.

[이 답안지는 마킹연습용 모의답안지입니다.]

※ 감독관 확인란

관리번호

년도 전공심화과정
인정시험 답안지(주관식)

전공분야

성명

과목코드

①②③④⑤⑥⑦⑧⑨⑩			

①②③④⑤⑥⑦⑧⑨⑩
①②③④⑤⑥⑦⑧⑨⑩
①②③④⑤⑥⑦⑧⑨⑩
①②③④⑤⑥⑦⑧⑨⑩

교시코드
① ② ③ ④

답안지 작성시 유의사항

응					
시					
번	-		-		
호					
수					

① ② ③
① ② ③ ④ ⑤ ⑥ ⑦ ⑧ ⑨ ⑩

(1) 3 -
(2) ① ② ③ ● ④

답안지 작성시 유의사항

1. ※란은 표기하지 말 것.
2. 수험번호 (2)란, 과목코드, 교시코드 표기는 반드시 컴퓨터용 싸인펜으로 표기할 것
3. 교시코드는 문제지 전면 의 교시를 해당란에 컴퓨터용 싸인펜으로 표기할 것.
4. 답란은 반드시 흑·청색 볼펜 또는 만년필을 사용할 것. (연필 또는 적색 필기구 사용불가)
5. 답안을 수정할 때에는 두줄(=)을 긋고 수정할 것.
6. 답란이 부족하면 해당답란에 "뒷면기재"라고 쓰고 뒷면 '추가답란'에 문제번호를 기재한 후 답안을 작성할 것.
7. 기타 유의사항은 객관식 답안지의 유의사항과 동일함.

※ 감독관 확인란

(인)

★ 수험생은 수험번호와 응시과목 코드번호를 표기(마킹)한 후 일치여부를 반드시 확인할 것.

[이 답안지는 마킹연습용 모의답안지입니다.]

번호	※1차점수	※1차채점	※1차확인	응시과목	※2차확인	※2차채점	※2차점수
1	⓪①②③④⑤⑥⑦⑧⑨⑩						⓪①②③④⑤⑥⑦⑧⑨⑩
2	⓪①②③④⑤⑥⑦⑧⑨⑩						⓪①②③④⑤⑥⑦⑧⑨⑩
3	⓪①②③④⑤⑥⑦⑧⑨⑩						⓪①②③④⑤⑥⑦⑧⑨⑩
4	⓪①②③④⑤⑥⑦⑧⑨⑩						⓪①②③④⑤⑥⑦⑧⑨⑩
5	⓪①②③④⑤⑥⑦⑧⑨⑩						⓪①②③④⑤⑥⑦⑧⑨⑩

절취선

년도 전공심화과정인정시험 답안지(객관식)

컴퓨터용 사인펜만 사용

★ 수험생은 수험번호와 응시과목 코드번호를 표기(마킹)한 후 일치여부를 반드시 확인할 것.

전공분야

성명

(1) 3

(2) ① ● ③ ④

수험번호

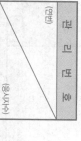

※ 감독관 확인란

(인)

관 리 번 호

(연번)

(응시자수)

감독관 확인란

교시코드

과목코드

응시과목

응시과목									응시과목				
1	① ② ③ ④								14	① ② ③ ④
2	① ② ③ ④								15	① ② ③ ④
3	① ② ③ ④								16	① ② ③ ④
4	① ② ③ ④								17	① ② ③ ④
5	① ② ③ ④								18	① ② ③ ④
6	① ② ③ ④								19	① ② ③ ④
7	① ② ③ ④								20	① ② ③ ④
8	① ② ③ ④								21	① ② ③ ④
9	① ② ③ ④								22	① ② ③ ④
10	① ② ③ ④								23	① ② ③ ④
11	① ② ③ ④								24	① ② ③ ④
12	① ② ③ ④
13	① ② ③ ④

답안지 작성시 유의사항

1. 답안지는 반드시 컴퓨터용 사인펜을 사용하여 다음 보기와 같이 표기할 것.
   보기 잘된표기: ●
   잘못된 표기: ⊘ ⊗ ⊙ ◐ ◑ ●
2. 수험번호 (1)에는 아라비아 숫자로 쓰고, (2)에는 "●"와 같이 표기할 것.
3. 과목코드는 뒷면 "과목코드번호"를 보고 해당과목의 코드번호를 찾아 표기하고,
4. 응시과목란에는 응시과목명을 한글로 기재할 것.
5. 교시코드는 문제지 전면의 교시를 해당란에 "●"와 같이 표기할 것.
   한번 표기한 답은 긁거나 수정액 및 스티커 등 어떠한 방법으로도 고쳐서는
   안되며, 고친 문항은 "0"점 처리함.

교시코드

과목코드

응시과목

응시과목									응시과목				
1	① ② ③ ④								14	① ② ③ ④
2	① ② ③ ④								15	① ② ③ ④
3	① ② ③ ④								16	① ② ③ ④
4	① ② ③ ④								17	① ② ③ ④
5	① ② ③ ④								18	① ② ③ ④
6	① ② ③ ④								19	① ② ③ ④
7	① ② ③ ④								20	① ② ③ ④
8	① ② ③ ④								21	① ② ③ ④
9	① ② ③ ④								22	① ② ③ ④
10	① ② ③ ④								23	① ② ③ ④
11	① ② ③ ④								24	① ② ③ ④
12	① ② ③ ④
13	① ② ③ ④

[이 답안지는 마킹연습용 모의답안지입니다.]

절취선

★ 수험생은 수험번호와 응시과목 코드번호를 표기(마킹)한 후 일치여부를 반드시 확인할 것.

년도 전공심화과정
인정시험 답안지(주관식)

전공분야

성명

번호	※1차점수	1차채점	※1차확인	응시과목	목	※2차확인	2차채점	※2차점수
1								
2								
3								
4								
5								

과목코드

교시코드

답안지 작성시 유의사항

1. ※란은 표기하지 말 것.
2. 수험번호 (2)란, 과목코드, 교시코드 표기는 반드시 컴퓨터용 싸인펜으로 표기할 것
3. 교시코드는 문제지 전면의 교시를 해당란에 컴퓨터용 싸인펜으로 표기할 것.
4. 답안은 반드시 흑·청색 볼펜 또는 만년필을 사용할 것. (연필 또는 적색 필기구 사용불가)
5. 답안을 수정할 때에는 두줄(=)을 긋고 수정할 것.
6. 답안이 부족하면 해당답란에 "뒷면기재"라고 쓰고 뒷면 '추가답란'에 문제번호를 기재한 후 답안을 작성할 것.
7. 기타 유의사항은 객관식 답안지의 유의사항과 동일함.

※ 감독관 확인란

컴퓨터용 사인펜만 사용

넘도 전공심화과정인정시험 답안지(객관식)

★ 수험생은 수험번호와 응시과목 코드번호를 표기(마킹)한 후 일치여부를 반드시 확인할 것.

전공분야

성명

수험번호

(1) 3
(2) ④ ● ② ①

※ 감독관 확인란
(인)

과목코드

교시코드

응시과목

응시과목		응시과목	
1 ① ② ③ ④	14 ① ② ③ ④	1 ① ② ③ ④	14 ① ② ③ ④
2 ① ② ③ ④	15 ① ② ③ ④	2 ① ② ③ ④	15 ① ② ③ ④
3 ① ② ③ ④	16 ① ② ③ ④	3 ① ② ③ ④	16 ① ② ③ ④
4 ① ② ③ ④	17 ① ② ③ ④	4 ① ② ③ ④	17 ① ② ③ ④
5 ① ② ③ ④	18 ① ② ③ ④	5 ① ② ③ ④	18 ① ② ③ ④
6 ① ② ③ ④	19 ① ② ③ ④	6 ① ② ③ ④	19 ① ② ③ ④
7 ① ② ③ ④	20 ① ② ③ ④	7 ① ② ③ ④	20 ① ② ③ ④
8 ① ② ③ ④	21 ① ② ③ ④	8 ① ② ③ ④	21 ① ② ③ ④
9 ① ② ③ ④	22 ① ② ③ ④	9 ① ② ③ ④	22 ① ② ③ ④
10 ① ② ③ ④	23 ① ② ③ ④	10 ① ② ③ ④	23 ① ② ③ ④
11 ① ② ③ ④	24 ① ② ③ ④	11 ① ② ③ ④	24 ① ② ③ ④
12 ① ② ③ ④		12 ① ② ③ ④	
13 ① ② ③ ④		13 ① ② ③ ④	

답안지 작성시 유의사항

1. 답안지는 반드시 컴퓨터용 사인펜을 사용하여 다음 [예]와 같이 표기할 것.
   [예] 잘된 표기: ●
   잘못된 표기: ⊗ ⊙ ○ ◐ ◑
2. 수험번호 (1)에는 아라비아 숫자로 쓰고, (2)에는 "●"와 같이 표기할 것.
3. 과목코드는 뒷면 "과목코드번호"를 보고 해당과목의 코드번호를 찾아 표기하고, 응시과목란에는 응시과목명을 한글로 기재할 것.
4. 교시코드는 문제지 전면의 교시를 해당란에 "●"와 같이 표기할 것.
5. 한번 표기한 답은 긁거나 수정액 및 스티커 등 어떠한 방법으로도 고쳐서는 안되며, 고친 문항은 "0"점 처리함.

※ 감독관 확인란
(연번)
(응시자수)

[이 답안지는 마킹연습용 모의답안지입니다.]

절취선

넌도 전공심화과정
인정시험 답안지(주관식)

★ 수험생은 수험번호와 응시과목 코드번호를 표기(마킹)한 후 일치여부를 반드시 확인할 것.

전공분야

성명

수험번호

| 3 | - | | | - | | | - | |

과목코드

교시코드

① ② ③ ④

번호	※ 1 차 점 수	※ 1 차 채 점	※1차확인	응 시 과 목	※2차확인	※ 2 차 채 점	※ 2 차 점 수
1	⓪①②③④⑤⑥⑦⑧⑨⑩						⓪①②③④⑤⑥⑦⑧⑨⑩
2	⓪①②③④⑤⑥⑦⑧⑨⑩						⓪①②③④⑤⑥⑦⑧⑨⑩
3	⓪①②③④⑤⑥⑦⑧⑨⑩						⓪①②③④⑤⑥⑦⑧⑨⑩
4	⓪①②③④⑤⑥⑦⑧⑨⑩						⓪①②③④⑤⑥⑦⑧⑨⑩
5	⓪①②③④⑤⑥⑦⑧⑨⑩						⓪①②③④⑤⑥⑦⑧⑨⑩

절취선

참고문헌

1. 박정식·박종원·조재호, 『현대재무관리(제7판)』, 다산출판사, 2006.
2. 김동훈·홍순구·박경옥, 『알기 쉬운 재무관리(제2판)』, 학현사, 2002.

좋은 책을 만드는 길
독자님과 함께하겠습니다.

도서나 동영상에 궁금한 점, 아쉬운 점, 만족스러운 점이
있으시다면 어떤 의견이라도 말씀해 주세요.
시대고시기획은 독자님의 의견을 모아 더 좋은 책으로 보답하겠습니다.

www.sidaegosi.com

시대에듀 독학사 경영학과 3단계 재무관리론

초 판 발 행	2021년 03월 26일 (인쇄 2020년 12월 29일)
발 행 인	박영일
책 임 편 집	이해욱
편 저	강덕원
편 집 진 행	라태훈·김인영
표 지 디 자 인	이민지
편 집 디 자 인	차성미
발 행 처	(주)시대고시기획
출 판 등 록	제10-1521호
주 소	서울시 마포구 큰우물로 75 [도화동 538 성지 B/D] 9F
전 화	1600-3600
팩 스	02-701-8823
홈 페 이 지	www.sidaegosi.com
I S B N	979-11-254-8756-2 (13320)
정 가	22,000원

시대에듀 **독학사**
경영학과

왜? 독학사 경영학과인가?

4년제 경영학 학위를 최소 시간과 비용으로 단 1년 만에 초고속 합격 가능!

조직, 인사, 재무, 마케팅 등 **기업 경영과 관련되어 기업체 취직에 가장 무난한 학과**

감정평가사, 경영지도사, 공인노무사, 공인회계사, 관세사, 물류관리사 등 **자격증과 연관**

노무사, 무역·통상전문가, 증권분석가, 회계사 등의 **취업 진출**

경영학과 과정별 시험과목(2 ~ 4과정)

1~2과정 교양 및 전공기초 과정은 객관식 40문제 구성
3~4과정 전공심화 및 학위취득 과정은 객관식 24문제 + **주관식 4문제 구성**

2과정(전공기초)	**3과정(전공심화)**	**4과정(학위취득)**
회계원리	재무관리론	재무관리
인적자원관리	경영전략	마케팅관리
마케팅원론	노사관계론	회계학
조직행동론	소비자행동론	인사조직론
경영정보론	재무회계	
마케팅조사	경영분석	
원과관리회계		

시대에듀 경영학과 학습 커리큘럼

기본이론부터 실전 문제풀이 훈련까지!
시대에듀가 제시하는 각 과정별 최적화된 커리큘럼 따라 학습해보세요.

기본이론
핵심 이론 분석으로
확실한 개념 이해
Step 01

문제풀이
OX문제 + 실전예상문제를
통해 실전 문제에 적용
Step 02

모의고사
최종모의고사로
실전 감각 키우기
Step 03

핵심요약
빨리보는 간단한 키워드로
중요 포인트 체크
Step 04

독학사 2~4과정 경영학과 신간 교재

독학학위제 출제내용을 100% 반영한 내용과 문제로 구성된 완벽한 최신 기본서 라인업!

START!

2과정

- **전공 기본서 [전 7종]**
  – 경영정보론 / 마케팅원론 / 조직행동론 /
  원가회계관리 / 인적자원관리 / 회계원리 /
  마케팅조사
- **경영학 벼락치기 [통합본 전 1종]**
  – 경영정보론 + 마케팅원론 + 조직행동론 +
  인적자원관리 + 마케팅조사

3과정

- **전공 기본서 [전 6종]**
  – 재무회계 / 경영분석 / 소비자행동론 /
  경영전략 / 노사관계론 / 재무관리론
- **최종모의고사**

4과정

- **전공 기본서 [통합본 전 2종]**
  – 재무관리 + 마케팅관리
  회계학 + 인사조직론
- **최종모의고사**

GOAL!

※ 표지 이미지 및 구성은 변경될 수 있습니다.

➕ 독학사 전문컨설턴트가 개인별 맞춤형 학습플랜을 제공해 드립니다.

시대에듀 홈페이지 **www.sdedu.co.kr**　　　상담문의 **1600-3600**　평일 9~18시 / 토요일·공휴일 휴무

AI면접
이젠, 모바일로

기업과 취준생 모두를 위한 평가 솔루션 윈시대로! 지금 바로 시작하세요.

www.sdedu.co.kr/winsidaero